LATEIN IN UNSERER ZEIT
herausgegeben von
Werner Müller, Günter Lachawitz,
Renate Oswald, Wolfgang J. Pietsch

ALLTAG IM ANTIKEN ROM

VON ARBEITSTEILUNG BIS ZIRKUSSPIEL

ausgewählt und erläutert von
Renate Oswald und Michaela Schuller

BRAUMÜLLER

Mit Bescheid des Bundesministeriums für Unterricht, Kunst und Kultur für den Unterrichtsgebrauch an nachstehend angeführtem Schultyp im Unterrichtsgegenstand **Latein** als geeignet erklärt:
GZ 44.926/1-V/9/04 vom 13.01.2005 für die 5. und 6. Klasse an **Gymnasien**.

Dieses Werk wurde auf Grundlage eines zielorientierten Lehrplans verfasst. Konkretisierung, Gewichtung und Umsetzung der Inhalte erfolgen durch die Lehrerinnen und Lehrer.

Dieses Schulbuch folgt den Bestimmungen der **Neuregelung der deutschen Rechtschreibung**.

Wir weisen darauf hin, dass das **Kopieren** zum Schulgebrauch aus diesem Buch **verboten** ist.
§ 42 Absatz (3) der Urheberrechtsgesetznovelle 1996:
„Die Befugnis zur Vervielfältigung zum eigenen Schulgebrauch gilt nicht für Werke, die ihrer Beschaffenheit und Bezeichnung nach zum Schul- oder Unterrichtsgebrauch bestimmt sind.“

Nach gewissenhafter Prüfung durch die Lehrperson dürfen Schulbücher auch in **anderen Schulformen oder Schulstufen** verwendet werden als denen, für die sie approbiert wurden (BGBl. Nr. 433/1996).

Schulbuchnummer: 120720

2. Auflage, Nachdruck 2010 (2.01)

Quellennachweis: siehe S. 174

Umschlag und Innengestaltung: Grieder Graphik, A 2083 Pleissing
Coverbild: Euphrosyne Doxiadis, The Mysterious Fayum Portraits – siehe S. 174
Druck: Ferdinand Berger & Söhne Ges. m. b. H., A 3580 Horn
ISBN 978-3-7003-1630-5

Vorwort

Der vorliegende Textband ist nach den Vorgaben des neuen Oberstufenlehrplans konzipiert, in dem es erstmals als Lernziel definiert wurde, Einblicke in das römische Alltagsleben zu gewinnen.

Der Mensch in seinem Alltag
Die Schülerinnen und Schüler sollen anhand von Texten aus verschiedenen Epochen Bereiche des Alltagslebens wie Familie und Erziehung, Wohnen und Architektur, Massenunterhaltung, Sklaverei, Ernährung und Gesundheit etc. kennenlernen und durch Vergleich mit der eigenen Lebenssituation ein erweitertes Kulturverständnis gewinnen.

Die **Textauswahl** für diesen Band musste sich auf verschiedene Epochen der Antike beschränken, um den Rahmen eines Lehrbuchs nicht zu sprengen, sie bietet aber eine Fülle von Anknüpfungspunkten, um einzelne Phänomene des Alltagslebens anhand von mittelalterlichem und neuzeitlichem Textmaterial diachron weiterzuverfolgen – eine Möglichkeit, die der neue Lehrplan offen lässt.

Ein wichtiges Anliegen bei der Textauswahl war es, die einzelnen Themenbereiche unter mehreren Aspekten und unter Einbeziehung allfälliger dunkler Seiten zu beleuchten, um damit eine einseitige und glorifizierende Betrachtung des antiken Alltagslebens aus der Perspektive der wohlhabenden Oberschicht von vornherein auszuschließen.

Ein breites Spektrum unterschiedlicher Texte – vom Spottgedicht eines Martial über die Briefliteratur eines Seneca oder Plinius bis hin zu den Komödien eines Plautus – bietet die Gelegenheit, den SchülerInnen verschiedene Textgattungen näher zu bringen und sie mit der Vielfalt überlieferten römischen Schriftguts vertraut zu machen.

Die Texte sind meist kurz, überschaubar und mit so vielen **Vokabelangaben** versehen, dass eine einigermaßen flüssige Lektüre trotz der Vielfalt an nicht standardisiertem Wortgut möglich ist. Komplexere syntaktische Strukturen werden durch sehr einfach formulierte **grammatikalische Erläuterungen**, **Strukturierungshilfen** und/oder **Übersetzungsvorschläge** „entschärft". Die **Vertiefungsfragen** sind ohne Vorwissen anhand der jeweiligen Textpassagen und unter Heranziehung des **Verzeichnisses besonders wichtiger Stilmittel** zu bewältigen. Überblicksartige Informationen über die einzelnen Autoren und ihr Werk sind dem **Autorenregister** auf den letzten Seiten des Bandes zu entnehmen.

Infolge der thematischen Vielfalt des Textmaterials schien es nicht sinnvoll, einen Basis- und Lernwortschatz beizugeben.

Da die sprachlichen Anforderungen in den neun Themenbereichen etwa gleich sind, können entweder mehrere Themenbereiche im Rahmen eines Moduls behandelt werden (etwa in Form von Gruppenarbeit und Präsentationen) oder aber jeweils einzelne Bereiche bei Bedarf in Kombination mit Lektüreprojekten anderen Inhalts.

Zur Veranschaulichung wurden immer wieder **Ergänzungstexte**, Proben aus – sorgfältig recherchierten – historischen Romanen eingefügt.

In **Übersetzung** beigegebene Ausschnitte aus lateinischen und griechischen Originaltexten betten die zu übersetzenden Stellen ein und vervollständigen so das Bild vom römischen Alltag.

Kurze, leicht verständliche Überleitungstexte zwischen den einzelnen lateinischen Textpassagen geben zusätzliche historische Informationen über das Alltagsleben der Römer, erklären wichtige Fachbegriffe und machen so den Themenband zu einer grundlegenden realienkundlichen Einführungslektüre.

Module und einzelne Textausschnitte wurden mit aussagekräftigen Überschriften im Stil moderner **„Schlagzeilen"** versehen, um die Neugierde der SchülerInnen zu wecken und das Image der Lateinlektüre zu „entstauben".

Bildmaterial erläutert und ergänzt die in Original- und Überleitungstexten gegebenen Informationen. Bei der Auswahl der Illustrationen wurde besonders darauf geachtet, ein anschauliches und lebendiges Bild vom römischen Alltagsleben zu vermitteln, weshalb vornehmlich Rekonstruktionen von Bauwerken und Lebenssituationen und nicht archäologisches Ausgrabungsmaterial als Bildmaterial gewählt wurden.

Der Themenband versucht somit „die Römer" nicht als entrückte Heroen aus einer längst vergangenen Zeit, sondern als Menschen aus Fleisch und Blut darzustellen, deren Bedürfnisse und Lebensumstände sich nicht wesentlich von denen heute lebender Menschen unterschieden. Er soll das Interesse der SchülerInnen wecken und dazu anregen, sich mit der römischen Antike intensiver auseinanderzusetzen.

Die **neue Reifeprüfung** (SKRP, gültig ab dem Schuljahr 2013/14) wird im Fach Latein vor allem Änderungen in der Gestaltung der Prüfungsaufgaben nach sich ziehen. Einschlägige Beispiele finden sich in den Bänden der Reihe **„Latein in unserer Zeit – Übungstexte"** bzw. als Downloads von der Verlagshomepage **www.braumueller.at**. Die Arbeit mit und an den Texten im Unterricht ist nach wie vor Domäne der Kreativität der Lehrenden. Die vertiefenden Aufgabenstellungen, die sämtliche für die neue Reifeprüfung relevanten Kompetenzen abdecken, sind daher als Hilfestellung sowohl für die Unterrichtsarbeit als auch als Vorbereitung für die schriftliche Reifeprüfung in hohem Maße geeignet.

Renate Oswald
Michaela Schuller

Hinweise zur Verwendung des Buches

Neben den jeweiligen Texten befinden sich am Rand **Hinweise zur Übersetzung** (Vokabel- und Konstruktionserläuterungen).

Im Anschluss an den Text folgt der eigentliche **Kommentar** mit literaturkundlichen, historischen und kulturhistorischen Informationen sowie Vergleichstexten. Dieser Kommentar sollte ebenso wie die Übersetzungshinweise für eine sinnerfassende Arbeit am Text herangezogen werden und ist auch eine wesentliche Hilfe für die Beantwortung der Interpretationsfragen, die daran anschließen.

Der **Aufgabenteil** (Vertiefung) umfasst neben den Interpretationsfragen weiterführende Arbeitsaufgaben, Fragen mit Gegenwartsbezug sowie Querverbindungen zu anderen Unterrichtsfächern und Eigenbezügen der Schülerinnen und Schüler.

Die Zitierweise, auch der Eigennamen, entspricht der **Zitierweise des „Stowasser"**.

Zeichenerklärung:

➤ Hinweispfeil auf weitere Textpassagen

Inhalt

Stilistische Besonderheiten

Metonymien (Umbenennungen, Wortvertauschungen)

Das gängige Wort für einen Begriff wird durch ein anderes, sachlich nahe stehendes ersetzt. In alphabetischer Anordnung:

Litótes (Verkleinerung): Ein Begriff wird durch das negierte Gegenteil ausgedrückt, die scheinbare Verkleinerung wirkt meist verstärkend: *Haec in Oeconomico Xenophon et deinde Cicero non inutiliter disseruerunt.*

pars pro toto (ein Teil steht für das Ganze): *patribus familias intra domesticos penates se recipientibus:* die Schutzgötter des Hauses = das Haus; *dens Hibera defricatus urina*: Gebiss

Periphrase: Umschreibung eines gängigen Substantivs, Namens oder Verbs durch einen mehrgliedrigen Ausdruck: *proeliaris dea:* Minerva; *pilleati fratres*: die Brüder mit der Filzkappe = Castor und Pollux

Metapher: Übertragung eines bildlichen Ausdrucks auf den eigentlichen, der nicht auf einem sachlichen Zusammenhang beruht, sondern auf einem der Fantasie des Autors entspringenden Vergleich: *oculi in urna eius cum sortibus volutantur:* Ihre Augen rollen mit den Losen in der Urne = Ihre Augen sind unablässig auf die Losurne gerichtet.

Phonetische Figuren

Alliteration und Assonanz (Stabreim): Durch die Gleichheit der anlautenden Konsonanten (bei der Alliteration) bzw. der anlautenden Vokale (Assonanz) werden Wörter hervorgehoben und verbunden: ***a****lter* ***a****quis,* ***a****lter flammis* ***a****d sidera missus; Ostrea tu* ***s****umis* ***s****tagno* ***s****aturata Lucrino; cum* ***v****icisset obstinatam pudicitiam* ***v****elut* ***v****i* ***v****ictrix libido.*

Homoiotéleuton: Endungsgleichklang, Reim; meist ist der Gleichklang auf eine Silbe beschränkt: *sint mea, sint dominae fac rat****a*** *vot****a*** *meae! / Sunt dominae rat****a*** *vot****a*** *meae, mea vot****a*** *supersunt; cen****aturit*** *Vacerra, non cac****aturit****.*

Onomatopoesie (Lautmalerei): Der geschilderte Vorgang wird durch die lautliche Gestaltung verdeutlicht. In Gedichten wird die Lautmalerei oft durch den Rhythmus des Verses verstärkt: *Nec cogitandi, Sparse, nec quiescendi / In urbe locus est pauperi. Negant vitam / ludi magistri mane, nocte pistores.* (Kurze Glieder, abgehackt, viele Negationen, Unruhe erzeugende, chiastische Wortstellung etc.)

Wiederholungs- und syntaktische Figuren

Gezielte Wiederholung bzw. Anordnung von Wörtern und Satzgliedern erhöht die Eindringlichkeit des Erzählten. In alphabetischer Anordnung:

Anápher: Wiederholung desselben Wortes am Beginn aufeinander folgender Satzteile oder Sätze: ***Hinc*** *seras epidipnidas parabit. /* ***Hinc*** *pistor fatuas facit placentas, /* ***hinc*** *et multiplices struit tabellas / et notas caryotidas theatris. /* ***Hinc*** *exit varium coco minutal, /* ***hinc*** *lentem positam fabamque credas.*

Anastrophé (Umkehrung): Inhaltsschwere, für den Fortschritt der Erzählung wichtige Wörter werden vorangestellt und verdrängen Konjunktionen (beiordnende und unterordnende) und Relativa von der ersten Satzstelle bzw. machen Präpositionen zu Postpositionen: *condicio est melior si tibi nulla, veni!*

Antithese: Gegenüberstellung von Gegensätzlichem: Sie kann durch parallele oder, was wirkungsvoller ist, durch vertauschte Anordnung entsprechender Satzglieder, d. h. durch Chiasmus , erreicht werden. **Parallelismus**: *Itaque illam tragoediam, hanc appellare comoediam soleo, illam quod quasi cothurnis, hanc quod quasi socculis sustinetur;* **Chiasmus**: ***vendes****, hac obstante nihil, nihil, haec si nolet,* ***emetur****.*

Asýndeton (Unverbundenes): Aneinanderreihung gleichartiger Satzglieder ohne Konjunktion: *Potes apparatius cenare apud multos, nusquam hilarius, simplicius.* – Das Gegenstück ist das **Polysyndeton** („Oft-Verbundenes"), die Wiederholung von Konjunktionen: *cum exclamare* ***et*** *efferri* ***et*** *exsilire coeperint.*

Hen-dia-dyoín („Eins durch zwei"): Ein Begriff oder Gedanke wird in zwei Aspekte zerlegt, wobei häufig durch den zweiten, mit *et* bzw. *-que* angefügten Ausdruck der erste präzisiert wird: *propria et peculiaria huius urbis vitia*: „eigentümliche und spezielle Laster" = besonders typische Laster; *occupatus et obsessus animus.*

Klimax („Leiter"): Stufenweise Verstärkung des Ausdrucks: Vides *quot periculis quot contumeliis quot ludibriis simus obnoxii.*

Interrogatio (rhetorische Frage): Frage, auf die keine Antwort erwartet wird, weil diese als ohnedies bekannt vorausgesetzt wird: *Quotum quemque invenies, qui domi quicquam aliud loquatur?*

Figuren der Verkürzung

Ellipse: Auslassung selbstverständlicher Wörter, häufig Formen von esse: *Neptis haec Arriae illius:* erg. *est*; Substantiva: *dextra (manus);* Verba dicendi vor oder nach indirekten Reden: *haec secum (dixit), contra (dixit).*

Sinnfiguren

entstehen dann, wenn der Erzähler, um Überraschung oder Spannung zu erreichen, die übliche Sprachlogik aufgibt.

Allegoríe (von gr. allegoreîn = „anders reden", d. h. in Bildern). Die einfachste Form der Allegorie ist die Personifikation eines abstrakten Begriffs wie *Bellum, Iustitia.*

Oxýmoron („scharfsinnig Törichtes"): Einander widersprechende Begriffe werden verbunden, aber was zunächst als Widerspruch erscheint, enthüllt sich auf den zweiten Blick als raffiniert formulierte Wahrheit: *otium meum in litteris colloco, quos alii* ***otiosissimis occupationibus*** *perdunt.*

Abkürzungen

abl. abs. = Ablativus absolutus
abl. comp. = Ablativus comparationis
abl. qual. = Ablativus qualitatis
abl. sep. = Ablativus separativus
acc. = Akkusativ
act. = aktiv
adv. = Adverb
comp. = Komparativ
coni. = Konjunktiv
coni. irreal. = irrealer Konjunktiv
coni. pot. = potentialer Konjunktiv
coniug. periphrastica act. = umschriebenes Futur
dat. auct. = Dativus auctoris
dat. poss. = Dativus possessivus
Dep. = Deponens
dopp. acc. = doppelter Akkusativ
erg. = ergänze
fin. = final
fut. = Futur
gen. obi. = Genetivus obiectivus
gen. part. = Genetivus partitivus
gen. poss. = Genetivus possessivus
gen. qual. = Genetivus qualitatis
Gerundivkonstr. = Gerundivkonstruktion, attributives Gerundiv
h. = hier
hist. Inf. = historischer Infinitiv
impers. = unpersönlich
NcI = Nominativus cum infinitivo
part. = Partizip
pass. = passiv
pl. = Plural
praep. = Präposition
sg. = Singular
Subj. = Subjekt
subst. part. = hauptwörtlich gebrauchtes Partizip

Teil I

Man nehme einen Siebenschläfer – Römische Küche

Exquisiter Tafelluxus und sündhaft teure Gastmähler sind das, was man im Allgemeinen mit dem Thema „römisches Essen" verbindet. Mit dem tagtäglichen Speisezettel des größten Teils der Bevölkerung hat dies allerdings wenig zu tun. Der Durchschnittsrömer musste sich mit äußerst frugaler Kost auf Basis der Grundnahrungsmittel begnügen. Wichtigstes Nahrungsmittel, sozusagen das „Nationalgericht" der Römer, war die *puls*, ein Brei aus Dinkelmehl, das mit Wasser und Salz gekocht wurde. Ab dem 2. Jh. v. Chr. war daneben auch das Weizenbrot in allen sozialen Schichten verbreitet. Als Gemüse dienten Erbsen, Bohnen, Linsen, Kohl, Lauch und Zwiebeln. Wer über ein kleines Stück Land verfügte, baute diese Gemüsesorten selbst an. Auch Gewürzkräuter wurden angebaut oder, ebenso wie Pilze, in der Natur gesammelt. Proteinlieferanten waren vornehmlich Eier und Käse. An Obst aß man Äpfel, Birnen und Pflaumen. Nüsse, Mandeln und Kastanien standen auf der erweiterten Liste der Grundnahrungsmittel. Fleisch und Fisch kamen nur zu besonderen Anlässen auf den Tisch. Der Großteil der Römer lebte also notgedrungen vegetarisch.

Decius Iunius Iuvenalis beschreibt in einer seiner Satiren ein eher bescheidenes, weitgehend fleischloses Essen.

1 text

D. Iunius Iuvenalis,
Saturae XI, 56–85

Bescheidenes Mahl

Experiere[1] hodie, numquid pulcherrima dictu[2],
Persice, non praestem[3] vita et moribus et re,
si laudem siliquas[4] occultus ganeo[5], pultes[6]
coram aliis dictem puero[7] sed in aure[8] placentas[9].
nam cum sis conviva mihi promissus[10], habebis
Euandrum, venies Tirynthius aut minor illo
hospes, et ipse tamen contingens[11] sanguine caelum,
alter aquis, alter flammis ad sidera missus.
Fercula[12] nunc audi nullis ornata macellis[13].
De Tiburtino veniet pinguissimus[14] agro
haedulus[15] et toto grege[16] mollior, inscius herbae

56 **1 experiere** = experieris, experior 4: ausprobieren, erfahren **2 pulcherrima dictu**: Supinum: was man so wunderschön daherplaudern kann **3 praesto** + abl.: bestätigen **4 siliquae**, -arum f.: Hülsenfrüchte **5 ganeo**, -onis m.: Schlemmer **6 puls**, -tis f.: Getreidebrei **7 puer**, -i m.: Knabe, Sklave **8 in aure**: (still) ins Ohr **9 placenta**, -ae f.: Kuchen
60 **10 conviva promissus esse**: zugesagt haben, als Gast zu kommen **11 contingens caelum**: den Himmel berührend = verwandt mit **12 ferculum**, -i n.: Gang **13 macellum**, -i n.: Fleischmarkt
65 **14 pinguis**, -e: fett **15 haedulus**, -i m. (Deminuitiv): Ziegenböcklein **16 grege**: abl. comp.; grex, -gis m.: Herde

necdum ausus[17] virgas[18] humilis mordere salicti[19],
qui plus lactis habet quam sanguinis[20], et montani
asparagi[21], posito quos legit vilica[22] fuso[23].
Grandia praeterea tortoque calentia[24] feno[25]
ova adsunt ipsis cum matribus, et servatae
parte anni[26], quales fuerant in vitibus[27], uvae,
Signinum Syriumque pirum[28], de corbibus isdem
aemula[29] Picenis et odoris mala[30] recentis[31]
nec metuenda tibi, siccatum frigore postquam
autumnum[32] et crudi posuere[33] pericula suci[34].
Haec olim nostri iam luxuriosa senatus
cena fuit. Curius, parvo quae legerat[35] horto,
ipse focis brevibus ponebat holuscula[36], quae nunc
squalidus[37] in magna fastidit[38] conpede[39] fossor[40]
qui meminit, calidae sapiat[41] quid volva[42] popinae[43].
Sicci terga suis[44] rara pendentia crate[45]
moris erat[46] quondam festis servare[47] diebus
et natalicium[48] cognatis ponere lardum
accedente[49] nova, si quam dabat hostia[50], carne.

17 audeo 2, ausus sum: sich daranmachen, wagen **18 virga**, -ae f.: Zweig **19 salictum**, -i n.: Weidengebüsch **20 plus lactis quam sanguinis** (gen. part.): mehr an … **21 montanus asparagus**: Bergspargel **22 vilica**, -ae f.: Haushälterin, Wirtschafterin **23 fusus**, -i m.: Spindel

70 24 calens: noch warm **25 fenum tortum**: eigentl. gewundenes Heu = Heunest **26 parte anni**: einen guten Teil des Jahres lang **27 vitis**, -is f.: Weinstock **28 pirum**, -i n.: Birne **29 aemulus** 3: wetteifernd **30 malum**, -i n.: Apfel **31 odoris nec recentis** (gen. qual.): von frischem Duft = frisch duftend

75 32 siccatum frigore autumnum: die Herbstfrische, die auch durch den Frost eingetrocknet ist **33 posuere** = posuerunt: *postquam siccatum frigore autumnum et pericula crudi suci posuere* **34 crudus sucus**: frischer Saft **35 lego** 3 ernten, sammeln **36 holusculum**, -i n. (Deminuitiv): Gemüse: *holuscula, quae legerat (in) parvo horto*

80 37 squalidus 3: schmutzig **38 fastidio** 4: verschmähen **39 conpes**, -dis f.: Fußfessel **40 fossor**, -oris m.: Ackersklave **41 quid sapiat**: wie … schmeckt **42 volva**, -ae f. Schweinebauch **43 popina**, -ae f.: Schenke, Gasthaus **44 sicci terga suis**: eigentl. Rücken eines getrockneten Schweins = geräucherte Schweinerücken **45 rara cratis**: lockeres Geflecht **46 moris erat** (gen. poss.): Es war Sitte. **47 servare** + dat.: aufsparen für **48 natalicium lardum**: Geburtstagsschinken

85 49 accedente carne (abl. abs.): wobei noch dazu kam **50 hostia**, -ae f.: Opfertier

Abb. 1:* Thermopolium *mit Gästen

1 Kommentar

56 **Persice**: Persicus, der sonst nicht bekannte Freund Juvenals, ist zum Gastmahl geladen, bei dem er überprüfen soll, ob der Dichter selbst das Prinzip der Schlichtheit befolgt.

60 **Euander**: stammte aus Arkadien (Griechenland) und gründete auf dem Palatin eine Siedlung, wo er nach dem Bericht Vergils Hercules und später Aeneas in aller Bescheidenheit bewirtete (bes. Aen. 8,359–365)

61 **Tirynthius**: Hercules, aus Tiryns in der Argolis, war Sohn Jupiters.

minor ille hospes: Der ihm an Rang nachstehende Gast ist der Trojaner Aeneas, der nach dem Untergang Trojas auf göttliche Weisung ein neues Troja in Italien gründen soll.

62 **contingens sanguine caelum**: Aeneas als Sohn der Venus ist wie Hercules göttlichen Ursprungs.

alter aquis alter flammis ad sidera missus: Hercules verbrannte sich, gemartert durch das mit dem vergifteten Blut des Nessus getränkte Gewand, auf dem Berge Oeta und wurde in den Olymp versetzt, Aeneas kam während des Kampfes mit den Rutulern in dem Fluss Numic(i)us um und wurde als *Iupiter Indiges* verehrt.

65 **de Tiburtino**: Die Stelle lässt vermuten, dass der Dichter ein kleines Landgut in Tibur (heute Tivoli) bei Rom besaß.

70 **torto feno**: Für den Transport stellte man ein Bett aus Heu her.

71 f. **servatae uvae**: Da das Mahl im April stattfindet, sind die Weintrauben rund ein halbes Jahr aufbewahrt worden.

73 **Signium pirum**: die Birnen aus Signia (heute Segni) in Latium; die aus Syrien eingeführte Sorte wurde besonders bei Tarent gezogen.

74 **Picenis**: Picenum (Landschaft zwischen Adria und Apennin) war durch sein Obst berühmt.

75 f. **nec metuenda pericula suci**: Man glaubte, dass gelagerte Äpfel bekömmlicher seien als frisch gepflückte.

78 **Manius Curius Dentatus**: Censor 272 v. Chr., erfolgreicher Heerführer gegen die Samniten und Pyrrhus, den die Gesandten der Samniten beim Kochen von Gemüse vorfanden. Der stete Wechsel zwischen hohen Ämtern und eigenhändiger Feldarbeit, wie er in der Frühzeit des Imperiums gepflegt worden sein soll, galt als Inbegriff römischer Tugendhaftigkeit.

80 **fossor**: der im Arbeitshaus *(ergastulum)* untergebrachte niedrigste Sklave auf den Latifundien

81 **volva**: Schweinebauch (eigentlich die Gebärmutter) galt als Leckerbissen.

1 Vertiefung

1 Woher bezieht Juvenal seine Speisen und welche Qualitätsansprüche setzt er?

2 Was könnte er wohl von Produkten des *macellums* befürchten? Würde ihm ein Koch oder eine Köchin unserer Tage zustimmen?

3 Welche Speisenfolge wählt er? Welche Speisen preist er besonders an?

Wichtigstes Getränk neben Wasser war Wein. Landwein war so billig, dass ihn sich auch Arme leisten konnten, vor allem, da er mit Wasser verdünnt war. Den durchschnittlichen Weinverbrauch eines Bewohners der Hauptstadt Rom hat man mit knapp einem Liter pro Tag berechnet.

Die Römer kannten drei Mahlzeiten am Tag: Frühstück, Mittag- und Abendessen, wobei das Abendessen die eigentliche Hauptmahlzeit war. Das Frühstück (*ientaculum*) war die leichteste Mahlzeit der Römer. Was gegessen wurde, hing sehr von der sozialen Stellung des Frühstückenden ab. Gewöhnlich nahm man das *ientaculum* zwischen der dritten und vierten Stunde (8–9 Uhr) ein. Es bestand aus Brot und Käse. Als Getränke werden neben Wasser auch Milch und Wein erwähnt. Bei einem erweiterten Frühstück konnten Honig und Datteln, Oliven, Gemüse, Eier, Fisch und Fleisch auf den Tisch kommen.

Auch das *prandium*, eine Art Mittagessen, das zwischen der sechsten und siebenten Stunde (12 bis 13 Uhr) eingenommen wurde, war keine üppige Mahlzeit. Wer es eilig hatte, nahm es sogar im Stehen ein. Das *prandium* wurde in der Regel kalt serviert und bestand aus Käse, Feigen, Oliven und Nüssen, daneben gab es auch Gemüse, Eier, Pilze und Früchte. Als warme Speisen werden Pökelfleisch, Schinken und Schweinskopf genannt. Dazu trank man vorzugsweise mit Honig versetzten Wein (*mulsum*). An das Mittagessen schloss sich – vor allem an heißen Sommertagen – eine bis zu zweistündige „Siesta" (*meridiatio*) an.

Die Hauptmahlzeit der Römer war die *cena* – nicht ganz korrekt übersetzt mit Abendessen, denn sie begann zur neunten oder spätestens zur zehnten Stunde, also je nach Jahreszeit am frühen Nachmittag zwischen 14 und 16 Uhr. Bis zum Ende der Republik waren üppige Abendessen in allen Schichten der Bevölkerung eher eine Ausnahme. Man begnügte sich meist mit der *puls* und Gemüse (*holus*). Der Satiriker Martial schildert in nicht ganz ernst zu nehmender Weise die sehr eintönig und kostengünstig auf einer Gemüsesorte aufgebaute *cena* eines gewissen Caecilius:

Abb. 2: Gelageszene

2 text

M. Valerius Martialis,
Epigrammata XI, 31

Nichts als Kürbisgerichte!

Atreus Caecilius cucurbitarum[1]:
sic illas quasi filios Thyestae
in partes lacerat[2] secatque mille.
Gustu[3] protinus has edes in ipso,
has prima feret alteraque cena[4].
Has cena tibi tertia reponet,
hinc[5] seras epidipnidas[6] parabit.
Hinc pistor[7] fatuas[8] facit placentas[9],
hinc et multiplices struit tabellas[10]
et notas caryotidas[11] theatris.
Hinc exit varium coco[12] minutal[13],
ut lentem[14] positam fabamque[15] credas;
boletos[16] imitatur et botellos[17],
et caudam cybii[18] brevesque maenas[19].
Hinc bellarius[20] experitur artes,
ut condat[21] vario vafer[22] sapore[23]
in rutae folium[24] Capelliana.
Sic implet gabatas[25] paropsidesque[26],
et leves scutulas[27] cavasque lances[28].
Hoc lautum[29] vocat, hoc putat venustum,
unum ponere[30] ferculis[31] tot assem.

1 **1 cucurbita**, -ae f.: Kürbis **2 lacero** 1: zerteilen **3 gustus**,-us m.: Vorspeise
5 **4 cena**, -ae f.: Gang **5 hinc**: aus diesen **6 epidipnidae**,-arum f.: Nachtisch **7 pistor**, -oris m.: Bäcker **8 fatuus** 3: fad, geschmacklos **9 placenta**, -ae f.: Kuchen **10 multiplices tabellae**: vielfach geschichtete Täfelchen, Blättchen
10 **11 caryotida**, -ae f.: Dattel **12 hinc coco exit**: dem Koch gelingt daraus = der Koch zaubert daraus **13 minutal**, -alis n.: Ragout **14 lens**, -tis f.: Linse **15 faba**, -ae f.: Bohnen **16 boletus**, -i m.: Pilz **17 botellus**, -i m.: Würstchen **18 cauda cybii**: Tunfischschwanz, -flosse **19 maenae**, -arum f.: Sardellen
15 **20 bellarius**, -i m.: Dessertkoch **21 condo** 3: füllen **22 vafer** 3: pfiffig, schlau **23 sapor**, -oris m.: Geschmack, Gewürz **24 folium rutae**: Rautenblatt **25 gabata**, -ae f.: Topf **26 paropsis**, -idis f.: Schüssel **27 scutula**, -ae f.: Platte **28 lanx**,-cis f.: Schale
20 **29 lautus** 3: vornehm, nobel **30 assem ponere**: ein As investieren **31 ferculum**, -i n.: Gang

2 kommentar

M. Valerius Martialis,
Epigrammata XI, 31

1 Atreus: ermordete die Söhne seines Bruders Thyestes und setzte sie ihm aus Rache dafür, dass er seine Frau verführt hatte, als leckeres Mahl getarnt vor.

4 gustu ipso: Die Vorspeise *(gustus)* bestand üblicherweise aus Salaten, Pilzen, Gemüse und Eiern.

5 prima cena: Der Hauptgang *(cena)* konnte noch unterteilt werden; drei Gänge wie hier waren ungewöhnlich, doch wurden sie ja mit einem einzigen billigen Nahrungsmittel bestritten. Grundsätzlich entsprach es aber römischer Küchenpraxis, den Geschmack von Speisen zu verfremden.

7 seras epidipnidas: verspätete Desserts – weil die Gänge so viel Zeit in Anspruch genommen hatten. In der Regel servierte man Früchte und Törtchen.

10 notas caryotidas theatro: Im Theater wurden an Festtagen u. a. Datteln unter das Volk geworfen.

11 minutal: Ein *minutal* bestand aus klein gehacktem Gemüse und Fisch, das Ganze wurde mit Öl und Wein abgeschmeckt.

15 bellarius *(cellarius)*: Dessertkoch (*bellaria* ist in der Bedeutung Nachtisch, Dessert, Zuckerwerk belegt) oder allgemein Küchenmeister

17 Capelliana in folium rutae: Capellius-Bonbons im Rautenblatt: Name für Süßigkeiten, wahrscheinlich nach dem Erfinder des Rezepts; das Rautenblatt ist sprichwörtlich für eine sehr kleine Fläche.

18–19 gabatae: tiefe Gefäße, **paropsides**: viereckige Schüsseln, **scutulae**: längliche, ebenfalls viereckige, wohl eher flache Schalen oder Teller

2 Vertiefung

1 Welche zwei Parallelitäten zwischen Atreus und Caecilius könnten Martial zu diesem seinem Vergleich veranlasst haben?

2 **a** Gegen wen richtet sich in diesem Gedicht der Spott des Martial, wer wird gelobt?

b Was ist der eigentliche Grund für Martials bissige Kritik?

Abb. 3: Eine Auswahl an nützlichem Küchengeschirr

In der Mittel- und Oberschicht bürgerte sich in der Kaiserzeit ein Dreigang-Menü *(tria fercula)* als Abendessen ein, bei dem der mittlere Gang in verschiedene Abschnitte und „Untergänge" zerfallen konnte. Als Vorspeise *(gustus, gustatio)*, die als Appetitanreger diente, kamen rohe Salate, Gemüse und Pilze, aber auch Krustentiere und Fisch in pikanter Sauce auf den Tisch. Unverzichtbar waren weichgekochte Eier, die bei keinem römischen Abendessen fehlen durften. Als Aperitif trank man gerne das milde *mulsum*. Bedauerlicherweise hat nur ein einziges lateinisches Kochbuch die Zeit bis in die Gegenwart überdauert – das Kochbuch des Apicius. Die uns heute vorliegende

Fassung des Apicius-Kochbuches stammt aus dem vierten nachchristlichen Jahrhundert, sie kann also gar nicht von dem berühmten Apicius, der im ersten Jahrhundert nach Christus lebte, ediert worden sein. Die aktuelle Forschung steht auf dem Standpunkt, dass das Apicius-Kochbuch das typische Schicksal eines Kochbuches ereilte – man passte es durch Neuauflagen und Änderungen dem jeweiligen Zeitgeschmack an. Doch trotz aller Umgestaltungen kann man davon ausgehen, dass ein großer Teil, nämlich 300 der 478 erhaltenen Rezepte, ursprünglich von Apicius verfasst wurde.

L. Annaeus Seneca hat den Gourmet Apicius erwähnt und charakterisiert:

> Dessen Ende zu kennen lohnt sich. Als er 100 Millionen Sesterzen für die Küche aufgewandt hatte, als er so viele Geschenke der Kaiser und die ungeheure Steuer des Kapitols in einzelnen Gelagen verprasst hatte, da erst zog er, von Schulden gedrückt, notgedrungen Bilanz; er rechnete aus, dass ihm zehn Millionen Sesterzen übrigbleiben würden, und als ob er im ärgsten Hunger leben müsste, wenn er mit zehn Millionen Sesterzen lebte, beendete er sein Leben mit Gift.
>
> *L. Annaeus Seneca, Liber dialogorum XII, Ad Helviam matrem de consolatione X, 9, übers. von M. Rosenbach*

Im Kochbuch des Apicius sind zahlreiche exotische und weniger exotisch anmutende römische Gerichte erhalten, unter anderem folgendes Rezept für eine Vorspeise:

3 text

M. Gavius Apicius,
De re coquinaria IV, 181 (Gustum 1)

Appetithäppchen

181 Gustum[1] versatile[2]: albas betas[3] minutas, porros requietos[4], apios[5], bulbos[6], cochleas[7] elixas[8], gizeria pullorum[9], aucellas[10], isicia[11] coques ex iure. Perungis patinam[12] et folia malvarum[13] substernis et praemixta holera[14] componis sic ut laxa[15], permisces bulbos tunsos. Damascenas[16], cochleas, isicia, Lucanicas[17] breves concidis[18], liquamine[19], oleo, vino, aceto[20] ponis, ut ferveat[21]. Cum fervuerit, teres[22] piper, ligusticum[23], gingiber[24], pyrethrum[25] modicum, fricabis[26], suffundis[27], et facies, ut bulliat[28] patina. Ova complura confringis[29] et ius[30] mortarii[31] reliquum commoves[32], commiscis, patinam obligabis[33]. Dum ducit[34], oenogarum[35] ad eam sic facies: Teres piper, ligusticum, fricabis, suffundis liquamen et vinum, passo[36] temperabis[37] vel vino dulce. Temperabis in caccabulo[38], mittis olei modicum. Facies ut ferveat. Cum fervuerit, amulo[39] obligas. Patinam versas in lancem[40], folia malvarum ante tollis, oenogaro profundis[41], insuper piper aspargis[42] et inferes.

181 **1 gustum**, -i n.: Vorspeise **2 versatilis**, -e: zum Stürzen, Auflauf **3 alba beta**: weiße Bete **4 porrum requietum**: abgelegener Porree, Lauch **5 apius**, -i m.: Sellerie **6 bulbus**, -i m.: Zwiebel **7 cochlea**, -ae f.: Schnecke **8 elixus** 3: gesotten **9 gizeria pullorum**: Geflügelinnereien **10 aucella**, -ae f. = avicella: kleiner Vogel **11 isicia**, -orum n.: Hackfleisch **12 patinam perungere**: eine Auflaufform einfetten **13 malva**, -ae f.: Malve **14 holus**, -eris n: Gemüse **15 sic ut laxa**, erg. sint: dass sie locker liegen = locker einstreuen **16 Damascenae**, -arum f.: Pflaumen aus Damaskus **17 Lucanicae** f.: Wurst **18 breves concidere**: klein schneiden **19 liquamen**, -inis n.: Liquamen (Fischsauce) **20 acetum**, -i n.: Essig **21 ferveo** 2: aufkochen **22 tero** 3: stoßen **23 ligusticum**, -i n.: Liebstöckel **24 gingiber**: Ingwer **25 pyrethrum**, -i n.: Bertramkraut (Estragon) **26 frico** 1: passieren, reiben **27 suffundo** 3: beimengen **28 bullio** 4: kochen, wallen **29 confringo** 3: hineinschlagen **30 ius**, iuris n.: Suppe, Brühe, Fond **31 mortarium**, -i n.: Reibschale **32 commoveo** 2: umrühren **33 obligo** 1: binden **34 duco** 3: ziehen, garen **35 oenogarum**, -i n.: Weinsauce **36 passum**, -i n.: Rosinenwein **37 tempero** 1: aufgießen **38 caccabulum**, -i n.: kleiner Topf **39 amulum**, -i n.: Stärke **40 lanx**, -cis f.: Schale **41 profundo** 3: übergießen **42 aspargo** 3: bestreuen

3 Kommentar

M. Gavius Apicius,
De re coquinaria IV, 181 (Gustum 1)

181 coques: Die Anweisungen sind immer an eine 2. Person gerichtet, meist im Futur als eine milde Form des Imperativs; dies entspricht der deutschen Formulierung: man nehme …
Gekocht wurde auf dem Herd über offenem Feuer. Der Kochtopf stand in der Glut oder auf einem Eisenrost darüber. Eintöpfe und Suppen konnten in großen Bronzetöpfen, die an einem Kesselhaken hingen, zubereitet werden. Langsam gegart wurde in Kochgruben oder zugedeckt in der heißen Asche. Für Braten wurden Bratspieße über offenem Feuer benutzt.
bulbus: Man verwendete meist nicht herkömmliche Speisezwiebeln, sondern Blumenzwiebeln, besonders von Gladiolen oder Asphodel.
liquamen: war das Salz der Römer. Es handelt sich um eine besondere Fischlake, die in eigenen Fabriken rund um das Mittelmeer hergestellt und, in Amphoren abgefüllt, in großen Mengen in alle Provinzen des römischen Reiches verschickt wurde. Mit *liquamen* würzten die Römer alles, was auf den Tisch kam, ob Süßspeisen, Salate, Gemüse oder auch Fleisch. Für die Herstellung wurden Fischinnereien, Sardinen und andere kleine Fische sowie Fischabfall in einer dicken Salzlake unter der Sonne des Mittelmeers in offenen Gefäßen chemisch und biochemisch zersetzt. Hinzu kamen noch je nach Region aromatisierende Kräuter. Bei den hohen Salzkonzentrationen dürfte es sich wohl nicht um eine klassische Gärung gehandelt haben. Anschließend wurde die Brühe mit eingedicktem Most abgeschmeckt und auf die gewünschte Konsistenz eingestellt.
pyrethrum: Bertramkraut, mitunter auch als Estragon bezeichnet (das in der Antike allerdings noch nicht genutzt wurde), wurde noch von Hildegard von Bingen sehr gerühmt. Apicius verwendet es für eine Art Gulasch, für Grillgewürze und für einige Saucen.
mortarium: Darin konnte man mahlen und Mischungen herstellen. Der Töpfer brachte grobe Sandkörner im Inneren der Tonschale an, auf denen man Kräuter, Nüsse, Kochgut etc. reiben konnte. Sehr fein geriebenes Kochgut konnte durch eine Öffnung ausgegossen werden.
passum: Rosinenwein; die Rosinen werden in Rotwein 2–3 Tage angesetzt, dann passiert.
piper: Pfeffer war ein Lieblingsgewürz der Römer, fast jedes Gericht war stark gepfeffert. Allerdings war Pfeffer sehr teuer, musste er doch aus Indien herantransportiert werden (erst mit Schiffen, dann mit Karawanen über die arabische Halbinsel, dann wieder per Schiff über das Mittelmeer).

3 Vertiefung

1 Welche wichtigen Informationen fehlen bei dieser Kochanweisung, auf die in einem zeitgenössischen Kochbuch keinesfalls verzichtet werden dürfte?

2 Was an der Zutatenmischung scheint aus heutiger Sicht ungewöhnlich? Welcher Geschmack könnte in Anbetracht der Zutaten dominiert haben?

Auf die Vorspeise folgte die eigentliche *cena*, die je nach Anlass und Anzahl der Gäste mehr oder weniger opulent ausfiel. Besonders üppig war sie, wenn ein regelrechtes Gastmahl *(convivium)* einer eingeladenen Gästeschar stattfand. Ansonsten begnügte man sich mit warmen Fleisch- und Fischgerichten, kalten Platten mit Wurst und Schinken, Gemüse und Hülsenfrüchten. Ein aus Obst und Backwerk bestehender Nachtisch *(mensae secundae)* stand am Ende der *cena*. Auch pikante Speisen wurden zum Dessert gereicht. Exotisch mutet die Speisefolge einer *cena* an, die Martial zusammengestellt hat:

4 **text**

M. Valerius Martialis,
Epigrammata XI, 52

Saueuter als Hauptgericht

Cenabis belle[1], Iuli Cerialis, apud me;
condicio[2] est melior si tibi nulla, veni!
Octavam[3] poteris servare[4]; lavabimur una:
Scis, quam sint Stephani balnea iuncta[5] mihi.
Prima tibi dabitur ventri lactuca[6] movendo[7]
utilis, et porris[8] fila[9] resecta suis,
mox vetus et tenui maior cordyla[10] lacerto[11],
sed quam[12] cum rutae frondibus[13] ova tegant.
Altera[14] non deerunt leni versata favilla[15],
et Velabrensi massa[16] coacta[17] foco,
et quae Picenum senserunt frigus[18] olivae.
Haec satis in gustu[19]. Cetera nosse[20] cupis?
Mentiar, ut venias: pisces, conchylia[21], sumen[22],
et chortis saturas[23] atque paludis[24] aves,
quae nec Stella solet rara nisi[25] ponere cena.
Plus ego polliceor: nil recitabo tibi,
ipse tuos nobis relegas licet[26] usque Gigantas,
rura vel aeterno proxima[27] Vergilio.

1 **1 bellus** 3: schön, h. köstlich **2 condicio**, -onis f.: Angebot: *si tibi est nulla melior condicio* **3 octava**: erg. hora **4 servo** 1: frei halten **5 iunctus** 3: nahe, angrenzend **6 lactuca**, -ae f.: Salat, Lattich

5 **7 ventri movendo** (Gerundivkonstr.): zum Anregen des Magens **8 porrum**, -i n.: Porreestangen **9 filum**, -i n.: dünner Streifen **10 cordyla**, -ae f.: junge Tunfische **11 lacertus**, -i m.: Makrele **12 quam** (konsekutiver Relativsatz bez. auf cordyla): von der Art, dass sie … **13 rutae frondes**: Rautenlaub **14 altera**: erg. ova **15 favilla**, -ae f.: Glut **16 massa**, -ae f.: (Käse-)Brocken **17 coactus** 3: gestockt, gehärtet

10 **18 frigus**, -oris n.: Frost **19 gustus**, -us m.: Vorspeise **20 nosse** = novisse **21 conchylium**, -i n.: Auster **22 sumen**, -inis n.: Saueuter **23 chortis saturus** 3: in den Gärten = mit Gras gefüttert **24 palus**, -udis f.: Sumpf **25 nec nisi rara cena**: nur zu einem exklusiven Mahl

15 **26 nobis relegas licet usque**: Du darfst uns in einem fort immer wieder vorlesen. **27 proximus** 3 + dat.: sehr nahe, gut vergleichbar mit

4 **kommentar**

M. Valerius Martialis,
Epigrammata XI, 52

1 cenabis belle: Imitation von Catull 13,1: *Cenabis bene, mi Fabulle, apud me.*
Julius Cerialis: ein Freund Martials
3 lavabimur una: Es war eine römische Gepflogenheit, am Nachmittag Sport zu betreiben und vor der Hauptmahlzeit am Abend ein Bad zu nehmen.
4 Stephanus: Besitzer einer Badeanstalt, wie es in Rom viele gab
6 fila: wohl eine Art Schnittlauch, *porrum sectivum* oder *tonsile porrum*
8 ova tegant: Das garnierende *tegere* soll hier die billige Fischsorte verstecken. Kleinfische waren im Gegensatz zu Krustentieren, Großfischen und Meeresfrüchten sehr preisgünstig.
ruta: Die Blätter der Raute, auch Weinraute genannt, wurden vor allem zum Würzen von Fleischspeisen, Essig und Wein verwendet. Der aus dem östlichen Mittelmeerraum stammende, immergrüne Strauch galt u. a. wegen seiner menstruationsfördernden und entzündungshemmenden Wirkung als Pflanze der Mondgöttin Diana; der Raute wurden auch Zauberkräfte zugeschrieben.

10 Velabrum: Die Gegend am westlichen Abhang des Palatins zwischen Kapitol, Palatin und Aventin war bekannt für ihre zahlreichen Käsebuden, wo man u. a. auch geräucherten Käse herstellte.

11 Picenum frigus: Die Landschaft Picenum im östlichen Italien (bei Ancona) ist für ihre Oliven bekannt.

13 sumen: Saueuter galt gefüllt als besondere Delikatesse.

15 L. Arruntius Stella: der oft genannte Freund und Patron des Martial

17f. Gigantas vel rura: Iulius Cerialis hatte demnach eine Gigantomachie und Gedichte vom Landbau, *„Georgica"*, geschrieben.

4 Vertiefung

1 Mit welchen Versprechungen will Martial seinen Freund locken? Welcher Teil der Mahlzeit ist – oder wäre – wirklich exquisit?

2 Was ist das Angebot, von dem er sich am meisten Wirkung erhofft? Worin liegt hier eine gewisse Selbstironie?

Während viele ärmere Familien, die in den *insulae* wohnten, nicht einmal eine eigene Küche besaßen und auf kleinen Herden oder Kohlebecken vor dem Haus kochen oder sich ihr warmes Essen aus einer der zahlreichen Garküchen (*popinae*) holen mussten, wurde ab der Kaiserzeit das Essen für die Vornehmen und Reichen mehr und mehr zum Gesellschaftsspiel. Die *cena* begann zur unentbehrlichen Unterhaltung, zur willkommenen Gelegenheit zum Austausch der neuesten Nachrichten und zum ersehnten Tagesabschluss zu werden. Der Handel, der sich immer mehr ausweitete, versorgte Rom mit außergewöhnlichen und teuren Delikatessen. Ein *convivium* wurde zur Prestigeangelegenheit, bei der man prunken und protzen konnte. Den oft geschilderten Tafelluxus der Reichen kritisierte nach einem Bericht des **Aulus Gellius** schon Varro:

> Ich aber will mich darauf beschränken, nur ungefähr, soweit ich mich noch erinnere, folgende Arten und Namen von Esswaren und die vor allen andern sich auszeichnenden Heimatstätten von Leckereien anzuführen, welche bodenlose Genussgier aufgespürt hat und welche Varro mit unverhaltenem Tadel durchgeht. Es sind folgende: der Pfau (*pavus*) aus Samos, die Haselhühner (*attagena*) aus Phrygien, die Kraniche (*grues*) aus Medien, das Böcklein (*haedus*) aus Ambracia, der Tunfisch (*pelamis*) aus Chalkedon (in Bithynien), die Bricken (Neunaugen, Lampreten, *murena*) aus Tartesia (in Spanien), die Schellfische (Lachse, *aselli*) aus Pessinuntium (in Phrygien), die Austern (*ostrea*) von Tarent, die Kamm-Muscheln (*pectunculus*) von Chios, der Schwertfisch (*helops*) von Rhodos, die Meerbrechen (Papageifische, *scari*) aus Kilikien, die Nüsse (*nuces*) von Thasos, die Datteln (*palma*) aus Ägypten, die Eicheln (Kastanien, *glans*) aus Iberien. Solche Gier eines Gaumens, der überall weit aus fremden Ländern herbeigeholte, seltene Leckereien aufsucht, und solches Aufspüren von Näschereien wird man um so mehr verabscheuungswürdig finden, wenn man einiger Verse des Euripides eingedenk ist, deren sich Chrysippus sehr oft bediente, dass gewisse Gaumenreizmittel nur erfunden seien, nicht aus Notwendigkeit für den Lebensbedarf, sondern nur zur sinnlichen Überreizung, die alles leicht Zubereitete verschmäht, und aus übertriebener Üppigkeit in der Genusssucht.
>
> *Aulus Gellius, Noctes Atticae VI, 16, 4 ff., übers. von F. Weiß*

Auch das Kochbuch des Apicius spiegelt in einigen für den heutigen Gaumen äußerst exotisch anmutenden Rezepten die Luxussucht der reichen römischen Gastgeber wider:

5 **t**ext

M. Gavius Apicius,
De re coquinaria VIII, 410 (Glires I)

Gefüllter Siebenschläfer

410 Glires[1]: isicio porcino[2], item pulpis[3] ex omni membro glirium trito[4], cum pipere, nucleis, lasere[5], liquamine[6] farcies[7] glires, et sutos[8] in tegula[9] positos mittes in furnum aut farsos in clibano[10] coques.

410 **1 glires**, -ium m.: Siebenschläfer **2 isicium porcinum**: Hackfleisch vom Schwein **3 pulpa**, -ae f.: Fleisch **4 tritus** 3: ausgelöst **5 laser**: Silphium, Gewürz **6 liquamen**: Fischlake, ➤ K3 **7 farcio** 4, -farsi, -farsus: stopfen **8 sutus** 3: zugenäht **9 tegula**, -ae f.: Ziegel, h. Spezialofen **10 clibanus**, -i n.: Backpfanne, Backform

5 **k**ommentar

M. Gavius Apicius,
De re coquinaria VIII, 410 (Glires I)

410 laser: Die in Nordafrika heimische Pflanze, aus der Laserpicium ursprünglich gewonnen wurde, scheint ausgerottet worden zu sein. Bei Apicius gehört *Laser/Silphium* zu den häufigsten Gewürzen, es dürfte sich dabei aber bereits um einen aus Syrien importierten Ersatzstoff gehandelt haben, nämlich um den Pflanzensaft der *Ferula asafoetida* (botanische Bezeichnung für Asant oder Teufelsdreck). Diese gummiartig-harzige Substanz hat einen knoblauchartigen, sehr intensiven Geschmack und wird heute noch in der indischen Küche verwendet.
tegula: Tragbare Öfen, die mit Holzkohle beheizt wurden, hatten zwei Hüllen, sodass die Hitze dazwischen zirkulieren und der Rauch durch Löcher in der Außenhaut abziehen konnte. Man verwendete sie, um kleinere Mahlzeiten zu kochen wie Schnecken und gefüllte Siebenschläfer.

6 **t**ext

M. Gavius Apicius,
De re coquinaria VI, 240
(in Phoenicoptero 1)

Flamingo mit Koriander

240 Phoenicopterum eliberas[1], lavas, ornas, includis in caccabum[2], adicies aquam, salem, anethum[3] et aceti modicum[4]. Dimidia coctura[5] alligas fasciculum[6] porri[7] et coriandri[8], ut coquatur. Prope cocturam defritum[9] mittis, coloras. Adicies in mortarium[10] piper, cuminum[11], coriandrum, laseris radicem[12], mentam[13], rutam[14], fricabis[15], suffundis acetum, adicies caryotam[16], ius[17] de suo sibi perfundis. Reexinanies[18] in eundem caccabum, amulo obligas[19], ius perfundis et inferes.

240 **1 elibero** 1: auslösen **2 caccabum**, -i n. tiefer Topf **3 anethum**, -i n.: Dille **4 modicum aceti**: etwas Essig **5 dimidia coctura**: zur halben Kochzeit = wenn er halb gegart ist **6 fasciculum**, -i n.: Bund, Büschel **7 porrum**, -i n.: (Schnitt-)Lauch **8 coriandrum**, -i n.: Koriander **9 defritum**, -i n.: eingekochter roter Traubensaft **10 mortarium**, -i n.: Reibschale **11 cuminum**, -i n. Kümmel **12 laseris radicem**: Silphium-Wurzel, ➤ K6 **13 menta**, -ae f.: Minze **14 ruta**, -ae f.: (Weinraute), ➤ K5 **15 frico** 1: reiben **16 caryota**, -ae f.: Dattel **17 ius**, iuris n.: Bratenfond, Sauce **18 reexinanio** 4: wieder einlegen **19 amulo obligare**: mit Stärke binden

6 Kommentar

M. Gavius Apicius,
De re coquinaria VI, 240
(in Phoenicoptero 1)

240 Phoenicopterus: Auf den römischen Märkten, z. B. auf dem *macellum*, gab es zahlreiche Händler, die sich auf den Import von exotischen Nahrungsmitteln spezialisiert hatten und diese zu horrenden Preisen verkauften.

coctura: Der wichtigste Gegenstand in der römischen Küche war der Herd. Er bestand aus Ziegeln und hatte die Höhe eines modernen Tisches. Er wurde mit einem Holzfeuer beheizt, die glühende Holzkohle wurde bei Bedarf entnommen und auf der Herdfläche aufgelegt. Backöfen wurden aus Bruchsteinen hergestellt, z. B. von Ziegeln, die mit Lehm zusammengehalten wurden und wie ein niedriger Bienenkorb geformt waren, mit einem Rohr für die Abluft. Geheizt wurde ebenfalls mit Holz und Holzkohle. Wenn die erforderliche Temperatur im Inneren erreicht war, rechte man die Asche heraus, führte die Speisen ein und verschloss die Öffnung, um die Hitze zu halten.

6 Vertiefung

1 Was könnte das Motiv eines Gastgebers sein, seinen Gästen ausgerechnet einen Flamingo auf den Tisch zu bringen?

2 Gibt es auch heute noch Gerichte, die einen so exklusiven Charakter haben wie ein Flamingobraten?

Für Bequemlichkeit im Esszimmer, dem *triclinium*, sorgten Liegen. Das *triclinium* erhielt seinen Namen von den drei Klinen (Liegen), die um einen kleinen runden oder quadratischen Tisch angeordnet waren. In der Regel bestanden die Liegen aus Holz, sie konnten aber auch gemauert sein. Mit Polstern bedeckt, bot jede Kline Platz für drei Gäste, die sich nebeneinander zu Tisch legten. Verteilt wurden die Plätze nach bestimmten Regeln, die dem gesellschaftlichen oder familiären Rang der Gäste entsprachen. Falls mehr Gäste eingeladen waren, wurden weitere Dreiergruppen von Klinen oder Stühlen dazugestellt. Für Frauen gehörte es sich lange überhaupt nicht, an einem Gastmahl teilzunehmen, und falls doch, dann nur sitzend in Korbsesseln.

Sklaven nahmen den Gästen bei der Ankunft die Sandalen ab, wuschen die Füße, brachten Wasserschalen für die Hände und für die Vorspeisen, trugen neue Gerichte auf, beseitigten Essensreste, wischten Tische ab und sorgten schließlich für Düfte und Wässer zur Reinhaltung der Finger. Musikanten, Tänzerinnen, Akrobaten, Komiker, Dichterlesungen, Rhetoriker und andere Darbietungen sorgten für die nötige Unterhaltung der Gäste. Der Fantasie des Gastgebers waren dabei keine Grenzen gesetzt.

So wie es heute „Schnorrer“ gibt, die sich keine Ausstellungseröffnung mit Büffet entgehen lassen, so existierte auch im alten Rom eine spezielle Gattung von Menschen, die man wohl am besten unter dem Begriff „Mahlzeitenjäger“ zusammenfassen könnte. Vor allem in den Thermen war diese Spezies stark vertreten und lag dort regelrecht auf der Lauer, um sich an mögliche Gastgeber heranzumachen und eine Einladung zu „erschnorren“. Es gab aber auch noch andere Orte, an denen man den „Mahlzeitenjägern“ nicht entgehen konnte …

7 text

M. Valerius Martialis,
Epigrammata XI, 77

Auch ein Mittel, Einladungen zu erhalten

In omnibus Vacerra quod conclavibus[1]
consumit horas et die toto sedet,
cenaturit[2] Vacerra, non cacaturit[3].

1 **1 conclave**, -is n.: Toilette, öffentliche Latrine **2 cenaturo** 1: essen wollen, zum Essen eingeladen werden wollen **3 cacaturo** 1: kacken wollen

7 kommentar

M. Valerius Martialis,
Epigrammata XI, 77

1 **conclave**: Während Privathäuser ihre eigenen Toiletten mit Wasserspülung hatten, mussten die Bewohner der Mietshäuser tagsüber die öffentlichen Latrinen frequentieren (oder die überall aufgestellten Urinsammelfässer der Tuchwalker), in der Nacht behalf man sich mit Nachttöpfen. Die Latrinen waren große, oft kostbar mit Marmor und Mosaiken ausgestattete Räume mit u-förmig angeordneten Sitzbänken und Anschluss an die *cloaca maxima*, wo ca. 20 Menschen gemeinsam ihre Notdurft verrichten konnten, und standen unter der Aufsicht eines Pächters. Vor den Bänken floss in einer Rinne frisches Wasser zum Reinigen der Hände und der Schwämme.

Abb. 4: Rekonstruktion einer Latrine

7 vertiefung

1 Wie betont Martial die Lächerlichkeit des Ansinnens des Vacerra durch die Wortstellung?

2 Welche Assoziationen soll wohl die Alliteration (➤ S. VIII) mit „c“ wecken?

Die Tischsitten der Römer unterschieden sich von den unseren in vielfältiger Weise. Der auffallendste Unterschied lag in der Haltung der Speisenden, denn man saß nicht, sondern lag zu Tisch, auf den linken Arm gestützt. Was uns unbequem erscheinen mag, war für die Römer der Inbegriff der Entspannung. Auch die seriöse Toga wurde beim Essen nicht getragen, man zog die bequeme *synthesis* oder *vestis cenatoria* (Speisekleidung) an. Tischbesteck war weitgehend unbekannt, da man es mit einer Hand ohnehin nicht hätte handhaben können. Die einzigen Hilfsmittel waren Löffel, mit denen man Saucen und Mehlspeisen nehmen konnte. Servietten und Waschschälchen waren deshalb sehr gefragt, das Kühlen der Speisen durch Blasen galt jedoch als unfein. Vorsichtiges und appetitliches Zugreifen mit den Fingerspitzen betrachtete man als Zeichen guter Tischmanieren.

8 text

P. Ovidius Naso,
Ars amatoria III, 755–760

Benimmregeln

Carpe cibos digitis: Est[1] quiddam gestus[2] edendi:
Ora nec immunda[3] tota perungue[4] manu.
Neve domi praesume dapes[5], sed desine citra
quam capis[6]; es[7] paulo quam potes esse[8] minus;
Priamides Helenen[9] avide si spectet[10] edentem,
Oderit, et dicat[11]: stulta rapina mea est.

755 **1 est**: es gibt **2 gestus**, -us m.: (angemessene) Haltung **3 immundus** 3: proleptisch (die Wirkung der beschriebenen Handlung ist schon vorweggenommen): schmutzig **4 perunguo** 3: (mit Fett) beschmieren **5 dapes**, -um f.: Speisen **6 citra quam capis**: noch bevor du nichts mehr hinunterbringst **7 es**: Nebenform zu edo: iss **8 esse**: essen **9 Helenen**: griech. acc. **10 spectet** (coni. pot.): sollte sehen, falls er sieht
760 **11 dicat** (coni. pot.): sagt er wohl

8 kommentar

P. Ovidius Naso,
Ars amatoria III, 755–760

759 Priamides: Paris, Sohn des Königs Priamos von Troja, der den Streit der Göttinnen Hera, Athene und Aphrodite um den Preis der Schönheit zugunsten von Aphrodite entschieden hatte, konnte mit deren Hilfe die schöne Helena aus Troja entführen.

8 vertiefung

1 Was sollen Mädchen – und an diese ergeht der Tipp – bei einem Gastmahl beachten und warum scheinen Ovid gerade diese Dinge wichtig?

2 Warum rät Ovid den Mädchen, nicht schon zu Hause zu essen?

3 Was würde er heute wohl als erstes Fehlverhalten bei Tisch nennen, das man in Gesellschaft vermeiden sollte?

Zum guten Ton eines römischen Gastmahles gehörte es, die Essensreste auf den Boden fallen zu lassen. Knochen, Gräten, abgenagte Weintrauben, Nussschalen und Salatblätter wurden später von Sklaven als so genannte *analecta* (Aufgesammeltes) weggefegt. Der pergamenische Künstler Sosos entdeckte dieses Motiv als Stillleben, das man fortan *asarotos oikos* (ungefegter Raum) nannte und gern als Bodenmosaik in Speisesälen verwendete. Ansonsten entsprachen die Tischsitten der Römer weitestgehend den modernen: Sich die Finger nach den einzelnen Gängen zu waschen war ebenso selbstverständlich wie die Toilette außerhalb des Speisezimmers aufzusuchen.

Einen guten, wenn auch satirisch verzerrten Eindruck vom Tafelluxus der Reichen und Neureichen Roms vermittelt die *„cena Trimalchionis"*, der berühmteste Abschnitt des Sittenromans ***„Satyricon"*** von **C. Petronius Arbiter.** Der Gastgeber dieses Mahls ist Trimalchio, ein aus Kleinasien stammender Freigelassener, der seinen Gästen jeden nur erdenklichen Luxus bietet:

> Auf der Stelle wurden sorgfältig vergipste Glaskrüge hereingebracht, an deren Hälsen Etiketten mit folgendem Text angeklebt waren: „Falerner, anno Opimius, hundertjährig." Während wir die Aufschriften studierten, schlug Trimalchio die Hände zusammen und sagte: „Ach Gott, also lebt der Wein länger als ein Menschenkind. Darum wollen wir Prosit machen. Wein ist Leben. Echten Opimianer spendiere ich. Gestern habe ich keinen so guten vorgesetzt, dabei saßen viel vornehmere Leute zu Tisch." Als wir also tranken und seine Feudalität auf das Gründlichste bewunderten, brachte ein Sklave ein silbernes Skelett herein, mit einem Mechanismus der Art, dass sich seine Glieder und Gelenke verrenkt in jeder Richtung biegen ließen. Als er dies einmal ums andere über den Tisch hingeworfen hatte und die bewegliche

Abb. 5: Römischer Mosaikfußboden mit Speiseresten

Fügung allerlei Figuren bildete, setzte Trimalchio hinzu: „Ach, wir armen Menschenkinder sind nur Luft! So ergeht's uns allen, hat der Tod geruft. Drum lustig, Leut, denn heut ist heut!"

Auf unser Kompliment folgte ein Gang, der durchaus unter unserer Erwartung blieb, aber doch originell genug war, um aller Blicke auf sich zu lenken. Denn ein rundes Tablett zeigte die zwölf Tierkreiszeichen im Kreise angeordnet, und der Entremettier [Koch für Suppen, Gemüse, Nachspeisen] hatte je ein besonderes und sinngemäßes Gericht darauf gelegt: auf den Widder Widdererbsen, auf den Stier ein Stück Rindfleisch, auf die Zwillinge Hoden und Nieren, auf den Krebs einen Kranz, auf den Löwen eine afrikanische Feige, auf die Jungfrau die Gebärmutter einer Jungsau, auf die Waage eine Standwaage mit einer Käsepastete in der einen, einem Honigkuchen in der anderen Schale, auf den Skorpion ein Seefischchen, auf den Schützen ein Fixierauge, auf den Steinbock einen Seehummer, auf den Wassermann eine Gans, auf die Fische zwei Barben. In der Mitte aber lag ein ausgestochenes grünes Rasenstück mit einer Wabe darauf. Ein Ägypterbub reichte auf einer Silberpfanne Brot herum. [...]

Jetzt kamen Diener und breiteten vor den Diwanen Decken aus, auf denen Netze gestickt waren und Jäger auf dem Anstand mit Spießen und alles, was zur Jagd gehört. Und ehe wir recht wussten, welchen Weg wir unsere Vermutungen nehmen lassen sollten, erhob sich draußen vor dem Speisesaal ein gewaltiger Lärm und, da schaut her, Jagdrüden begannen gar um den Tisch auszuschwärmen. Es folgte ihnen eine Platte, auf der ein Keiler erster Größenordnung lag, und zwar mit einer Freiheitsmütze und so, dass an seinen Eckzähnen zwei Körbchen aus geflochtenem Palmbast hingen, das eine mit syrischen, das andere mit ägyptischen Datteln gefüllt. Ringsherum aber waren winzige, aus Biskuitteig bereitete Ferkel so gelegt, als ob sie sich nach den Zitzen drängten, um anzudeuten, ein Mutterschwein sei aufgetischt. Nun, sie selber waren als Souvenirs gedacht. Im übrigen kam zum Zerlegen des Keilers nicht der „Schneider" von vorhin herein, der das Geflügel tranchiert hatte, sondern ein bärtiger Riese mit Wickelgamaschen an den Waden und mit einem wasserdichten Cape drapiert; der zog seinen Hirschfänger und stieß ihn dem Keiler tüchtig in die Flanke, worauf Krammetsvögel aus dem Riss hochflogen. Vogelsteller mit Leimruten standen bereit und fingen die im Speisesaal umherflatternden Tiere im Nu ein. Trimalchio ließ darauf jedem eines bringen und setzte hinzu: „Jetzt passt auf, was für delikate Eicheln die Wildsau da gefressen hat!" Sogleich traten Burschen zu den Körbchen, die an den Zähnen hingen, und verteilten die ägyptischen wie die syrischen Datteln ausgezählt an die Gäste.

C. Petronius Arbiter, Satyricon, Cena Trimalchionis, 34, 6 ff., übers. von W. Ehlers

9 text

C. Petronius Arbiter,
Satyricon 49

Trimalchio tischt auf

49,1 Nondum efflaverat[1] omnia, cum repo-
sitorium[2] cum sue ingenti mensam occu-
2 pavit. Mirari nos celeritatem coepimus, et
iurare ne gallum quidem gallinaceum[3]
3 tam cito percoqui potuisse, tanto quidem
magis, quod longe maior nobis porcus
videbatur esse, quam paulo ante aper[4] fue-
rat. Deinde magis magisque Trimalchio
4 intuens eum: „Quid? Quid?", inquit,
„Porcus hic non est exinteratus[5]? Non me-
hercules[6] est. Voca, voca cocum in medio."
5 Cum constitisset ad mensam cocus tristis
et diceret se oblitum esse[7] exinterare:
„Quid, oblitus?" Trimalchio exclamat,
„putes[8] illum piper et cuminum[9] non
6 coniecisse[10]! Despolia[11]!" Non fit mora, des-
poliatur cocus atque inter duos tortores[12]

49,1 1 efflo 1: aushauchen; von sich geben **2 repositorium**, -i n.: Servierplatte

2 3 gallus gallinaceus: Haushahn

3 4 aper, -ri m.: Wildschwein **5 exintero** 1: ausweiden, ausnehmen **6 mehercules**: beim Hercules, Ausruf des Entsetzens

5 7 obliviscor 3, oblitus sum: vergessen **8 putes**: man könnte glauben = man muss fast noch fürchten **9 cuminum**, -i n.: Kümmel **10 conicio** 3M, -ieci, -iectum: beigeben. Gemeint ist: Er kennt nicht Pfeffer noch Kümmel.

6 11 despolio: entkleiden **12 tortor**, -oris m.: Folterknecht

maestus consistit. Deprecari[13] tamen omnes coeperunt et dicere: „Solet fieri. Rogamus mittas[14]! Postea si fecerit, nemo nostrum pro
7 illo rogabit.“ Ego crudelissimae severitatis[15], non potui me tenere, sed inclinatus[16]
ad aurem Agamemnonis: „Plane“, inquam, „hic debet servus esse nequissimus[17]: Aliquis oblivisceretur porcum exinterare? Non mehercules illi ignoscerem, si
8 piscem praeterisset[18].“ At non Trimalchio,
qui relaxato[19] in hilaritatem vultu: „Ergo“,
inquit, „quia tam malae memoriae es[20],
9 palam nobis illum exintera.“ Recepta
cocus tunica cultrum[21] arripuit, porcique
ventrem hinc atque illinc timida manu
10 secuit. Nec mora, ex plagis[22] ponderis inclinatione[23] crescentibus tomacula[24] cum botulis[25] effusa sunt.

13 deprecor 1: um Gnade bitten **14 rogamus mittas**: Das Simplex steht für das Kompositum dimittas = Wir bitten: Lass ihn laufen.

7 **15 crudelissimae severitatis**: in grausamster Strenge **16 inclinor** 1: sich hinneigen zu **17 plane nequissimus**: vollkommen unbrauchbar **18 piscem praeterire**: einen Fisch übersehen (beim Ausnehmen)

8 **19 relaxatus** 3: entspannt **20 malae memoriae esse** (gen. qual.): ein schlechtes Gedächtnis haben

9 **21 culter**, -tri m.: Messer

10 **22 plaga**, -ae f.: Wunde, Einschnitt **23 inclinatio**, -onis f.: Druck **24 tomaculum**, -i n.: Bratwurst **25 botulum**, -i n.: Blutwurst

C. Petronius Arbiter,
Satyricon 49

9 Kommentar

10 tomaculum: Die mit Abstand beliebtesten Würste waren die *„lucanicae“*, die ihren Namen nach ihrer Herkunft aus der Gegend südlich von Neapel erhalten hatten. Lucanicae waren dicke Schweinswürste, von den Bauern gern zum *puls* gegessen. Dem feineren Geschmack allerdings sagten sie weniger zu. Namen und Rezepturen einer Unzahl von Wurstsorten sind belegt, wie etwa: „Man zerreibt Pfeffer, Kümmel, Bohnenkraut, Raute, Petersilie, Gewürze, Lorbeeren und Liquamen und mischt gut zerstampftes Hackfleisch dazu, um es anschließend nochmals gut zusammen zu zerreiben, gibt Nüsse bei, füllt die Masse in einen dünnen Darm und räuchert.“

9 Vertiefung

Worin besteht der „Scherz“ des Trimalchio? Wie reagieren die Gäste auf diesen Scherz?

TEIL II

Zwischen Palästen und Mietskasernen – Wohnen in Rom

Reichtum, Repräsentation und Wohnraum waren – nicht anders als heute – in Rom eng miteinander verknüpft. Als reicher Römer konnte man sich ein Stadthaus und eine *villa* auf dem Land leisten. Die Stadthäuser der begüterten Römer hatten alle eine ähnliche Grundform: Den offiziellen Wohnraum bildete das *atrium*. Es besaß im Dach eine Öffnung, die auf jene alten Tage zurückgeht, in denen die Behausung aus diesem einzigen Raum bestand und das Loch in der Decke der Beleuchtung und Belüftung und als Schornstein für den Rauch des Herdes diente. Später wurde aus dem *atrium* die Empfangshalle; das Auge im Dach blieb, aber den Herd darunter ersetzte ein Bassin, worin sich das Regenwasser sammelte.

Durch eine ähnliche Entwicklung wurde aus dem *tablinum*, ursprünglich ein ans Haus gelehnter Schuppen, ein kleines Studier- oder Esszimmer. Trat man einst aus dem *tablinum* in einen schlichten Gemüsegarten, so gelangte man später in den geschmackvoll angelegten Innenhof. Dort hinaus blickten die meisten der Schlafzimmer. Dieser Hof, das von Säulen umsäumte *peristylium*, war bei gutem Wetter der beliebte Versammlungsplatz der römischen Familie. Oft schmückten ihn Springbrunnen und Statuen, manchmal auch ein steinerner Speisetisch. Im hintersten Teil des Hauses befanden sich Küche, Arbeitsräume und die Unterkünfte der Sklaven.

Der römische Architekt Vitruvius Pollio stellt in seinem Werk *„De architectura"* Überlegungen an, welche Art von Wohnraum für wen zweckdienlich und notwendig sei. Dabei legt er ausführlich dar, dass Status und Wohnraum einander entsprechen müssen. Das bedeutet natürlich auch, dass ein wohlhabender Mann zur Repräsentation verpflichtet wird, die mit einem bestimmten Raumensemble verbunden war.

10 text

Vitruvius Pollio,
De architectura VI, 5,1–3

Zeige mir, wie du wohnst und ich sage dir, wer du bist

5,1 Igitur iis, qui communi sunt fortuna[1], non necessaria[2] magnifica vestibula nec tabulina[3] neque atria, quod in aliis officia praestant[4] ambiundo[5] neque ab aliis ambiuntur.

2 Qui autem fructibus rusticis serviunt[6], in eorum vestibulis stabula, tabernae, in aedibus cryptae[7], horrea[8], apothecae[9] ceteraque, quae ad fructus servandos magis quam ad elegantiae decorem[10] possunt esse, ita sunt facienda. Item faeneratoribus[11] et

5,1 **1 communi fortuna esse** (abl. qual.): nur durchschnittliches Vermögen besitzen **2 iis necessaria**, erg. sunt: sie benötigen nicht **3 tabulinum** = tablinum, -i n.: Arbeitszimmer **4 officia praestare**: die Pflicht erfüllen; in aliis officia praestare ambiundo: bei anderen Pflichtbesuche machen **5 ambio** 4: umhergehen, besuchen
2 **6 fructibus rusticis servire**: in der landwirtschaftlichen Produktion tätig sein **7 crypta**, -ae f.: Gewölbe **8 horrea**, -ae f.: (Getreide-)Speicher **9 apotheca**, -ae f.: Lagerraum (griech. apotheke = Ablage) **10 ad elegantiae decorem**: zum eleganten Raumdekor **11 faenerator**, -oris m.: Geldverleiher

publicanis[12] commodiora et speciosiora[13] et ab insidiis tuta[14], forensibus[15] autem et dissertis[16] elegantiora et spatiosiora ad conventos excipiundos[17], nobilibus vero, qui honores magistratusque gerundo[18] praestare debent officia[4] civibus, faciunda sunt vestibula regalia[19] alta, atria et peristylia amplissima, silvae ambulationesque[20] laxiores[21] ad decorem maiestatis perfectae[22]; praeterea bybliothecas, pinacothecas[23], basilicas non dissimili modo quam publicorum operum magnificentia comparatas[24], quod in domibus eorum saepius et publica consilia et privata iudicia arbitriaque[25] conficiuntur.

3 Ergo si his rationibus ad singulorum generum[26] personas, ut in libro primo de decore est scriptum, ita disposita erunt aedificia, non erit, quod[27] reprehendatur; habebunt enim ad omnes res commodas et emendatas explicationes[28]. Earum autem rerum non solum erunt in urbe aedificiorum rationes[29], sed etiam ruri, praeterquam quod in urbe atria proxima ianuis solent esse, ruri ab pseudourbanis[30] statim peristylia, deinde tunc atria habentia circum[31] porticus pavimentatas[32] spectantes[33] ad palaestras[34] et ambulationes[20].

12 publicanus, -i m.: Steuerpächter **13 speciosus** 3: ansehnlich **14 ab insidiis tutus**: diebstahlsicher **15 forensis**, -e: in der Öffentlichkeit tätig, Rechtsanwalt **16 dissertus** 3: Redner **17 conventus excipere**: Empfänge, Zusammenkünfte aufnehmen **18 gero** 3: bekleiden, ausüben **19 regalis**, -e: herrschaftlich **20 ambulatio**, -onis f.: Spazierweg **21 laxus** 3: weitläufig **22 ad decorem maiestatis perfectus**: der Würde (des Besitzers) angemessen **23 pinacotheca**, -ae f.: Bildergalerie **24 non dissimili modo quam magnificentia comparatus**: in ähnlicher Weise prunkvoll ausgestattet **25 arbitrium**, -i n.: Entscheidung

3 **26 ad personas singulorum generum**: im Hinblick auf Personen in verschiedenen gesellschaftlichen Positionen **27 non est, quod** + coni., konsekutiver Rel.-Satz: es gibt keinen Anlass, dass … **28 explicatio**, -onis f.: Planung **29 ratio rerum**: Planungsgrundsatz **30 statim a pseudourbanis**: direkt nach dem Eingangsbereich **31 circum**: ringsum **32 pavimentatus** 3: mit Estrichboden versehen **33 spectare ad**: sich öffnen in Richtung auf **34 palaestra**, -ae f.: Sportplatz

10 kommentar

Vitruvius Pollio,
De architectura VI, 5,1–3

5,1 officia praestare: Der morgendliche Besuch der Klienten beim Schutzherrn *(patronus)* galt als Pflicht *(officium)*. Dafür und für Unterstützung z. B. bei Wahlen vertrat der Schutzherr, ein Mitglied einer patrizischen Familie, den Klienten vor Gericht.

2 crypta: Dabei handelt es sich nicht um einen unterirdischen Bauteil, sondern um geschlossene oberirdische Gänge, die zur Lagerung von Produkten dienten, die vor Feuchtigkeit geschützt, aber gleichzeitig ausreichend belüftet werden sollten.

apotheca: Diese diente in erster Linie zur Lagerung des Weins im oberirdischen Bereich des Hauses.

publicanus: Persönlichkeiten, die mit dem Staat *(publicum)*, der sich während der Zeit der Republik jeder Unternehmertätigkeit enthielt, in geschäftliche Verbindung traten. Bei diesen Geschäftsverbindungen konnte es sich um Lieferungen von Gütern öffentlichen Bedarfs, Instandhaltungsarbeiten, die Pacht staatlichen Besitzes, wie z. B. von Bergwerken, aber auch um die Pacht öffentlicher Einkünfte wie Steuern handeln.

Abb. 6, S. 20/21: Gutshöfe

ad conventus accipiendos: Empfänge im eigenen Haus galten für Höherstehende ebenso als Verpflichtung (*officium*) wie für die Unterschicht ihre Besuche bei den Schutzherren. Repräsentation und Status waren damit untrennbar verbunden. Der Status verpflichtete zu einem gewissen Aufwand, andererseits bezeugte die Bereitschaft zu Ausgaben (im Interesse der Öffentlichkeit) und zu repräsentativem Prunk den Status.

silvae: Viele Gärten waren in der Form eines *xystus* angelegt, den schattige Laubengänge durchzogen und ein Säulengang (*porticus*) umschloss. Beliebt waren auch scheinbar wild wachsende, tatsächlich aber gut geplante und sorgfältig gepflegte Parklandschaften nach persischem Vorbild (*paradeisos*).

ambulationes: Spazierwege, die sich meist im rechten Winkel schnitten und von kleinen Hecken gesäumt waren, teilten die Gartenfläche symmetrisch auf.

3 in libro primo de decore: Vitruv hat zehn Bücher über die Architektur verfasst, das erste davon behandelt Fragen der Stadtplanung.

10 Vertiefung

1 **a** Welche Faktoren sollen laut Vitruv für Dimensionierung und Raumnutzung bei der Planung bestimmend sein?

b Welche Bedeutung hat für ihn die Ästhetik eines Wohnhauses? Steht sie vor oder nach dem Nutzen?

2 **a** Welche Räume sind in einem Bauernhaus unbedingt erforderlich, welche in einem Stadthaus einer Persönlichkeit aus dem öffentlichen Leben?

b Welche zusätzlichen Einrichtungen empfehlen sich in einem Landhaus?

c Hat auch heute der Beruf des Hausbesitzers einen Einfluss auf die Raumgestaltung?

Wesentlich war dem Römer, wie das Innere seines Hauses wirkte, nicht dessen äußere Erscheinung. Kein Fenster öffnete zur Straße hinaus, und oft vermehrte man seine Einnahmen aus vermietetem Besitz durch den Anbau kleiner Läden und Wohnungen an die sonst ungenutzte Vorderfront. Aber die Gemächer, in denen er lebte, schmückte der Hausbesitzer mit Mosaikböden und Wandgemälden, häufig Darstellungen aus der griechischen Mythologie. Das Mobiliar war spärlich. Bett, Stühle, Tische, Kandelaber, Truhen waren schlicht gestaltet, doch nicht selten mit Gold und Elfenbein reich verziert.

Reiche Leute hatten außerdem ein *triclinium*. In diesem Raum speiste man mit geladenen Gästen. Das festliche Gelage war ein Hauptereignis des geselligen Lebens und vollzog sich nach überlieferten Formen. Gewöhnlich stattete man das triclinium mit drei geräumigen Sofas aus, die mehreren ausgestreckten Personen Platz boten.

Das Gesamtkonzept eines römischen Stadthauses war sehr ausgeklügelt. Anders als heute diente kein Raum im Haus der völligen privaten Zurückgezogenheit. Man unterscheidet lediglich zwischen Räumen, die jedermann offen standen (*communia loca*) und Räumen, die nur auf Einladung zu betreten waren (*propria loca*). Abgesehen von einer grundsätzlichen Offenheit für Nahestehende wie Sklaven, Freunde und Verwandte, zeigte das schrittweise Vordringen eines Besuchers im Haus dessen soziale Position. Je höher sein Ansehen war, desto tiefer drang er ins Innere des Hauses vor.

11 text

Vitruvius Pollio,
De architectura VI, 5,1

„Raumplanung"

5,1 Cum ad regiones caeli[1] ita ea fuerint disposita, tunc etiam animadvertendum est[2], quibus rationibus[3] (in) privatis aedificiis propria loca[4] patribus familiarum et quemadmodum communia cum extraneis[5] aedificari debeant[6]. Namque ex his, quae propria sunt, in ea non est potestas omnibus introeundi[7] nisi invitatis[8], quemadmodum sunt cubicula, triclinia, balneae ceteraque, quae easdem habent usus rationes[9]. Communia autem sunt, quibus etiam invocati[10] suo iure[11] de populo possunt venire, id est vestibula, cava aedium[12], peristylia, quaeque eundem habere possunt usum.

5,1 **1 ad regiones caeli**: im Hinblick auf die Himmelsrichtungen **2 animadverto** 1: achten auf, die Aufmerksamkeit richten auf **3 quibus rationibus**: in welcher Art und Weise **4 propria loca**: Privaträume **5 communia** (erg. loca) **cum extraneis**: mit Fremden gemeinsam genutzte Räume, Repräsentationsräume **6 aedificari debeant**: ist das Prädikat sowohl zu loca privata als auch zu communia **7 potestas introeundi**: das Recht einzutreten **8 invitatus**, -i m.: geladener Gast **9 ratio usus**: Verwendungszweck **10 invocatus** 3: nicht eingeladen **11 suo iure**: mit vollem Recht **12 cavum**, -i n.: freier Raum; cavum aedium: Halle

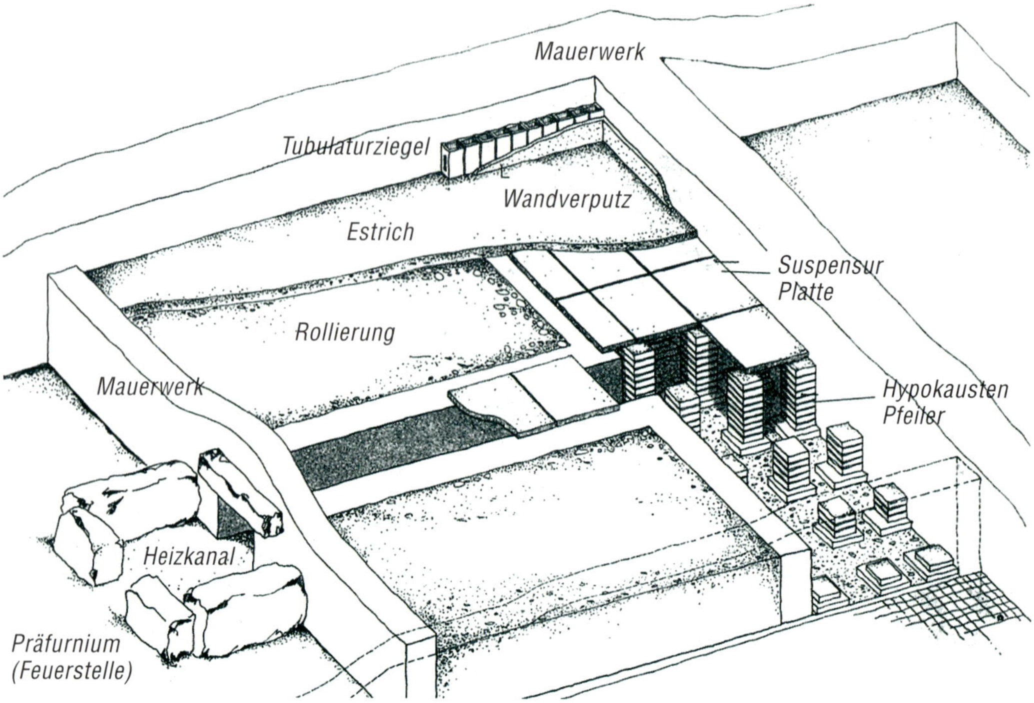

Abb. 7: Hypokaustenheizung (➤ „Austria Latina" v. W. Müller, Reihe „Latein in unserer Zeit", S. 40)

11 Kommentar

Vitruvius Pollio,
De architectura VI, 5,1

5,1 **ad regiones caeli disposita**: Die Architektur der Villen in der Stadt gehorchte keinem festen Schema, sondern entsprach jeweils den Bedürfnissen und dem Geschmack der Bewohner. Die *domus* passte sich dabei an die Gegebenheiten des Geländes an und fügte sich gegebenenfalls in die umgebenden Gärten ein. Vitruv rät auch, beim Bau z. B. darauf zu achten, aus welcher Richtung im Normalfall der Wind kommt etc.

invocati, suo iure: Die Privathäuser waren nicht so frei zugänglich, wie es hier scheinen mag; im Eingangsbereich jedes Hauses (oder in einer eigenen kleinen Kammer neben dem Eingang) überwachte ein Pförtner *(ianitor)*, dass niemand unangemeldet vordringen konnte.

balneum: Ab dem 2. Jh. v. Chr. werden die traditionellen Atriumhäuser großzügig erweitert, vor allem durch Gartenanlagen, aber auch durch private Thermen mit Fußbodenheizung (*Hypokausten*) und mehreren Bade- und Ruheräumen.

peristylium: Hatten die traditionellen Atriumhäuser bestenfalls einen Nutzgarten (*hortus*) gehabt, so wurden mit zunehmendem Wohlstand großzügige Peristylgärten üblich. Seit dem Ende des 1.Jhs. v. Chr. gab es eine eigene Theorie der Gartengestaltung (*opus topiarium*). Fixe Elemente waren von Buchsbaum-, Myrten- oder Rosmarinhecken gesäumte Spazierwege, die den Garten gliederten und an deren Schnittpunkten Sitzgelegenheiten vorhanden waren. Im Zentrum des Gartens befand sich eine Brunnenanlage; Säulen, Statuen oder kunstvoll zurechtgestutzte Sträucher dienten als optischer Aufputz. Man schätzte auch schattige Laubengänge, Blumenbeete dagegen waren selten.

11 Vertiefung

1 **a** Welche Räume bezeichnet Vitruv als Privaträume, welche als Repräsentationsräume?

b Welche Räume, die vermutlich in jedem Haus vorhanden waren, nennt er nicht und welche Gründe dafür lassen sich erkennen?

2 Gibt es eine Trennung zwischen Privaträumen und solchen, die für die Öffentlichkeit bestimmt sind, auch heute noch in Villen bedeutender Persönlichkeiten?

Der reich gewordene Freigelassene Trimalchio beschreibt in C. Petronius Arbiters Sittenroman *„Satyricon“* prahlerisch sein luxuriöses Stadthaus:

12 text

C. Petronius Arbiter, Satyricon 77,4

Trimalchios „Tempel“

77,4 Interim, dum Mercurius vigilat, aedificavi hanc domum. Ut scitis, casula[1] erat; nunc templum est. Habet quattuor cenationes[2], cubicula viginti, porticus marmoratos[3] duos, susum[4] cellationem[5], cubiculum, in quo ipse dormio, viperae huius[6] sessorium[7], ostiarii[8] cellam[9] perbonam; hospitium[10] hospites capit.

77,4 **1 casula**, -ae f.: armselige Hütte **2 cenatio**, -onis f.: Speisezimmer **3 marmoratus** 3: in Marmor gehalten, mit Marmor geschmückt **4 susum**, eigentl. sursum: im oberen Stock **5 cellatio**, -onis f.: Räumlichkeiten, eine Reihe von Zimmern **6 vipera haec**: diese Schlange („Kosename“ für seine Frau Fortunata) **7 sessorium**, -i n.: Sitz, Platz **8 ostiarius**, -i m.: Türhüter, Pförtner **9 cella**, -ae f. Kammer **10 hospitium**, -i n.: Gästetrakt

12 kommentar

C. Petronius Arbiter, Satyricon 77,4

77,4 **Mercurius**: Hermes/Mercurius, Sohn des Zeus und der Maia, steht Trimalchio in seiner Funktion als Gott der Händler und des raschen Gewinns bei, er schützt aber auch die Diebe, die Reisenden, die Herden, geleitet die Toten in die Unterwelt und fungiert als Götterbote, vor allem für Zeus.

porticus marmoratos, susum: Petron stellt Trimalchio als den Typ des neureichen Aufsteigers aus dem Sklavenstand dar, der zwar unermesslichen Reichtum, aber keine Spur von Bildung oder Kultur hat. Dies verdeutlicht er auch dadurch, dass er in die Reden des Trimalchio immer wieder Phänomene aus dem Jargon der einfachen Leute einstreut. Hier begeht Trimalchio einen „Genus-Fehler“, *porticus ist feminin*; er artikuliert undeutlich (*susum* statt *sursum*) und verwendet mit *ostiarius* ein umgangssprachliches Wort für Türhüter.

cellatio: In großen Häusern wurden diese nicht näher definierten Räumlichkeiten im Obergeschoß als Quartiere für die Haussklaven genutzt.

sessorium: eigentl. Zimmer in einem Bordell (*sessor* = Freier). Trimalchio unterstellt hier seiner Frau einen eher unsoliden Lebenswandel.

12 Vertiefung

1 Trifft die Relation, die Vitruv in ➤T10 aufstellt, dass bedeutende Persönlichkeiten ein großes, repräsentatives Haus benötigen, auch auf den Freigelassenen Trimalchio zu?

2 Warum hat Trimalchio wohl sein Haus so prächtig ausgebaut und welches Motiv könnte er dafür haben, dass er seine Gäste mit Details zu seinen Räumlichkeiten „langweilt“?

Nur eine kleine Gruppe von Römern konnte sich jedoch den Luxus eines Stadthauses leisten. Der Großteil der Menschen lebte in großen, mehrstöckigen Mietshäusern (*insulae*). Schon im 3. Jh. v. Chr. baute man in Rom dreistöckig, bald waren fünfstöckige Häuser keine Seltenheit mehr. Die starke Zunahme der hauptstädtischen Bevölkerung machte Bauplätze zur Mangelware und zwang dazu, jeden Zentimeter freien Grundes optimal zu nützen.

13 text

Vitruvius Pollio,
De architectura II, 8, 17

„Hochhäuser“ als Ausweg aus der Wohnungsnot

8,17 Leges publicae[1] non patiuntur maiores crassitudines[2] quam sesquipedales[3] constitui loco communi[4]; ceteri autem parietes, ne spatia[5] angustiora fierent, eadem crassitudine[2] conlocantur. Latericii[6] vero, nisi diplinthii[7] aut triplinthii[8] fuerint, sesquipedali[3] crassitudine[2] non possunt plus unam sustinere contignationem[9]. In ea autem maiestate[10] urbis et civium infinita frequentia[11] innumerabiles habitationes opus est[12] explicare[13]. Ergo cum recipere non possit area planata[14] tantam multitudinem ad habitandum in urbe, ad auxilium altitudinis aedificiorum res ipsa coegit devenire[15]. Itaque pilis lapideis[16] structuris testaceis[17], parietibus caementiciis[18] altitudines extructae sunt. Contignationibus[9] crebris coaxatae[19] cenaculorum[20] ad summas utilitates[21] perficiunt despectationes[22]. Ergo moenibus e contignationibus[9] variis alto spatio multiplicatis[23] populus Romanus egregias habet sine impeditione[24] habitationes.

8,17 **1 lex publica**: staatliches Gesetz **2 crassitudo**, -inis f.: Mauerstärke **3 sesquipedalis**, -e: anderthalb Fuß breit **4 locus communis**: gemeinschaftliche Mauer, Außenmauer **5 spatium**, -i n.: Raumgröße **6 latericius**, erg. paries: Ziegelmauer **7 diplinthius** 3: zwei Ziegellängen stark **8 triplinthius** 3: drei Ziegellängen stark **9 contignatio**, -onis f.: Stockwerk **10 maiestas**, -atis f.: Bedeutung **11 frequentia**, -ae f.: Bevölkerungszahl, Bevölkerungsdichte **12 opus est** + inf.: es ist notwendig **13 explico** 1: h. schaffen, zur Verfügung stellen **14 area plantata**: ebenerdiges Gebäude, Eingeschoßbau **15 ad auxilium altitudinis devenire**: einen Ausweg zu suchen in der Höhe der Gebäude **16 pila lapidea**, -ae f.: Säule, Pfeiler aus Stein **17 testaceus** 3: aus Ziegeln, Backsteinen **18 caementicius** 3: aus Bruchsteinen gebaut **19 contignationibus coaxatus**: durch Zwischendecken aus Balken gefügt **20 altitudines cenaculorum**, -i n.: obere Stockwerke, Obergeschoße **21 ad summas utilitates**: zu größtem Nutzen **22 despectationes perficere**: Aussicht gewähren, bieten **23 moeniis multiplicatis**, abl. abs.: durch Vergrößerung des Fassungsraums des Stadtgebiets **24 impeditio**, -onis f.: Schwierigkeit

Abb. 8: Insula

13 Kommentar

Vitruvius Pollio,
De architectura II, 8, 17

8,17 sesquipedales: Ziegelquader mit einer Höhe von 4,44 cm
pilis lapideis: Die großen Mietshäuser waren in der Regel im unteren Bereich vollständig aus Mauerwerk gebaut und mit unverputztem Ziegelstein verkleidet. Die besten Wohnungen lagen im Erdgeschoß im Innenhof. Die oberen Stockwerke hatten bis zum 2. Stockwerk gemauerte Gewölbe *(structurae testaceae, parietes cementicii)*, danach Bohlen- oder Rohrdecken *(contignationibus crebris coaxatae)*. Außerdem waren sie mit Balkonen und Fenstern aus Holz versehen. Das Dach war mit Ziegeln gedeckt.
structuris testaceis: Mit Hilfe der Technik des seit dem Beginn der Kaiserzeit üblichen *opus testaceum* dekorierte man Gussbetonbauten, indem man Ziegel und Backsteine zerteilte und mit der Bruchkante nach innen in den Mörtel drückte.
parietibus cementiciis: Das *opus caementicium*, auch Gusswerk od. römischer Beton genannt, war die grundlegende römische Mauertechnik. Man verband durch einen Mörtel (aus ¾ Sand und ¼ gebranntem Kalk; bzw. später Kalk und vulkanischer Puzzolanerde) Kies, Stein- und Feldschotter, Travertin-, Marmor- und Ziegelbruch und schüttete die Mischung in vorgefertigte Verschalungen.

13 Vertiefung

1 **a** Welche Gründe nennt Vitruv dafür, dass die ärmeren Bevölkerungsschichten in mehrstöckigen Mietshäusern lebten?
b Hält er Hochhäuser prinzipiell für sinnvoll? Nennt er auch Risken, die das Wohnen in Hochhäusern birgt?

Wer eine Wohnung in einer *insula* suchte, musste nur nach einer Vermietanzeige Ausschau halten und danach mit dem zuständigen *insularius* (Hausverwalter, „Hausmeister“) Kontakt aufnehmen. Eine solche Anzeige ist aus Pompeji erhalten. Sie stammt aus dem so genannten Haus des Pansa *(= insula Arriana Polliana)*, das in einer sehr verkehrsgünstigen Gegend in der Nähe der Thermen und nicht weit vom Forum gelegen war. Das Haus nahm ein ganzes Straßengeviert auf einer Grundfläche von ca. 1.150 m² ein.

14 text

CIL IV, 138 = ILS 6035

Wohnung zu vermieten

138 Insula Arriana Polliana[1] Cn. Allei Nigidi Mai[2] locantur[3] ex k(alendis) Iulis primis tabernae cum pergulis[4] suis et cenacula equestria[5] et domus[6]. Conductor[7] convenito[8] Primum Cn. Allei Nigidi Mai ser(vum).

138 **1 insula Arriana Polliana**: großes Mietshaus in Pompeji **2 Gnaeus Alleius Nigidius Maius**: Besitzer des Mietshauses **3 loco** 1: vermieten. **4 pergula**, -ae f.: Anbau, h. Wohnung **5 cenaculum equestre**: ein für einen röm. Ritter angemessenes Obergeschoß, herrschaftliche Wohnräume **6 domus**, -us f.: Erdgeschoßwohnung **7 conductor**, -oris m.: Mieter **8 convenito**: Imperativ der 3. Person; convenire: sich wenden an

14 kommentar

CIL IV, 138 = ILS 6035

Die zur Vermietung angebotene *insula* lässt sich in Pompeji lokalisieren, auch ihre Raumaufteilung, die der Ausschreibung entspricht, ist noch erkennbar, so fanden sich z. B. im Erdgeschoß drei Bäckereien mit Mühlen.

138 taberna: Räumlichkeit, die als Werkstätte oder Geschäftslokal diente oder beides vereinte

tabernae cum pergulis: Die vermietbaren Einheiten waren voneinander unabhängig, sie bestanden aus einer *taberna* mit einigen Zusatzräumen und waren alle von den Straßen aus zugänglich, die das Mietshaus umgaben.

domus: Die *domus* der *insula* war der größte Wohnbereich, noch nachweisbar sind deren *fauces* (Eingangsbereich), das Atrium und ein Peristylgarten.

14 vertiefung

1 Woraus ist in dieser Anzeige ersichtlich, dass es sich um ein gut bekanntes Haus handelte?

2 Wer schreibt die Annonce aus und wickelt die zu erwartenden Mietsgeschäfte ab? Warum kümmert sich wohl der Besitzer nicht um Mietsangelegenheiten?

Die Bauweise der *insulae* war primitiv. Schnelles und kostengünstiges Bauen standen im Vordergrund, die Sicherheit blieb auf der Strecke. Hauptbaumaterial der römischen „Hochhäuser" war Holz, das mit Bruchsteinen oder gebrannten Ziegeln verstärkt und nach außen hin verputzt wurde. Welche Gefahren diese „Kartenhausbauweise" mit sich brachte, schildert der Architekt Vitruv:

15 text

Vitruvius Pollio,
De architectura II, 8, 20

Gefährliche „Kartenhäuser“

8,20 Craticii[1] vero velim quidem, ne inventi essent; quantum[2] enim celeritate et loci laxamento[3] prosunt, tanto maiori et communi sunt calamitati[4], quod ad incendia uti faces[5] sunt parati. Itaque satius[6] esse videtur inpensa testaceorum[7] in sumptu, quam compendio[8] craticiorum esse in periculo. Etiamque in tectoriis operibus[9] rimas[10] in his faciunt arrectariorum et transversariorum dispositione[11]. Cum enim linuntur[12], recipientes umorem[13] turgescunt[14], deinde siccescendo[15] contrahuntur et ita extenuati[16] disrumpunt tectoriorum[9] soliditatem[17].

8,20 **1 craticii** = opus craticium: Holzbauweise, Fachwerkbauweise **2 quantum ... tanto**: zwar ..., doch umso ... **3 laxamentum**, -i n.: Erweiterung **4 calamitati sunt**: sie gereichten zum Nachteil, sie haben einen Nachteil **5 fax**, -cis f.: Fackel **6 satius** (comp.): sinnvoller, besser **7 impensa testaceorum**: Aufwand für Ziegelbauweise **8 compendium**, -i n.: Gewinn, Einsparung **9 opus tectorium**: Stuckarbeit, Verputztechnik **10 rima**, -ae f.: Riss **11 arrectariorum et transversariorum dispositio**: die Verteilung der senkrecht und waagrecht stehenden Balken **12 lino** 3: (mit Putz) bestreichen, verputzen **13 umor**, -oris m.: Feuchtigkeit **14 turgesco** 3: aufquellen **15 siccesco** 3: trocknen **16 extenuo** 1: dünner werden **17 soliditas**, -atis f.: Festigkeit, h. feste Schicht

15 kommentar

Vitruvius Pollio,
De architectura II, 8, 20

8,20 ad incendia uti faces parati: Die Feuergefahr war in antiken Städten, vor allem in Rom, in den Bezirken, in denen ärmere Leute lebten, enorm; Die Häuser waren oft überbelegt, man kochte auf offenem Feuer, verwendete Öllampen bzw. Fackeln zum Beleuchten und offene Holzkohlenbecken zum Heizen. Deshalb sicherte z. B. Kaiser Augustus den Tempel, den er dem *Mars ultor* geweiht hatte, und die nobleren Wohnviertel durch eine gewaltige Feuermauer ab. Außerdem wurden von ihm *vigiles* (Feuerwehrleute), die auch Polizeibefugnisse hatten, eingesetzt und Gesetze erlassen, die die Höhe der Gebäude begrenzten. Trotzdem zerstörte im Jahr 64 n. Chr. während der Amtszeit Kaiser Neros ein verheerender Brand weite Teile der Stadt.

linuntur: Der römische Verputz wurde in sehr dicken Schichten aufgebracht, er bestand aus Sand und gebranntem Weißkalk; wasserbeständiger wurde der Mörtel durch die Beigabe von Vulkanasche (Puzzolanerde). Für Estriche oder Feinputz, z. B. in Thermen, wurden auch zermahlene Ziegel oder Holzkohle beigemengt.

15 vertiefung

1 Welche Vor- und Nachteile der Holzbautechnik nennt Vitruv?

2 Für welche Bauweise plädiert er? Wie stark ist für ihn das Argument der Kosten?

Die Ermittlungen in dem Mordfall an dem Händler Paramedes führen den römischen Hobby-Detektiv Decius Metellus in dem Kriminalroman **„SPQR"** von **John Maddox Roberts** in die Vorstädte Roms, die dieser folgendermaßen beschreibt:

> Rom ist, ehrlich gesagt, keine besonders große Stadt im Vergleich mit anderen Großstädten wie Alexandria oder Antiochia. Dafür hat es eine stattliche Zahl von Einwohnern, die übereinander gestapelt in turmhohen Häuserzeilen, so genannten insulae leben, was zwar eine äußerst Platz sparende Form der Unterbringung ist, aber große Einbußen an Komfort, Schönheit und vor allem Sicherheit nach sich zog.
>
> Paramedes' Wohnung lag im Erdgeschoss eines großen Hauses und war recht ordentlich eingerichtet. Normalerweise sind solche Häuser höchstens bis zum ersten Stock mit fließendem Wasser ausgestattet, so dass die Besserverdienenden die begehrten Erdgeschosswohnungen belegten und die Handwerker im zweiten und dritten Stock lebten, während die Armen sich zusammengedrängt in winzigen Kammern unter dem Dach durch ihr erbärmliches Leben schlugen. [...]
>
> Ich war immer stolz darauf gewesen, jede Straße in Rom zu kennen, aber sie [die unbekannte Frau] hatte mich rasch in eine völlig unbekannte Gegend nur ein paar Minuten von meiner Haustür entfernt geführt. In Wahrheit kann kein Mensch ganz Rom wirklich kennen. Die Stadt ist groß, und ständig werden bebaute Flächen durch Feuer oder Grundstücksspekulanten dem Erdboden gleichgemacht und neue Gebäude gebaut. Wir waren jetzt in einer Gegend, die von insulae geprägt war. Fünf, sechs oder sogar sieben Stockwerke ragten diese Gebäude in die Höhe, wobei die Besserverdienenden ihre Wohnungen – wie schon erwähnt – im Erdgeschoss hatten, wo es fließendes Wasser gab. Diese Gebäude hatten wegen der Verwendung von minderwertigem Baumaterial und ebensolcher Handwerker die entnervende Angewohnheit, plötzlich und unerwartet einzustürzen. Die Censoren erließen ständig irgendwelche Gesetze, in denen Mindeststandards für Neubauten festgelegt wurden, die die Bauunternehmer ebenso regelmäßig missachteten.
>
> Das schwache Licht verblasste endgültig, als wir diesen Bezirk erreicht hatten, weil die insulae so hoch und die Straßen so eng waren, dass das Mondlicht nur direkt von oben hereinfallen konnte, was nur jeweils ein paar Minuten pro Nacht der Fall war. [...]
>
> *John Maddox Roberts, SPQR, übers. von K. Lutze, München: Goldmann 1992, S. 35 f., 123 f.*

Das Geschäft mit dem Wohnraum war in Rom ein sehr lukrativer Erwerbszweig. Die Grundstückspreise zogen seit dem 2. Jh. v. Chr. kräftig an, und die lange Zeit ungebremste Bevölkerungsentwicklung in der Hauptstadt setzte eine Spekulationsspirale in Gang, bei der Investoren kaum ein Risiko eingingen, dafür aber mit allen Mitteln arbeiteten, um Profit zu machen. Die Palette reichte von der Verwendung minderwertiger Baumaterialien und dem Einsatz ungelernter Arbeitskräfte über nicht durchgeführte Renovierungs- und Instandhaltungsarbeiten bis zu kriminellen Formen der Bauspekulation. Die Folgen waren verheerend: Einstürze vernachlässigter *insulae* und Brandkatastrophen standen geradezu an der Tagesordnung.

Ruina et ignis (Hauseinsturz und Feuersbrunst) gehörten zu den realen Gefahren für die in den Vorstadtbezirken Roms lebenden Menschen. Ein einmal ausgebrochenes Feuer griff rasant auf nebenstehende Häuser über, da oft nur eine schmale Gasse die einzelnen Wohnblöcke voneinander trennte. Der Satiriker M. Valerius Martialis bringt die Situation humorvoll auf den Punkt:

16 text

M. Valerius Martialis,
Epigrammata I, 86

Handschlag über die Straße

Vicinus[1] meus est manuque tangi
de nostris Novius potest fenestris[2].
Quis non invideat[3] mihi putetque[3]
horis omnibus esse me beatum,
iuncto cui liceat frui[4] sodale[5]?
Tam longe est mihi quam Terentianus,
qui nunc Niliacam regit Syrenen.
Non convivere[6], nec videre saltem[7],
non audire licet, nec urbe tota
quisquam est tam prope tam proculque nobis.
Migrandum est mihi longius vel illi.
Vicinus[1] Novio vel inquilinus[8]
sit, si quis Novum videre non vult.

1 **1 vicinus**, -i m.: Nachbar **2 vicinus meus est** ...: *vicinus meus est Novius manuque tangi potest de* ... **3 invideat, putet** (coni. pot.): würde wohl nicht ...
5 **4 fruor** 3: genießen, sich erfreuen **5 sodalis**, -is m.: Freund **6 convivo** 3: gemeinsam essen **7 saltem**: wenigstens

10 **8 inquilinus**, -i m.: Mieter

Abb. 9: Rekonstruktion eines Thermopoliums

16 Kommentar

6 **Terentianus**: Präfekt der in Syrene stationierten drei Kohorten
7 **Niliaca Syrene**: Stadt in Oberägypten an der äußersten Grenze des röm. Reiches

16 Vertiefung

1 **a** Was in diesem Text spiegelt die Wohnverhältnisse in Rom, was ist ironisch überzogen?
b Worüber macht sich Martial eigentlich lustig?

Abb. 10: Wohneinrichtung

Die Wohnverhältnisse in den *insulae* waren im Allgemeinen trostlos. Die Wohneinheiten waren winzig und in vielen Fällen überbelegt, die hygienischen Verhältnisse katastrophal. Fließendes Wasser gab es meist nur im Erdgeschoß, in dem sich kleine Geschäfte, Werkstätten und Lagerräume befanden, bestenfalls noch im ersten Stock. Die Einrichtung der Wohnungen bestand nur aus dem Allernotwendigsten: einem Bett, einem Tisch und ein paar schäbigen Küchenutensilien. Dagegen waren die Mieten für solche Wohnungen unverhältnismäßig hoch und verschlangen den größten Teil des monatlichen Budgets der Bewohner. Die Miete war in der Regel vierteljährlich fällig. Wer in Verzug geriet, musste damit rechnen, vom „Hausmeister“ (*insularius*) im Namen des Hausbesitzers auf die Straße gesetzt zu werden.

17 text

M. Valerius Martialis, Epigrammata XII, 32

Zwangsräumung

O Iuliarum dedecus Kalendarum[1],
vidi, Vacerra, sarcinas[2] tuas, vidi;
quas non retentas[3] pensione pro bima[4]
portabat uxor rufa crinibus septem[5]
et cum sorore cana[6] mater ingenti.
Furias putavi nocte Ditis emersas[7].
Has tu priores[8] frigore et fame siccus[9]
et non recenti pallidus[10] magis buxo[11]
Irus tuorum temporum sequebaris.
Migrare clivum[12] crederes[13] Aricinum.
Ibat tripes[14] grabatus[15] et bipes[16] mensa,
et cum lucerna[17] corneoque cratere[18]
matella[19] curto rupta latere[20] meiebat[21];
foco virenti[22] suberat[23] amphorae cervix[24];
fuisse gerres[25] aut inutiles maenas[26]
odor inpudicus urcei[27] fatebatur,
qualis marinae vix sit aura piscinae[28].
Nec quadra deerat casei[29] Tolosatis,
quadrima nigri nec corona pulei[30]
calvaeque[31] restes[32] alioque[33] cepisque[34],
nec plena turpi matris olla resina[35],
Summemmianae qua pilantur[36] uxores.
Quid quaeris aedes vilicesque[37] derides[38],
habitare gratis, o Vacerra, cum possis?[39]
Haec sarcinarum[2] pompa[40] convenit[41] ponti.

1 **1 kalendae Iuliae**: 1. Juli **2 sarcina**, -ae f.: Hausrat **3 retentus** 3: einbehalten **4 pro pensione bima**: für zwei Jahresmieten **5 rufa crinibus septem**: rot an den sieben Haaren, mit sieben roten Haaren

5 **6 canus** 3: grauhaarig **7 emersas**: erg. esse; emergo 3, -mersi, -mersus: loslassen, heraufsenden **8 has tu priores sequebaris**: sie gingen dir voraus, du folgtest **9 siccus** 3: trocken **10 pallidus** 3: blass **11 recens buxus**: frischer Buchsbaum

10 **12 clivus**, -i m.: Hügel **13 crederes** (coni. pot.): man hätte glauben können **14 tripes**, -dis: dreifüßig **15 grabatus**, -i m.: Pritsche, Bett **16 bipes**, -dis: zweifüßig **17 lucerna**, -ae f.: Lampe **18 crater corneus**: Krug aus (Hartriegel-)Holz **19 matella**, -ae f.: Nachttopf **20 latere curto**: an der Seite gesprungen **21 meio** 3: ausfließen lassen, leck sein **22 focus virens**: grünliches Kohlenbecken **23 subsum**: obenauf liegen **24 cervix**, -icis m.: Hals

15 **25 gerres**: billiger Seefisch **26 maenae**, -arum f.: Sardellen, eingesalzen **27 urceus**, -i m.: Topf **28 marina piscina**: Seefischzuchtbecken **29 quadra caesi**: eine Scheibe Käse **30 quadrima corona nigri pulei**: ein vier Jahre alter Kranz von schwarzem Flöhkraut

20 **31 calvus** 3 + abl.: nackt, h. ohne **32 restis**, -is f.: Schnur **33 alium**, -i n.: Knoblauch **34 cepa**, -ae f.: Zwiebel **35 plena olla turpi resina**: ein Topf, voll von ekelhaftem Harz **36 pil(l)or** 1: sich enthaaren **37 vilex**, -icis m.: Hausverwalter **38 derideo** 2: an der Nase herumführen **39 habitare gratis … cum possis**: *cum gratis habitare possis*

25 **40 pompa**, -ae f.: Prozession, Triumphzug **41 convenit** + dat.: passen zu

17 Kommentar

M. Valerius Martialis, Epigrammata XII, 32

1 Kalendae Iuliae: Der erste Juli war der Haupttermin für Wohnungswechsel und Neuvermietung. Mieter, die die meist vierteljährlich fällig werdende Miete nicht bezahlen konnten, wurden auf die Straße gesetzt.

6 Furias Ditis: eigentl. „die Rasenden“ (*furere*), dämonische Wesen des italischen Volksglaubens, schon früh mit den griechischen Erinnyen, den Rachegöttinnen, gleichgesetzt. Sie lauern im Reich des Dis, auch Pluto, auf irdische Frevler, die sie dann verfolgen und oft sogar in den Wahnsinn treiben.

8 magis pallidus buxo: Die Farbe des Buchsbaums wird immer als Bild für extreme Blässe bzw. Totenblässe angeführt.

9 Irus: Bettler im Haus des Odysseus in Ithaka, sprichwörtlich für einen bettelarmen Menschen

10 clivus Aricinus: eine Steigung an der Via Appia am Fuß der Albanerberge, bevorzugter Aufenthaltsort von Bettlern

11 mensa bipes: Der Tisch war ursprünglich dreibeinig und ist damit wertlos wie die Pritsche.

14 focus virens: wohl ein mit Grünspan überzogener, tragbarer Kupferherd

18 caseus Tolosatis: Käse aus Tolosa, Toulouse in Gallien

19 corona nigri pulei: Flöhkraut galt als Heilpflanze, u. a. gegen Kopfschmerzen.

22 Summemmianae uxores: Prostituierte aus dem Summemmius-Bordell, das seinen Namen entweder nach dem Besitzer oder nach dem Viertel bekommen haben dürfte, in dem es sich befand

17 Vertiefung

1. Was an Hausrat ist der unglücklichen Familie noch geblieben? Ist noch brauchbares Gut dabei?
2. Wie beschreibt Martial die einzelnen Mitglieder der Familie äußerlich und charakterlich?
3. Scheint dir aus heutiger Sicht eine ähnlich sarkastische Schadenfreude in Anbetracht der Situation der Familie angebracht?

Die Wohnverhältnisse und Bedrohungen in einer durchschnittlichen römischen *insula* beschreibt der Satiriker D. Iunius Iuvenalis sehr anschaulich und plastisch:

18 Text

D. Iunius Iuvenalis, Saturae III, 193–209 und 232–235

Schlaflos aus Angst

193 Nos urbem colimus tenui[1] tibicine[2] fultam[3]
magna parte sui; nam sic labentibus obstat[4]

193 1 tenuis, -e zart, schwach **2 tibicen**, -inis m.: Pfeiler **3 fultus** 3: gestützt **4 labentibus obstare**: den einstürzenden Mauern Halt gebieten; labor 3: gleiten, niedersinken

vilicus[5] et, veteris rimae[6] cum texit hiatum[7],
securos pendente[8] iubet dormire ruina[9].
Vivendum est[10] illic, ubi nulla incendia, nulli
nocte metus. Iam poscit aquam, iam frivola[11] transfert
Ucalegon, tabulata[12] tibi iam tertia fumant:
Tu nescis; nam si gradibus[13] trepidatur[14] ab imis,
ultimus ardebit, quem tegula[15] sola tuetur
a pluvia[16], molles ubi reddunt ova[17] columbae[18].
Lectus erat Cordo Procula minor[19], urceoli[20] sex
ornamentum abaci[21], nec non[22] et parvulus infra
cantharus[23] et recubans sub eodem marmore Chiron,
iamque vetus Graecos servabat cista[24] libellos
et divina opici[25] rodebant[26] carmina mures.
Nil habuit Cordus, quis enim negat? Et tamen illud
perdidit infelix – totum nihil.
[…]
Plurimus hic aeger moritur vigilando (sed ipsum
languorem[27] peperit[28] cibus inperfectus[29] et haerens
ardenti stomacho[30]); nam quae meritoria[31] somnum
admittunt? Magnis opibus[32] dormitur in urbe.

195 **5 vilicus**, -i m.: Verwalter **6 rima**, -ae f.: Spalt, Riss **7 hiatus**, -us m.: das Klaffen, Öffnung; hiatus rimae: ein klaffender Spalt **8 pendeo** 2: drohen **9 ruina**, -ae f.: Einsturz **10 vivendum est** (h. irreal zu übersetzen): man müsste eigentlich … **11 frivola**, -orum n.: armseliger Besitz, wertlose Habe **12 tabulata**, -orum n.: Stockwerk, eigentl. Bretterboden
200 **13 gradus**, -us m.: Treppe **14 trepido** 1: zittern, h: es wird gezittert, Unruhe entsteht **15 tegula**, -ae f.: Ziegel **16 pluvia**, -ae f.: Regen **17 ova reddere**: Eier legen **18 columba**, -ae f.: Taube **19 minor**: kleiner als P., zu klein für P. **20 urceolus**, -i m.: Krüglein **21 abacus**, -i m.: Anrichte **22 nec non** (doppelte Verneinung): und schon auch
205 **23 cantharus**, -i m.: Humpen, Krug **24 cista**, -ae f.: Truhe **25 opicus** 3: unkultiviert **26 rodeo** 2: nagen
232 **27 languor**, -oris m.: Schwäche **28 pario** 3M, peperi: h. verursachen **29 imperfectus** 3: unverdaut **30 ardens stomachus**: brennender, entzündeter Magen **31 meritorium**, -i n.: Mietwohnung
235 **32 magnis opibus**: um teures Geld

18 kommentar

D. Iunius Iuvenalis, Saturae III, 193–209 und 232–235

199 Ucalegon: Trojaner, Berater des Königs Priamus. Vergil erwähnt in der *„Aeneis“*, auch sein Haus sei bei der Einnahme Trojas abgebrannt: (Aen. II, 311f.) *iam proximus ardet Ucalegon.* Juvenal spielt auf diesen Vers an, überträgt den Anlassfall aber ironisch auf den Brand eines Mietshauses.
tabulata: Die oberen Stockwerke eines Mietshauses waren nur noch verputzte Holzkonstruktionen *(tabulae)*.
203 Cordus: beliebiger Eigenname
Procula: wohl eine in der Öffentlichkeit bekannte Zwergin
205 Chiron: ein Kentaur, Mischwesen aus Pferd und Mensch, der Lehrer des Achilleus. Die Figur diente offenbar als Träger einer Marmorplatte (*abacus*).
232 vigilando: Es ist nach Juvenal wegen des nächtlichen Straßenlärms – in Rom herrschte ein Tagfahrverbot und Lieferungen wurden nachts erledigt – nicht möglich, ruhig zu schlafen.

233 cibus imperfectus: Viele Bewohner von Mietshäusern zogen es vor, in kleinen Garküchen und Restaurants (*thermopolium*) zu essen, die um geringen Preis ständig einige fertige Gerichte anboten. Da man das Brennmaterial mühsam in die obersten Stockwerke tragen musste, war es schwierig, aufwendigere Gerichte ausreichend lang am Kochen zu halten, um sie gut verdaulich zu machen.

18 Vertiefung

1 Welche Gefahren drohen laut Juvenal den Bewohnern der obersten Geschoße? Inwieweit beeinträchtigen diese die Lebensqualität der Mieter?

2 Welche Tricks wenden Vermieter an, um die Mieter in Sicherheit zu wiegen?

3 Wie und mit welchen sprachlichen Mitteln macht er sich über die missliche Situation und den geringen Hausrat des Cordus lustig?

4 Vergleiche mit folgendem Ausschnitt aus dem Roman **„Die Gnadenfrist“** von **Lindsey Davis**, in dem der Privatermittler Falco Didius einen Brand schildert, der akkurat bei einer Hochzeitsfeierlichkeit ausgebrochen ist:

Lenia rannte kopflos im Vorraum herum, die Arme voller Geschenke. Wir schoben sie ziemlich grob nach draußen, weil mit Feuer nicht zu spaßen ist; es konnte schlimmer enden, als ihr klar war. Im zweiten Raum erwartete uns ein mitleiderregender Anblick: Das Hochzeitsbett war samt der prächtigen, purpurfarbenen Decken halbwegs durch den Boden gekracht. Mein Vermieter, noch zerzauster als gewöhnlich, klammerte sich entsetzt an die eine Ecke. Er hatte Angst, auch nur einen Muskel zu bewegen, weil das Bett dadurch vollständig abrutschen und in die Bäckerei stürzen könnte. Dort wütete nämlich das Feuer, das ausgebrochen war, als Smaractus in seiner unkontrollierbaren Leidenschaft für Lenia seine Braut so heftig bearbeitet hatte, dass die Stützen unter dem Boden nachgegeben hatten. Eine Brautfackel war über den eingesunkenen Boden gerollt und durch das Loch auf das knochentrockene Holz des Bäckers gefallen.

„Gute Götter, Smaractus, wer hätte gedacht, dass du ein so feuriger Liebhaber bist!“ – „Halt die Klappe und hol mich hier raus!“

Unter uns hörten wir bereits splitterndes Krachen, als die Vigiles versuchten, in die Bäckerei einzudringen. Petro und ich schoben uns auf Smaractus zu, aber die Dielenbretter gaben gefährlich nach. Wir mussten bleiben, wo wir waren, und den leidgeprüften Bräutigam beruhigen, während wir auf Helfer mit geeigneten Gerätschaften warteten. Zuerst schien der Rauch nicht so schlimm, und wir waren nicht ernstlich besorgt. Ein Kissen rutschte langsam über das schräg hängende Bett, segelte hinab ins Feuer und zeigte uns anschaulich, was mit Smaractus passieren konnte. Er quiekte auf. Allmählich wurde er regelrecht geröstet. Petronius brüllte nach Helfern. [...]

Zum Glück tauchte ein vernünftiger Zenturio auf, der weitere Männer mit Greifhaken, Äxten und Breithacken mitgebracht hatte. Unter uns schuf eine Gruppe Platz im Holzlager, obwohl dessen eine Seite inzwischen in Flammen stand. Bevor das Feuer sie zurück zwang, gelang es ihnen, den Stützbalken unter dem Bett wieder aufzurichten, dazu noch ein paar schnell herangeschleppte Pfähle, die Smaractus bis zu seiner Rettung sichern sollten. Die damit beauftragten Vigiles drängten sich jetzt endlich mit der nötigen Schnelligkeit an Petronius und mir vorbei. Sie schleuderten eine riesige Espartomatte [Matte aus steifem Gras zum Löschen] zu ihm hinüber und befahlen Smaractus, sich draufzuwerfen. Gerade noch rechtzeitig gehorchte er. Sie zogen. Wir halfen. Wir hatten ihn in dem Moment aus der Gefahrenzone herausgeschafft, als die Flammen durch den Boden hochschossen und das Bett verschlangen. Mit einem Satz retteten wir uns in den Vorraum und hörten den Boden unter Feuergebrüll und einem gewaltigen Funkenregen endgültig zusammenkrachen. Die Flammen leckten an den Wänden hinauf. Smaractus war ohnmächtig geworden. Er wurde hochgehoben, als sei er leicht wie ein Blatt, und nach draußen gebracht. Eine Woge aus Feuer und Rauch raste durch das Gebäude. Petro und ich fingen an zu husten. Der Rauch war so dick, dass wir Schwierigkeiten hatten, die Tür zu finden. Als wir keuchend und hustend hinausstolperten, kam ein Vigile mit der Axt in der Hand die Treppe hinaufgestürmt und deutete nach oben.

„Wer lebt in den anderen Wohnungen?“ – „Niemand. Die sind in noch schlimmerem Zustand als diese hier.“ – „Dann beeilt euch. Nichts wie raus!“ Wir taumelten alle drei die Treppe hinunter, erleichtert, dem Inferno entronnen zu sein.

22 Kommentar

Cornelius Nepos, Liber de excellentibus ducibus exterarum gentium, Praefatio 6–7

6 mater familias: *familias* ist ein alter Genetiv; als *familia* wird die gesamte Hausgemeinschaft bezeichnet, alle Personen, die der *patria potestas* unterstehen, d. h. Frau und Kinder, Sklaven, sogar Verwandte (die *gens*) und Klienten (Schutzbefohlene) des *pater familias*.

7 gynaeconitis: (für Fremde nicht zugängliches) Frauengemach

22 Vertiefung

1 **a** Welche „Freiheiten" der römischen Frau werden hier genannt, mit welchen Einschränkungen der Freiheit der Griechinnen werden sie kontrastiert?

b Mit welchen sprachlichen Mitteln unterstreicht Nepos, dass die griechische Frau eben keine Freiheiten genoss?

Die idealtypische Rollenverteilung Mann – Frau spiegelt auch die literarische Überlieferung mit großer Selbstverständlichkeit wider. Außer Haus arbeitende Frauen haben dort meist das Stigma der Anrüchigkeit und Unehrbarkeit und gehen Beschäftigungen im Bereich der „leichten Muse", als Schauspielerinnen, Musikantinnen und Tänzerinnen oder gar als Prostituierte, nach. Relativ ausführlich wird nur die Tätigkeit der in der Regel unfreien *vilica* (Verwalterin) geschildert, die ihren Mann beim Management des Gutshofes unterstützen musste. Ein ähnliches Aufgabengebiet, wie es der Agrartheoretiker L. Iunius Moderatus Columella für die *vilica* auf den Latifundien beschreibt, dürfte wohl auch die Frau eines Kleinbauern gehabt haben, deren Mitarbeit bei der Bewirtschaftung des Hofes lebensnotwendig war:

23 Text

L. Iunius Moderatus Columella, De re rustica, Praefatio 1–10

Arbeitsteilung

1 Xenophon Atheniensis eo libro, qui Oeconomicus inscribitur[1], prodidit[2] maritale coniugium[3] sic comparatum[4] esse natura, ut non solum iucundissima, verum etiam utilissima vitae societas iniretur[5]: Nam primum, ne genus humanum temporis longinquitate occideret, propter hoc[6] marem cum femina esse coniunctum, deinde, ut ex hac eadem societate mortalibus[7] adiutoria senectutis[8] nec minus propugnacula[9] praeparentur.

2 Tum etiam, cum victus[10] et cultus[11] humanus non, ut feris[12], in propatulo[13] ac silvestribus locis sed domi sub tecto[14] adcurandus[15] erat, necessarium fuit alterutrum[16]

1 **1 inscribor**: betitelt werden, den Titel tragen **2 prodo** 3 -didi, -ditum: überliefern, festhalten **3 matriale coniugium**: die eheliche Gemeinschaft **4 comparo** 1: schaffen, einrichten **5 societatem inire**: eine Gemeinschaft eingehen, bilden **6 propter hoc**: *propter hoc marem cum femina esse coniunctum, ne occideret* **7 mortales**, -ium m.: die Sterblichen = die Menschen **8 adiutorium senectutis**: eine Stütze im Alter **9 propugnaculum**, -i n.: Schutz

2 **10 victus**, -us m.: Lebensunterhalt **11 cultus**, -us m.: kultivierte Lebensweise **12 feris**: dat. auct. zu accurandus est; fera, -ae f.: wildes Tier **13 propatulum** 3: frei, offen; in propatulo: im Freien **14 tectum**, -i n.: Dach, Haus **15 adcuro** 1: besorgen, verschaffen **16 alterutrum**: beides

foris et sub divo esse[17], qui labore et industria compararet[18], quae[19] tectis reconderentur[20], siquidem vel rusticari vel navigare vel etiam genere alio negotiari[21] necesse erat, ut aliquas facultates adquireremus[22].

3 Cum vero paratae res sub tectum essent congestae[23], alium esse[24] oportuit, qui et inlatas custodiret et ea conficeret opera, quae domi deberent administrari[25]: Nam et fruges ceteraque alimenta terrestria indigebant tecti[26], et ovium ceterarumque pecudum fetus[27] atque fructus clauso[28] custodiendi erant nec minus reliqua utensilia, quibus aut alitur hominum genus aut etiam excolitur[29].

4 Quare, cum et operam et diligentiam desiderarent ea, quae[19] proposuimus, nec exigua cura[30] foris adquirerentur, quae domi custodiri oporteret, iure, ut dixi, natura comparata est [opera] mulieris ad domesticam diligentiam[31], viri autem ad exercitationem forensem[32] et extraneam[33]; itaque viro calores et frigora perpetienda[34], tum etiam itinera et labores pacis ac belli, id est rusticationis[35] et militarium stipendiorum[36], deus tribuit.

5 Mulieri deinceps, quod omnibus his rebus eam fecerat[37] inhabilem[38], domestica negotia curanda[39] tradidit, et, quoniam hunc sexum custodiae et diligentiae adsignaverat[40], idcirco timidiorem reddidit[41] quam virilem; nam metus plurimum confert[42] ad diligentiam custodiendi.

6 Quod autem necesse erat foris et in aperto victum[10] quaerentibus[43] nonnumquam iniuriam propulsare[44], idcirco virum quam mulierem fecit audaciorem. Quia vero partis opibus[45] aeque fuit opus[46] memoria et diligentia, non minorem feminae quam viro earum rerum tribuit possessionem. Tum etiam, quod simplex natura non omnis res commodas amplecti[47] valebat[48], idcirco alterum alterius indigere[49] voluit, quoniam, quod alteri deest, praesto plerumque est alteri[50].

17 sub divo esse: im Freien, unter freiem Himmel sein **18 qui … compararet** (fin. Nebensinn): damit er erwirbt, um zu erwerben **19 quae** = n. pl.: die Dinge, welche **20 recondo** 3: bergen, lagern **21 negotior** 1: Arbeiten ausführen, tätig sein **22 facultates adquirere**: Besitz erwerben

3 **23 congero** 3, -gessi, -gestum: zusammentragen, speichern **24 esse**: h. vorhanden sein **25 administro** 1: h. durchführen, erledigen **26 tecti indigere**: ein Dach, Schutz gegen die Witterung benötigen **27 fetus ovium ceterarum pecudum**: Lämmer und andere Jungtiere **28 clauso**: unter Verschluss **29 excolo** 3: verfeinern

4 **30 exigua cura**: mit geringem Aufwand **31 domestica diligentia**: Sorge um den Haushalt **32 exercitatio forensis**: Betätigung in der Öffentlichkeit **33 extraneus** 3: nach außen, außerhalb des Hauses **34 perpetior** 3M: aushalten, bestehen; erg. sunt **35 rusticatio**, -onis f.: Landwirtschaft **36 militaria stipendia**: Kriegsdienst

5 **37 fecerat**: Subj. = natura **38 inhabilis**, -e: ungeeignet **39 domestica negotia curanda** (Gerundivkonstr.): Verantwortung, Obsorge für die häuslichen Arbeiten **40 adsigno** 1: zuteilen **41 reddo** 3 + acc.: machen zu **42 confert** (impers.): es trägt bei

6 **43 victum quaerentibus** (subst. part.): diejenigen, die sich ihren Lebensunterhalt suchen **44 propulso** 1: abwehren **45 partis aeque opibus**: da die Fähigkeiten gleichmäßig verteilt sind; partio 4: aufteilen **46 alicui opus est** + abl.: für jem. ist erforderlich **47 amplector** 3: erfassen **48 valeo** 2: vermögen, im Stande sein **49 alter alterius indiget**: der eine braucht den anderen **50 alteri praesto est**: es steht dem anderen zur Verfügung

7 Haec in Oeconomico Xenophon et deinde Cicero non inutiliter disseruerunt[51]; nam et apud Graecos et mox apud Romanos usque in patrum nostrorum memoriam[52] fere domesticus labor matronalis fuit, tamquam ad requiem[53] forensium exercitationum, omni cura deposita, patribus familias intra domesticos penates[54] se recipientibus[55]. Erat enim summa reverentia cum concordia et diligentia mixta, flagrabatque[56] mulier pulcherrima diligentiae aemulatione[57] studens negotia viri cura sua maiora atque meliora reddere[58].

7 **51 dissero** 3: abhandeln, darstellen **52 usque patrum nostrorum memoriam**: bis zur Zeit unserer Vorfahren **53 requies** + gen. obi.: Erholung von etw. **54 intra domesticos penates**: in den Bereich der Schutzgötter des Hauses = ins Haus **55 patris familias se recipientibus** (abl. abs.): wobei sich die Oberhäupter der Hausgemeinschaft nur ins Haus zurückzogen **56 flagrabat studens**: sich eifrig bemühen, sich sehr dafür einsetzen **57 aemulatio**, -onis f.: Wetteifer, Ehrgeiz **58 reddere** + dopp. acc.: machen

8 Nihil conspiciebatur in domo dividuum[59], nihil, quod aut maritus aut femina proprium esse iuris sui[60] diceret, sed in commune conspirabatur[61] ab utroque, ut cum forensibus negotiis matronalis industria rationem parem faceret[62]. Itaque ne vilici[63] quidem aut vilicae magna erat opera[64], cum ipsi domini cotidie negotia sua reviserent[65] atque administrarent.

8 **59 dividuus** 3: separat, abgetrennt **60 proprium iuris sui**: rechtmäßiges, nur einem Ehepartner gehöriges Privateigentum **61 in commune conspirare**: zusammenwirken, zusammenarbeiten **62 parem rationem facere**: gleich ertragreich, wertvoll sein **63 vilicus**, -i m.: Verwalter; vilica, -ae f.: Haushälterin **64 magna opera erat** + gen.: es herrschte kein großer Bedarf an **65 reviso** 3: kontrollieren, inspizieren

9 Nunc vero, cum pleraeque sic luxu et inertia diffluant[66], ut ne lanificii[67] quidem curam suscipere dignentur[68], sed domi confectae vestes fastidio[69] sint, perversaque cupidine maxime placeant[70], quae grandi pecunia et paene totis censibus[71] redimuntur[72], nihil mirum est[73] easdem ruris et instrumentorum agrestium cura gravari[74] sordidissimumque[75] negotium ducere[76] paucorum dierum in villa moram[77].

9 **66 luxu diffluere**: in Saus und Braus leben **67 lanificium**, -i n.: Wollbearbeitung **68 non dignari**: es für unter der Würde halten **69 fastidio esse**: zuwider sein **70 placeant**: Subj. = vestes **71 census**, -us m.: h. Vermögen **72 redimo** 3: einhandeln, kaufen **73 nihil mirum est**: es ist nicht ungewöhnlich **74 gravo** 1: belasten, belästigen **75 sordidus** 3: niedrig, verachtenswert **76 duco** + dopp. acc.: halten für **77 mora**, -ae f.: Aufenthalt

10 Quam ob causam, cum in totum non solum exoleverit[78], sed etiam occiderit vetus ille matrum familiarum mos Sabinarum atque Romanarum, necessaria inrepsit[79] vilicae[63] cura, quae tueretur officia matronae, quoniam et vilici quoque successerunt[80] in locum dominorum, qui quondam, prisca consuetudine, non solum coluerant sed habitaverant rura. Verum ne videar intempestive[81] censorium opus obiurgandis[82] moribus nostrorum temporum suscepisse[83], iam nunc officia vilicae persequar.

10 **78 exolesco** 3, -evi: abkommen, verschwinden **79 cura necessaria inrepsit**: die Tätigkeit einer Haushälterin wurde allmählich zur Notwendigkeit; inrepo 3: sich einschleichen **80 succedere in locum**: in den Aufgabenbereich nachrücken, die Aufgaben übernehmen **81 intempestive**: in unangemessener Weise **82 obiurgo** 1: kritisieren, tadeln **83 censorium opus suscipere**: die Aufgabe eines Zensors übernehmen, sich zum Zensor machen

23 Kommentar

L. Iunius Moderatus Columella, De re rustica, Praefatio 1–10

1 **Xenophon**: 5. / 4. Jhdt. v. Chr., Athener, Schüler des Sokrates, Schriftsteller und Historiker
Oeconomicus: In dieser Schrift lässt Xenophon Sokrates von einem belehrenden Gespräch erzählen, das der Athener Ischomachos mit seiner jungen Frau geführt hat.
Cicero: M. Tullius Cicero; 106–43 v. Chr., berühmter Redner und Philosoph; übersetzte viele philosophische Werke, u. a. auch den *„Oeconomicus"* des Xenophon, ins Lateinische.
9 **luxu atque inertia diffluant**: Nachdem Rom im 2. und 1. Jh. v. Chr. die unumstrittene Vorherrschaft im Mittelmeerraum errungen hatte, etablierte sich unter der reichen Oberschicht ein Trend zum Luxus, der von den Intellektuellen dieser Zeit oft als dekadent und verwerflich gescholten wurde. Man sammelte wertvolle Kunstgegenstände, kaufte erlesenen Schmuck (besonders beliebt waren Perlen) und exquisite Parfums etc.
domi confectae vestes: In Roms Frühzeit galt es als besonders tugendsam, wenn eine Frau die Gewänder selbst herstellte, d. h. Wolle spann, Stoff webte, nähte, bestickte etc. In Zeiten größeren Wohlstands verzichteten alle potenziellen Träger gerne auf diese eher rauen und grob strukturierten Materialien.
lanificium: Spinnen und Weben, Techniken der Wollverarbeitung
vestes redimuntur: Man trug mit dem wertvollen Purpur gefärbte Kleider, mit Vorzug aus den Webereien in Kos, aber auch hauchzarte und durchsichtige Kleider aus Seidengaze.
10 **Sabini**: Sabiner, Bewohner des Berglandes nördlich von Latium. Der Sage nach sollen die Römer unmittelbar nach der Gründung der Stadt sabinische Mädchen geraubt haben, um dem eklatanten Frauenmangel, der in der neuen Stadt herrschte, abzuhelfen.
censorium opus: Die Zensoren mussten Volkszählungen abhalten, die Vermögensangaben der Bürger aufnehmen und auf der Basis dieser Angaben definieren, wer Anrecht auf einen Sitz im Senat, auf Zugehörigkeit zum Ritterstand etc. hatte. Ihnen oblag aber auch die Sittenkontrolle. Verstieß jemand nach Meinung der Zensoren gegen die *mores*, konnte er z. B. aus den politischen Gremien ausgeschlossen werden.

Abb. 12: Frisuren der Frauen

23 Vertiefung

1 Welche Gründe sprechen nach Columella/Xenophon dafür, eheliche Verbindungen einzugehen? Ist die Ehe seiner Meinung nach eine der menschlichen Natur gemäße Form der Lebensführung?

2 **a** Welche Arbeiten werden als typische Männerarbeiten bezeichnet, welche als typische Frauenarbeiten?

b Stimmen Columellas Vorstellungen von der Zusammenarbeit der Partner mit der Realität in seiner Lebenszeit überein?

c Welche körperlichen Voraussetzungen bringen die beiden Geschlechter für ihre Tätigkeiten mit? Wie beurteilst du diese Aufgabenteilung?

d Gibt es auch Unterschiede in Intelligenz, Gedächtnisleistung etc.?

3 Sind die beiden Geschlechter nach Columellas/Xenophons Auffassung trotz ihrer unterschiedlichen körperlichen Möglichkeiten gleichwertig?

4 Welche Pro- und welche Contra-Argumente zu Columellas/Xenophons gesellschaftspolitischen Ansätzen könnte man aus heutiger Sicht beibringen?

Weben und Spinnen gehörten zu den traditionellen Beschäftigungen einer römischen Frau. Das Erlernen dieser Fertigkeiten war ein Teil der klassischen Ausbildung von Mädchen, wie es bis weit ins 20. Jh. hinein das Sticken, Stricken und Häkeln gewesen sind. Kaiser Augustus war als Traditionalist ein Anhänger dieser Erziehungsgrundsätze, die er auch auf seine Tochter und seine Enkelinnen anwendete:

24 text

C. Suetonius Tranquillus, Augustus 64, 2 f.

Konservative Erziehung

64,2 Filiam et neptes[1] ita instituit, ut etiam lanificio[2] assuefaceret[3] vetaretque loqui aut agere quicquam nisi propalam[4] et quod in diurnos commentarios[5] referretur; extraneorum[6] quidem coetu adeo prohibuit[7], ut L. Vinicio, claro decoroque iuveni, scripserit quondam parum modeste fecisse[8] eum, quod filiam suam Baias salutatum[9] venisset.

3 Nepotes et literas et natare aliaque rudimenta per se plerumque docuit.

64,2 **1 neptis**, -is f.: Enkelin **2 lanificium**, -i n.: Wollverarbeitung, Spinnen **3 assuefacio** 3M: vertraut machen **4 propalam**: vor aller Welt, was jeder sehen und hören durfte **5 commentarii diurni**: tägliche Hofberichte an die Öffentlichkeit **6 extraneus** 3: fremd, nicht zur Familie gehörig **7 coetum alicuius prohibere**: den Umgang mit jem. verbieten **8 parum modeste facere**: nicht genug Anstand, Zurückhaltung beweisen **9 salutatum** (supinum auf -um): um seine Aufwartung zu machen

24 Kommentar

C. Suetonius Tranquillus, Augustus 64, 2 f.

Ein wichtiger Punkt im Politprogramm des Augustus war die Wiederbelebung der alten Werte und Römertugenden, die er auch durch gesetzliche Maßnahmen zu erzwingen hoffte, z. B. die *lex Iulia de adulteriis* (18 v. Chr.). Frauen, die beim Ehebruch ertappt wurden, wurden verbannt und verloren ihre halbe Mitgift und ein Vermögensdrittel. Einem Bürger war die Ehe mit einer Ehebrecherin untersagt. Ein Opfer seiner Gesetzgebung wurde Augustus' eigene Tochter Julia.

64, 2 neptes: die drei Töchter seiner eigenen Tochter Julia und des Marcus Agrippa, seines besten Freundes und Vertrauten

Baiae: Mondäner Badeort mit Thermalquellen im Golf von Neapel

24 Vertiefung

1 Welche Motive könnten Augustus veranlasst haben, seinen Enkelinnen eine so traditionelle und nicht den Erfordernissen ihres gesellschaftlichen Ranges entsprechende Erziehung angedeihen zu lassen?

Eine Ehe *(nuptiae, matrimonium)* einzugehen war für die römische Frau eine Selbstverständlichkeit. Ihrem Wesen nach war die Ehe auf eine lebenslange Verbindung angelegt, Ziel war vor allem die Zeugung legitimer Nachkommen. Jedenfalls aber war die römische Ehe kein Rechtsverhältnis, sondern eine „verwirklichte Lebensgemeinschaft", die ohne staatliche Mitwirkung formlos begründet und wieder aufgelöst werden konnte. Rechtwirksam ist allerdings die Frage, welchem Familienverband die junge Ehefrau rechtlich angehören wollte. Grundsätzlich gab es zwei Möglichkeiten: die Ehe mit und ohne *manus*. Im ersten Fall schied die Braut aus der väterlichen Gewalt (*patria potestas*) aus und begab sich stattdessen in die „Hand" (*manus*) des Gatten. Entsprechend stark war ihre Abhängigkeit in einer solchen Beziehung. Bis zum Ende der Republik setzte sich deshalb zunehmend die *manus*-freie Ehe durch, bei der die Frau nicht in die Familie des Mannes eintrat, sondern ihren Familiennamen behielt und auch im Besitz ihres Vermögens blieb. Bei schlechter Behandlung durch ihren Mann konnte sich die Frau an ihre männlichen Verwandten um Hilfe wenden. In der Kaiserzeit war die *manus*-freie Ehe der Normalfall.

Der Jurist Gaius beschreibt die im römischen Recht üblichen Ehe-Formen zusammenfassend:

Abb. 13: Frauenporträt aus El Fayum

Gaius, Institutiones I, 109–113

Ehe-Formen

109 Sed in potestate[1] quidem et masculi et feminae esse solent; in manum autem feminae tantum conveniunt[2].

110 Olim itaque tribus modis in manum conveniebant[2]: usu[3], farreo[4], coemptione[5].

111 Usu[3] in manum conveniebat[2], quae anno continuo nupta perseverabat[6]; quia enim velut annua possessione usucapiebatur[7], in familiam viri transibat filiaeque locum optinebat. Itaque lege duodecim tabularum cautum est[8], ut, si qua[9] nollet eo modo in manum mariti convenire, ea quotannis trinoctio[10] abesset atque eo modo cuiusque anni usum interrumperet. Sed hoc totum ius partim[11] legibus sublatum est[12], partim ipsa desuetudine obliteratum est[13].

112 Farreo[4] in manum conveniunt per quoddam genus sacrificii[14], quod Iovi Farreo fit; in quo farreus panis adhibetur, unde etiam confarreatio[15] dicitur; complura praeterea huius iuris ordinandi[16] gratia[17] cum certis et sollemnibus verbis praesentibus decem testibus[18] aguntur et fiunt. Quod ius etiam nostris temporibus in usu est: Nam flamines[19] maiores, id est Diales, Martiales, Quirinales, item reges sacrorum[20], nisi ex farreatis[21] nati non leguntur[22]: Ac ne ipsi quidem sine confarreatione sacerdotium[23] habere possunt.

113 Coemptione[5] vero in manum conveniunt[2] per mancipationem[24], id est per quandam imaginariam venditionem[25]: Nam adhibitis[26] non minus quam V testibus[18] civibus Romanis puberibus[27], item libripende[28], emit vir mulierem, cuius in manum convenit.

109 **1 potestas**, -atis f.: (väterliche) Gewalt **2 in manum convenire**: in die Rechtsgewalt, den Familienverband des Ehemannes überführt werden

110 **3 usus**, -us m.: Gewohnheit **4 farreum**, -i n.: Speltkuchen, h. religiös zeremoniell **5 coemptio**, -onis f.: Kaufehe

111 **6 persevero** 1: bleiben **7 usucapio** 3M: durch Verjährung erwerben, ersitzen **8 caveo** 2, cavi, cautum: Vorsorge treffen, sicherstellen **9 qua** = aliqua mulier **10 trinoctio**: drei Tage (und drei Nächte) **11 partim**: teils **12 tollo** 3, sustuli, sublatum: beseitigen, aufheben **13 desuetudine obliterari**: außer Gebrauch kommen, nicht mehr üblich sein

112 **14 sacrificium**, -i n.: Opfer **15 confarreatio**, -onis f.: sakrale Ehe **16 ordino** 1: in Kraft setzen **17 gratia** = causa, dem Gen. nachgestellt: um zu **18 testis**, -is f.: Zeuge; praesentibus testibus: vor Zeugen **19 flamen**, -inis m.: Flamen (Priester) **20 rex sacrorum**: Opferkönig, Opferpriester **21 farreatus** 3: in sakraler Ehe verbunden **22 lego** 3: auswählen **23 sacerdotium**, -i n.: Priesteramt

113 **24 mancipatio**, -onis f.: Eigentumsübergabe **25 venditio imaginaria**: symbolischer Kaufpreis **26 adhibeo** 2: beiziehen **27 puber** 3: mündig, rechtsfähig **28 libripens**, -dis m.: Waaghalter, Formperson im Rechtsakt

25 Kommentar

Gaius,
Institutiones I, 109–113

109 conventio in manus: ist seit alters her ein Rechtsvorgang, bei dem sich die Frau vor Zeugen in die juridische Gewalt des Mannes begibt
111 usu: Hier handelt es sich um einen Anwendungsfall der Ersitzungsregel des 12-Tafel-Gesetzes. Hat eine Frau ein Jahr mit einem Mann gelebt, so kann ihm die Ehegewalt (*manus*) nicht mehr bestritten werden.
112 confarreatio: Die aufwendige Zeremonie in der Gegenwart wichtiger Priester sollte primär dem Akt der Eheschließung und dem Treuegelöbnis Gewicht verleihen, sie bewirkte aber auch den Übertritt in die *manus* des Ehemanns. Die *confarreatio* wurde hauptsächlich von reichen, traditionsbewussten Familien gepflegt.
verbis certis et solemnibus: Die Formel, die gesprochen wurde, ist nicht überliefert.
Flamen: ein Priester jeweils eines einzelnen Gottes; die hier genannten *flamines maiores* für Jupiter, Quirinus und Mars mussten Patrizier sein. Wie ebenfalls erwähnt, mussten sie aus einer *confarreatio*-Ehe stammen und selbst in einer solchen leben. Sie übten ihr Amt lebenslänglich oder bis zum Tod der Ehefrau aus. Dabei hatten sie eine bestimmte Tracht zu tragen und zahlreiche Rituale zu vollziehen, die die Fruchtbarkeit der Erde und das Wohl Roms gewährleisten sollten. Über die Aufgaben und Pflichten der *flamines minores* ist weniger bekannt.
113 coemptio: Dabei handelt es sich um einen regelmäßigen Vorgang zum Erwerb der *manus*. Der *pater familias* tritt seine Tochter in einem Libralakt vor Zeugen und um einen symbolischen Kaufpreis an den Ehemann ab. Die Formel, die dabei gesprochen wurde (*ubi tu Gaius, ego Gaia*), bewahrte die Frau davor, in einen sklavenähnlichen Rechtsstatus zu kommen.
Libripens: Kaufgeschäfte *per aes* (Kupferbarren) *et libram* (Waage zum Zuwägen der Barren) wurden ursprünglich vor Zeugen durch den *libripens* (Waaghalter) durchgeführt (Libralakt). In späterer Zeit – nach der Einführung des gemünzten Geldes – wurde der *libripens* nicht mehr benötigt, blieb aber als Formperson bei Libralakten anwesend.

25 Vertiefung

1 Fasse die bei den einzelnen Formen der Eheschließung notwendigen Formalitäten zusammen!

2 Aus welchen Motiven könnte sich eine Frau zu einer *manus*-Ehe bereit erklärt haben?

3 Welche Fürsorge für die verheiratete Frau trifft das Recht?

Die Heirat bedeutete für das junge Mädchen den formellen Übergang vom Kind zur Frau. Sie legte daher am Vorabend ihre Mädchenkleidung (*toga praetexta*) ab und weihte ihr Spielzeug einer Gottheit. Brautkleid war eine weiße Tunica, darüber trug sie ein langes, gelbrotes Kleid (*palla galbeata*). Das Haar der Braut wurde in sechs Zöpfe (*sex crines*) geteilt, die mit Wollfäden umwickelt und hochgebunden wurden. Den Kopf bedeckte ein roter Schleier (*flammeum*). Der Hochzeitsritus fand im Haus der Braut statt und begann mit der Eingeweideschau eines Opfertieres, um die Zustimmung der Götter für die bevorstehende Heirat zu erkunden. Danach wurde in Gegenwart von zehn Zeugen der Ehevertrag (*tabulae nuptialis*) unterschrieben, in dem die Brautleute ihre Zustimmung zur Eheschließung bekundeten. Handelte es sich um eine *manus*-Ehe, sprach die Braut die Formel *ubi tu Gaius, ego Gaia* (wo du, Gaius, bist, bin ich, Gaia). Den Höhepunkt der Zeremonie bildete die *dextrarum iunctio*, bei der die Brautführerin (*pronuba*) die rechten Hände der Eheleute miteinander verband.

Während des Festzugs vom Haus der Braut ins Haus des Bräutigams versuchte man durch rituelle Handlungen, Unglück und Schadegeister von der Braut abzulenken (z. B. durch Lärm, Scherze mit deutlich sexuellem Inhalt, durch das Streuen von Nüssen und endlich, indem man die Braut über die Schwelle hob).

Die Heirat beruhte in der römischen Oberschicht nur in den seltensten Fällen auf einer Liebesbeziehung, in der Regel wurde sie vielmehr von den Vätern der Partner ausgehandelt. Dementsprechend distanziert war auch das Verhältnis der Eheleute zueinander. Die pragmatische Einstellung der Römer zur Ehe drückt ein Ausschnitt aus der Rede des Censors Metellus Numidicus aus:

26 text

Aulus Gellius,
Noctes Atticae I, 6, 1–2

Ehe-Pragmatismus

6,1 Multis et eruditis viris audientibus legebatur oratio Metelli Numidici, gravis[1] ac diserti[2] viri, quam in censura[3] dixit ad populum de ducendis uxoribus[4], cum eum ad matrimonia capessenda[5] hortaretur.

6,2 In ea oratione ita scriptum fuit: „Si sine uxore possemus[6], Quirites, omnes ea molestia[7] careremus. Sed quoniam ita natura tradidit[8], ut nec cum illis satis commode[9], nec sine illis uno modo[10] vivi possit, saluti perpetuae[11] potius quam brevi voluptati consulendum est[12].“

6,1 **1 gravis**, -e: bedeutend, angesehen **2 dis(s)ertus** 3: redegewandt **3 censura**, -ae f.: Zensur, als Zensor **4 uxores ducere**: heiraten **5 matrimonium capessere**: eine Ehe eingehen

6,2 **6 possemus** (coni. irreal.): erg. esse **7 molestia**, -ae f.: Last **8 trado** 3: h. einrichten, einführen **9 commodus** 3: angenehm **10 uno modo**: auf irgendeine Art **11 perpetuus** 3: dauerhaft, beständig **12 consulo** + dat.: sorgen für, denken an

26 kommentar

Aulus Gellius,
Noctes Atticae I, 6, 1–2

6 **Metellus Numidicus**: Konsul 109 v. Chr., für seine Rhetorik gerühmt

censura: Die Zensoren mussten Volkszählungen abhalten, die Vermögensangaben der Bürger aufnehmen und auf der Basis dieser Angaben definieren, wer Anrecht auf einen Sitz im Senat, auf Zugehörigkeit zum Ritterstand etc. hatte.

Quirites: ehrende Anrede der röm. Bürger, u. a. in der Volksversammlung üblich

26 Vertiefung

1 Handelt es sich bei diesem Bonmot eines wortgewaltigen Mannes in einer Versammlung von Männern deiner Meinung nach um eine ernst zu nehmende Abwertung der Bedeutung der Frau oder um einen augenzwinkernden Versuch, die Kollegen zum Schmunzeln zu bringen? Welche Argumente lassen sich für jede der beiden Möglichkeiten finden?

Noch drastischer schildert M. Valerius Martialis in einem seiner Kurz-Gedichte die pragmatische Seite römischer Ehen:

27 Text

M. Valerius Martialis, Epigrammata I, 10

Ein guter Grund zum Heiraten

Petit Gemellus nuptias[1] Maronillae
et cupit et instat[2] et precatur et donat[3].
Adeone pulchra est? Immo foedius[4] nil[5] est.
Quid ergo in illa petitur et placet? Tussit[6].

1 **1 nuptiae**, -arum f.: die Ehe, die Hand **2 insto** 1: drängen **3 dono** 1: Geschenke machen **4 foedus** 3: hässlich **5 nil** = nihil **6 tussio** 4: husten

27 Kommentar

M. Valerius Martialis, Epigrammata I, 10

1 **Gemellus** und **Maronilla** dürften fiktive Personen sein.

27 Vertiefung

1 Wie und mit welchen sprachlichen Mitteln baut Martial die Neugier des Lesers auf?

2 Wodurch wird deutlich, dass Gemellus Maronilla sehr bedrängt?

3 Was ist der Grund, dass Gemellus so dringend heiraten möchte, und wann wird er offenbar?

Keuschheit, Sittsamkeit und Pflichtbewusstsein galten als Idealtugenden der römischen Ehefrau. Titus Livius überliefert in seiner römischen Geschichte „*Ab urbe condita*" die Erzählung von Lucretia, der tugendhaften Gattin des Lucius Tarquinius Collatinus, die ihre Ehre höher als ihr Leben schätzt. Die Geschichte beginnt im Heerlager; der Etrusker Tarquinius führt Rom in einen Krieg gegen die Rutuler, um sich, wie der Historiker Livius interpretiert, persönlich zu bereichern und um das Volk von innenpolitischen Missständen abzulenken:

28 text

Titus Livius,
Ab urbe condita I, 57,4–59,2

Tugendhaft bis in den Tod

57,4 In his stativis[1], ut fit longo magis quam
acri bello, satis liberi commeatus[2] erant,
primoribus[3] tamen magis quam militibus.
5 Regii quidem iuvenes[4] interdum otium
conviviis comisationibusque[5] inter se te-
6 rebant[6]. Forte potantibus his apud Sex.
Tarquinium, ubi et Collatinus cenabat
Tarquinius, Egeri filius, incidit de uxori-
bus mentio[7]. Suam quisque laudare[8] miris
modis.
7 Inde certamine accenso[9] Collatinus ne-
gat verbis opus esse[10]; paucis id quidem
horis posse sciri, quantum[11] ceteris prae-
stet[12] Lucretia sua. „Quin[13], si vigor iuven-
tae inest[14], conscendimus equos invisi-
musque[15] praesentes nostrarum ingenia?
Id cuique spectatissimum[16] sit[17], quod ne-
copinato[18] viri adventu occurrerit oculis[19]".
8 Incaluerant[20] vino; „Age sane[21]" om-
nes[22]; citatis equis[23] avolant[24] Romam. Quo
cum primis se intendentibus[25] tenebris
pervenissent, pergunt[26] inde Collatiam,
9 ubi Lucretiam haudquaquam[27] ut regias
nurus[28], quas in convivio luxuque cum
aequalibus[29] viderant tempus terentes[5],

57,4 **1 stativa**, -orum n.: Lager **2 satis liberi commeatus**: ausreichend freien Umgang, Freizeit für gesellschaftliche Aktivitäten **3 primores**, -um m.: die Vornehmen

5 **4 regii iuvenes**: die Prinzen **5 comisatio**, -onis f.: Trinkgelage **6 tempus terere**: Zeit totschlagen

6 **7 incidit mentio de**: fällt die Rede auf, kommt man zu sprechen auf; mentio -onis f.: Erwähnung. **8 laudare**: hist. Inf. = laudavit

7 **9 accendo** 3, accendi, accensum: anzünden, h. auslösen; pass. ausbrechen **10 opus est** + abl.: es bedarf einer Sache, etwas ist nötig **11 quantum**: wie weit **12 praestare ceteris**: den anderen überlegen sein **13 quin**: warum nicht **14 si vigor iuventae inest**, erg. nobis: wenn wir die Kraft der Jugend in uns haben **15 inviso** 3 + acc.: sich von etw. überzeugen **16 spectatus** 3: deutlich, offensichtlich **17 sit** (coni. pot.): dürfte wohl sein **18 necopinatus** 3: unerwartet **19 oculis occurrere**: vor Augen kommen, zu sehen sein

8 **20 incalesco** 3, -ui: in Hitze geraten **21 age sane**: los, auf! **22 omnes**: erg. dicunt **23 citatis equis**: mit angetriebenen Pferden = im Galopp **24 avolo** 1: wegeilen, wegreiten **25 se intendere**: sich ausbreiten **26 pergo** 3: fortsetzen, weiterreiten

9 **27 haudquaquam**: keineswegs **28 nurus**, -us f.: Schwiegertochter **29 aequalis**, -e: gleichrangig, gleichaltrig, befreundet

Abb. 14: Damenmode

sed nocte sera deditam lanae[30] inter lucubrantes[31] ancillas in medio aedium sedentem inveniunt. Muliebris certaminis laus[32] penes[33] Lucretiam fuit.

10 Adveniens vir Tarquiniique excepti[34] benigne. Victor maritus comiter invitat regios iuvenes. Ibi Sex. Tarquinium mala libido Lucretiae per vim stuprandae[35] capit. Cum forma tum spectata[16] castitas[36] incitat.

11 Et tum quidem ab nocturno iuvenali ludo in castra redeunt.

58,1 Paucis interiectis diebus[37] Sex. Tarquinius inscio Collatino[38] cum comite uno Colla-
2 tiam venit. Ubi exceptus benigne ab ignaris consilii[39], cum post cenam in hospitale cubiculum deductus esset, amore ardens, postquam satis tuta circa sopitique[40] omnes videbantur, stricto gladio ad dormientem Lucretiam venit sinistraque manu mulieris pectore oppresso[41] „Tace, Lucretia" inquit; „Sex. Tarquinius sum; ferrum in manu est; moriere[42], si emiseris vocem[43]."

3 Cum pavida[44] ex somno mulier nullam opem, prope[45] mortem imminentem[46] videret, tum Tarquinius fateri[47] amorem, orare, miscere precibus minas, versare[48] in omnes partes[49] muliebrem animum.

4 Ubi obstinatam[50] videbat et ne mortis quidem metu inclinari[51], addit ad metum dedecus: Cum mortua[52] iugulatum[53] servum nudum positurum ait, ut in sordido adulterio necata dicatur[54].

5 Quo terrore cum vicisset obstinatam[50] pudicitiam velut vi[55] victrix libido, profectusque inde Tarquinius ferox[56] expugnato decore muliebri esset, Lucretia maesta[57] tanto malo nuntium Romam eundem ad patrem Ardeamque ad virum mittit, ut cum singulis fidelibus amicis veniant; ita facto maturatoque opus esse[58]; rem atrocem incidisse.

30 lanae dedita: mit Wollverarbeitung beschäftigt **31 lucubro** 1: arbeiten **32 laus**, -dis f.: Lob, h. Sieg **33 penes** (praep. + acc.): bei

10 34 excepti: erg. sunt; excipio: aufnehmen **35 per vim stuprare**: vergewaltigen **36 castitas**, -atis f.: Keuschheit, Tugendhaftigkeit

58,1 37 paucis interiectis diebus: nach wenigen Tagen; interiectus 3: dazwischen liegend **38 inscio Collatino** (abl. abs.): ohne das Wissen des C.

2 39 ignari consilii: Leute, die keine Ahnung von seinem Plan hatten **40 sopitus** 3: schlafend **41 opprimo** 3, -pressi -pressum: niederdrücken **42 moriere** = morieris, fut. 2. sg. **43 vocem emittere**: ein Geräusch von sich geben

3 44 pavidus 3: aufgeschreckt **45 prope**: ganz nahe **46 immineo** 2: drohend **47 fateri**, orare, miscere, versare: hist. Inf. = fatetur, orat … **48 verso** 1 + acc.: bedrängen, jem. zusetzen **49 per omnes partes**: von allen Seiten, mit allen Mitteln

4 50 obstinatus 3, erg. esse: hartnäckig, nicht umzustimmen **51 inclino** 1: beugen **52 mortua**: mit ihrer Leiche **53 iugulatus** 3: mit durchgeschnittener Kehle **54 dicatur** + NcI: Lucretia necata, erg. esse

5 55 velut vi: wie durch brachiale Gewalt **56 ferox**, -cis: übermütig, stolz **57 maestus** 3: betrübt **58 ita facto maturatoque opus esse**, erg. dicit: so müsse man handeln und zwar schnell

6 Sp. Lucretius cum P. Valerio Volesi fi-
lio, Collatinus cum L. Iunio Bruto venit,
cum quo forte[59] Romam rediens ab nun-
7 tio[60] uxoris erat conventus. Lucretiam se-
dentem maestam[57] in cubiculo inveniunt.
Adventu suorum lacrimae obortae[61], quae-
rentique viro „Satin salve?"[62] „Minime" in-
quit; „quid enim salvi est[63] mulieri amissa
pudicitia? Vestigia viri alieni, Collatine, in
lecto sunt tuo. Ceterum corpus est tantum
violatum[64], animus insons[65]. Mors testis[66]
erit. Sed date dexteras fidemque haud im-
8 pune adultero fore[67]. Sex. est Tarquinius, qui
hostis pro hospite[68] priore nocte vi armatus
mihi sibique, si vos viri estis, pestiferum hinc
abstulit[69] gaudium."
9 Dant ordine omnes fidem. Consolan-
tur[70] aegram animi[71] avertendo noxam[72]
ab coacta in auctorem delicti[73]: mentem
peccare, non corpus, et unde consilium
afuerit, culpam abesse.
10 „Vos" inquit „videritis[74], quid illi de-
beatur: Ego me etsi peccato[75] absolvo, sup-
plicio[76] non libero. Nec ulla deinde impu-
11 dica[77] Lucretiae exemplo vivet". Cultrum[78],
quem sub veste abditum habebat, eum in
corde defigit[79], prolapsaque in vulnus[80] mo-
ribunda[81] cecidit. Conclamat vir paterque.
59,1 Brutus illis luctu occupatis cultrum[78] ex
vulnere Lucretiae extractum, manantem[82]
cruore prae se tenens, „Per hunc" inquit
„castissimum[83] ante regiam iniuriam san-
guinem iuro[84], vosque, di, testes facio[85] me
L. Tarquinium Superbum cum scelerata
coniuge et omni liberorum stirpe[86] ferro,
igni, quacumque dehinc vi possim[87], exse-
cuturum, nec illos nec alium quemquam
regnare Romae passurum".
2 Cultrum[78] deinde Collatino tradit, inde
Lucretio ac Valerio, stupentibus[88] miracu-
lo rei, unde novum in Bruti pectore inge-
nium[89]. Ut praeceptum erat, iurant; toti-
que ab luctu versi[90] in iram, Brutum iam
inde ad expugnandum[91] regnum vocan-
tem sequuntur ducem.

6 **59 forte**: zufällig **60 ab nuntio**: aufgrund der Nachricht

7 **61 oborior** 4: hervorbrechen **62 satin salve**: alles in Ordnung? **63 quid salvi** (gen. part.): was an Heilem gibt es = was kann noch in Ordnung sein **64 violatus** 3: geschändet **65 insons**, -tis: unschuldig **66 testis**, -is f.: Zeuge **67 haud impune adultero fore**: dass der Vergewaltiger nicht ungestraft davonkommt

8 **68 hospes**, -itis m.: Gast **69 abstulit gaudium, mihi sibique pestiferum**: er nahm sich einen Genuss, der …; pestifer: Unheil bringend, Tod bringend

9 **70 consolor** 1: trösten **71 aeger animi**: bis ins Innerste bekümmert **72 noxa**, -ae f. Schuld **73 auctor delicti**: Urheber des Verbrechens, Täter

10 **74 videritis**: ihr sollt, mögt sehen **75 peccatum**, -i n.: Schuld **76 supplicium**, -i n.: Strafe **77 impudica**: ehrlose Frau

11 **78 culter**, -tri m.: Messer; *eum cultrum, quem habebat, defigit* **79 in corde defigere**: ins Herz stoßen **80 prolabi in vulnus**: nach vorn, auf die Wunde sinken **81 moribundus** 3: sterbend

59,1 **82 mano** 1: triefen **83 castus** 3: keusch, ehrbar **84 iuro per** + acc.: ich schwöre bei **85 testes facio**: ich mache, rufe zu Zeugen **86 stirps**, -pis f.: Brut, Nachkommenschaft **87 quacumque vi possim**: mit jedem mir zu Gebote stehenden Mittel

2 **88 stupere miraculo rei**: staunen über die wundersame Veränderung **89 ingenium**, -i n.: Geist, erg. venerit **90 verti in** + acc.: übergehen zu **91 expugno** 1: erobern, stürzen

28 Kommentar

Titus Livius,
Ab urbe condita I, 57,4–59,2

Der historische Kern der Lucretia-Geschichte ist die Vertreibung einer etruskischen Königsdynastie aus Rom im Jahre 510 v. Chr., die aber tatsächlich eher auf das Erstarken der patrizischen Geschlechter in Rom und auf einen Niedergang der etruskischen Macht im Allgemeinen zurückzuführen ist.

Livius zeichnet hier ein Genrebild der idealen Römerin, wie es auch von Augustus' Politik der moralischen Erneuerung propagiert wurde.

57,6 **Sextus Tarquinius**: Sohn des L. Tarquinius Superbus, des letzten Königs von Rom

Lucius Tarquinius Collatinus: Sohn des Egerius, Herrscher von Collatia, einer Stadt östlich von Rom

58,2 **hospitale cubiculum**: Es gehörte nach antiker Auffassung zu den Verpflichtungen des Hausherrn und der Hausfrau, Gäste – sogar Unbekannte – freundlich aufzunehmen und sie mit Nahrung und Quartier zu versorgen. Die Bedeutung des Gastrechts wird daraus deutlich, dass man Jupiter/Zeus für dessen Schützer und Überwacher hielt.

58,4 **dedecus**: Es wäre für eine vornehme Römerin geradezu skandalös, von einem Gast beim Ehebruch mit einem Sklaven im eigenen Hause überrascht zu werden. Nach altem römischem Recht hätte die Tötung der ertappten Ehebrecherin nicht als Strafdelikt gegolten.

58, 6 **Lucius Iunius Brutus**: legendärer Begründer der römischen Republik und des Konsulats, mit ihm werden in Rom zahlreiche Sagen verknüpft

58,7 **satin salve**: alte römische Grußformel, das Adverb *salve* erklärt sich durch ein zu ergänzendes *agis*.

58,8 **si vos viri estis**: Lucretia appelliert an die *virtus*, den obersten Ehrbegriff römischer Männer, die sie zur Rache motivieren soll.

59,1 **per hunc sanguinem**: Ein Schwur beim Blute eines Menschen war in Rom selten, in der Regel rief man die Götter *(superi oder inferi)* oder die *ossa patris* an.

28 Vertiefung

1 Welche Dinge werden von den Tarquinier-Prinzen berichtet, die sie ganz eindeutig als unmoralisch, dekadent und lasterhaft markieren, welche von Sextus Tarquinius im Besonderen?

2 Wann wird aus dem Handlungsverlauf deutlich, für welche Eigenschaften und Qualitäten sie ihre Frauen preisen?

3 **a** In welchen Punkten unterscheidet sich Lucretia von den königlichen Schwiegertöchtern?

b War aufgrund des Verhaltens der Prinzen im Lager zu erwarten, dass ihnen gerade Lucretia am meisten imponieren würde?

4 Durch welche sprachlichen Mittel ist die Vergewaltigungsszene besonders hervorgehoben, wie wird der Frevel des Prinzen betont?

5 Kannst du die Argumentation der Lucretia ihren Angehörigen gegenüber nachvollziehen? Ist ihr Selbstmord für dich verständlich?

6 Verfasse einen Bericht für ein beliebiges Printmedium, in dem du die Geschehnisse im Hause des Collatinus darstellst!

Wie nicht anders anzunehmen, erfüllt sich Lucretias letzter Wunsch: Das durch die skandalöse Tat des Königs aufgebrachte und von Brutus zum Staatsstreich motivierte Volk vertreibt Tarquinius und beendet die Herrschaft der Etrusker in Rom.

Unter den römischen Frauen gab es aber auch sehr starke Persönlichkeiten, die – gebildet und ehrgeizig – entweder die Karriere ihrer Männer förderten und ihnen in schwierigen Situationen Halt gaben oder selbst politisch agierten. Eine der berühmtesten dieser starken und doch loyalen römischen Ehefrauen ist zweifellos Arria, die Gattin des Caecina Paetus. Der jüngere Plinius hat ihrem Andenken einen ganzen Brief gewidmet, in dem er die Liebe und Treue der Arria zu ihrem Mann beschreibt:

29 text

C. Plinius Caecilius Secundus, Epistulae III, 16

Eine edle Römerin

1 Adnotasse[1] videor facta dictaque[2] virorum feminarumque alia clariora esse alia maiora.

2 Confirmata est opinio mea hesterno[3] Fanniae sermone. Neptis[4] haec Arriae illius, quae marito et solacium[5] mortis et exemplum fuit. Multa[6] referebat aviae suae non minora hoc[7], sed obscuriora. Quae tibi existimo tam mirabilia legenti[8] fore, quam mihi audienti fuerunt.

1 **1 adnotasse** = adnotavisse: anmerken, bemerken **2 facta dictaque**: *alia facta dictaque clariora esse, alia maiora*

2 **3 hesternus** 3: gestrig **4 neptis**, -is f.: Enkelin **5 solacium**, -i n.: Trost **6 multa aviae**: erg. facta **7 hoc**: diese Tat, mit der sie ihren Mann zum Selbstmord motivierte **8 tibi legenti, mihi audienti**: dir beim Lesen, mir beim Hören

Abb. 15: Frau bei der Toilette

3 Aegrotabat[9] Caecina Paetus maritus eius, aegrotabat[9] et[10] filius, uterque mortifere[11], ut videbatur. Filius decessit[12] eximia pulchritudine[13], pari verecundia[14], et parentibus non minus ob alia[15] carus quam quod[16] filius erat.

4 Huic illa ita funus[17] paravit, ita duxit exsequias[18], ut ignoraret maritus. Quin immo[19] quotiens cubiculum eius intraret, vivere filium atque etiam commodiorem[20] esse simulabat, ac persaepe interroganti, quid ageret puer[21], respondebat; „Bene quievit, libenter cibum sumpsit."

5 Deinde, cum diu cohibitae[22] lacrimae vincerent prorumperentque, egrediebatur. Tunc se dolori dabat[23]. Satiata[24] siccis oculis composito[25] vultu redibat, tamquam[26] orbitatem[27] foris reliquisset.

6 Praeclarum quidem illud[28] eiusdem, ferrum stringere[29], perfodere[30] pectus, extrahere pugionem[31], porrigere[32] marito, addere vocem[33] immortalem ac paene divinam: „Paete, non dolet." Sed tamen ista facienti[34], ista dicenti, gloria et aeternitas ante oculos erant. Quo maius[35] est sine praemio aeternitatis, sine praemio gloriae, abdere lacrimas, operire[36] luctum, amissoque filio matrem adhuc agere[37].

7 Scribonianus arma in Illyrico contra Claudium moverat[38]; fuerat Paetus in partibus[39], et occiso Scriboniano Romam trahebatur[40].

8 Erat ascensurus[41] navem; Arria milites orabat, ut simul imponeretur[42]. „Nempe[43] enim" inquit „daturi estis consulari viro[44] servulos[45] aliquos, quorum e manu cibum capiat, a quibus vestiatur, a quibus calcietur[46]; omnia sola praestabo[47]".

9 Non impetravit: Conduxit[48] piscatoriam nauculam[49], ingensque navigium[50] minimo secuta est. Eadem apud Claudium uxori Scriboniani, cum illa profiteretur indicium[51], „Ego", inquit, „te audiam, cuius in gremio[52] Scribonianus occisus est, et vivis? " Ex quo manifestum[53] est ei consilium pulcherrimae mortis non subitum fuisse.

3 **9 aegroto** 1: krank sein **10 et** = etiam **11 mortifere**, erg. aegrotabat: todkrank sein **12 decedo** 3, -cessi: sterben **13 eximia pulchritudine** (abl. qual.): mit außerordentlicher Schönheit, außerordentlich attraktiv **14 verecundia**, -ae f.: Gefühl für Anstand, gutes Benehmen **15 ob alia carus**: wegen anderer Dinge lieb **16 quam quod**: als weil

4 **17 funus**, -eris n.: Begräbnis **18 exsequias ducere**: eine Bestattungsfeierlichkeit ausrichten **19 quin immo**: ganz im Gegenteil **20 commodiorem esse**: bei besserer Gesundheit sein **21 quid ageret puer**: wie es dem Buben gehe

5 **22 cohibeo** 2, -ui -itum: unterdrücken, beherrschen **23 se dolori dare**: sich dem Schmerz ergeben **24 satiatus** 3: gesättigt, ausgeweint **25 compositus** 3: beherrscht **26 tamquam** + coni. irreal. d. Vght.: als ob **27 orbitas**, -atis f. : Verlust, Kinderlosigkeit

6 **28 illud praeclarum**: erg. illud factum praeclarum est **29 ferrum stringere**: den Dolch zu zücken **30 perfodio**, -is -ere: durchbohren, h. sich stechen in **31 pugio**, -onis m.: Dolch **32 porrigo** 3: hinhalten **33 vox**, -cis f.: Ausspruch **34 ista facienti**, erg. Arriae: Arria, als sie das tat **35 quo maius**: um wie viel großartiger **36 operio** 4: verbergen **37 matrem agere**: Mutter spielen

7 **38 arma movere**: einen Aufstand anzetteln, die Waffen gegen jem. erheben **39 in partibus esse**: mitmachen **40 trahor**: (als Gefangener) deportiert werden

8 **41 erat ascensurus** (coniug. periphrastica act.): er war im Begriff an Bord zu gehen **42 impono** 3 (pass.): eingeschifft werden **43 nempe**: doch wohl **44 vir consularis**: ein ehemaliger Konsul **45 servulus**, -i m. (Deminuitiv): (kleine, unbedeutende) Sklaven **46 calcior** 1: die Schuhe angezogen bekommen **47 praesto** 1: leisten, erledigen

9 **48 conduco** 3: mieten **49 piscatoria naucula**: Fischerboot **50 navigium**, -i n.: Schiff **51 profiteor indicium**: sich zum Geständnis bereit erklären **52 gremium**, -i n.: Schoß **53 manifestus** 3: klar ersichtlich

10 Quin etiam, cum Thrasea gener[54] eius, deprecaretur[55], ne mori pergeret[56], interque alia dixisset: „Vis ergo filiam tuam, si mihi pereundum fuerit[57], mori mecum?", respondit: „Si tam diu tantaque concordia vixerit tecum quam ego cum Paeto, volo."

11 Auxerat hoc responso curam suorum; attentius custodiebatur. Sensit et „Nihil agitis[58]", inquit; „potestis enim efficere, ut male moriar, ut non moriar, non potestis".

12 Dum haec dicit, exsiluit cathedra[59] adversoque parieti[60] caput ingenti impegit[61] impetu[62] et corruit[63]. Focilata[64] „Dixeram" inquit „vobis inventuram me quamlibet[65] duram ad mortem viam, si vos facilem negassetis."

13 Videnturne haec tibi maiora illo „Paete, non dolet", ad quod per haec[66] perventum est[67]? cum interim illud quidem ingens fama, haec nulla circumfert[68]. Unde colligitur[69], quod initio dixi, alia esse clariora alia maiora. Vale.

10 **54 gener**, -i m.: Schwiegersohn **55 deprecor** 1: inständig bitten **56 mori pergere**: weiter machen mit dem Wunsch, zu sterben **57 si mihi pereundum fuerit** (coni. pot.): falls ich einmal (durch Selbstmord) sterben muss

11 **58 nihil agitis**: ihr richtet nichts aus, erreicht nichts

12 **59 exsilire cathedra**: aus dem Sessel aufspringen **60 adversus paries**: die ihr gegenüber befindliche Wand **61 impingo** 3, -pegi -pactus (+ dat.): gegen etw. schmettern **62 ingenti impetu**: mit großem Schwung **63 corruo** 3, -ui, -utum: zusammenbrechen **64 focilor** 1: wiederbeleben **65 quamlibet viam duram**: irgendeinen Weg, auch wenn er hart ist

13 **66 per haec**, erg. facta: durch diese Taten **67 perventum est**: es kam so weit **68 circumfero** 3: verbreiten, bekannt machen **69 colligo** 3: erschließen

29 Kommentar

C. Plinius Caecilius Secundus, Epistulae III, 7

2 Fannia: Die Enkelin der Arria war mit Helvidius Priscus verheiratet, einem Intellektuellen, der gegen den Niedergang der politischen Kultur unter den Kaisern ankämpfte. Sie ging mit ihrem Mann zweimal ins Exil; als er hingerichtet wurde, ließ sie seine Biografie verfassen – als Beispiel für einen aufrechten Römer in einer Zeit zunehmender Unaufrichtigkeit. Sie wurde verbannt und verlor ihren Besitz, durfte aber 96 n. Chr. nach Rom zurückkehren.

Arria: Arria die Ältere, Frau des Caecina Paetus, ging 42 n. Chr. mit ihm in den Freitod.

6 Paete, non dolet: Mit diesen Worten stößt sie sich den Dolch in die Brust, um ihrem Mann zu zeigen, dass der Tod durch Selbstmord ein guter Weg ist, um sich der drohenden Hinrichtung zu entziehen, sie stirbt aber nicht an der Wunde.

7 Scribonianus arma moverat: Unter der Herrschaft des Claudius hatte Scribonianus, der zwei Legionen am südlichen Balkan kommandierte, sich mit Verschwörern in Rom verbündet; sein Heer folgte ihm nicht. Daher endete der Aufstand nach 14 Tagen.

8 apud Claudium: Das Verfahren fand in Gegenwart des Claudius im Senat statt. Arria war nicht angeklagt, ihr Selbstmord war freiwillig.

10 pulcherrima mors: Selbstmord galt für die Stoiker dann als probater Ausweg, wenn ein vernunftgemäßes Leben nicht mehr möglich war. Dies konnte z. B. infolge politischen Drucks oder infolge von Krankheit der Fall sein.

11 Thrasea Paetus: Schwiegersohn der Arria, unter Nero wegen seiner republikanischen Gesinnung ebenfalls zum Tode verurteilt

29 Vertiefung

1 Welche großen Taten der Arria nennt Plinius, welche bewundert er besonders, welche davon erscheinen dir wirklich groß? Versuche dies auch anhand der Länge der Darstellung der einzelnen Taten nachzuweisen!

2 Inwiefern entspricht das, was sie tut, dem, was von einer römischen Ehefrau erwartet wird?

3 **a** Wo zeigt sich, dass sie eine charakterfeste, starke Persönlichkeit ist?

b Was treibt Arria wohl in den Selbstmord und wie beurteilt Plinius ihre Tat?

So heroisch wie Lucretia oder Arria dürften wohl die wenigsten römischen Ehefrauen gewesen sein. Der überzeichnete Treue- und Tugendanspruch, der in Erzählungen wie diesen propagiert wurde, forderte die Satiriker unter den römischen Schriftstellern geradezu zu einem „Gegenschlag" heraus. Eine der berühmtesten Erzählungen, die die klischeehafte römische Frauentreue karikieren, ist die Geschichte der so genannten „Witwe von Ephesus":

30 text

C. Petronius Arbiter,
Satyricon, 111,1–112,8

Witwentreue

111,1 Matrona quaedam Ephesi tam notae
erat pudicitiae[1], ut vicinarum quoque
gentium feminas ad spectaculum sui evo-
2 caret[2]. Haec ergo cum virum extulisset[3],
non contenta vulgari more[4] funus passis
prosequi[5] crinibus[6] aut nudatum pectus in
conspectu frequentiae[7] plangere[8], in con-
ditorium[9] etiam prosecuta est defunctum,
positumque in hypogaeo[10] Graeco more
corpus custodire ac flere totis noctibus
3 diebusque coepit. Sic adflictantem se[11] ac
mortem inedia[12] persequentem[13] non pa-
rentes potuerunt abducere, non propin-
qui; magistratus ultimo repulsi abierunt.
Complorataque[14] singularis exempli femi-
na[15] ab omnibus quintum iam diem sine
4 alimento trahebat. Adsidebat[16] aegrae[17]
fidissima ancilla, simulque et lacrimas
commodabat[18] lugenti, et quotienscum-
que defecerat[19] positum in monumento[20]
lumen, renovabat.
5 Una igitur in tota civitate fabula erat:
Solum illud adfulsisse verum pudicitiae

111,1 **1 notae pudicitiae** (gen. qual.): von bekannter Sittsamkeit = berühmt für ihre Sittamkeit **2 ad spectaculum evocare**: die Aufmerksamkeit auf sich lenken

2 **3 effero** 3, -tuli, -latum: zu Grabe tragen **4 vulgari more**: nach der Sitte des Volkes, wie es allgemein üblich war **5 funus prosequi**: am Leichenzug teilnehmen **6 passis crinibus**: mit offenem Haar **7 frequentia**, -ae f.: Menge **8 plango** 3: schlagen **9 conditorium**, -i n.: Grab **10 hypogaeum**, -i n.: unterirdische Gruft

3 **11 se afflictare**: sich abhärmen, grämen, sich kränken **12 inedia**, -ae f.: Verweigerung der Nahrungsaufnahme **13 persequor** 3: anstreben **14 comploro** 1: beklagen **15 femina singulis exempli**: vorbildliche Frau

4 **16 adsideo** + dat.: bei jem. sitzen **17 aeger** 3: unglücklich **18 lacrimas commodare** + dat: für jem. Tränen hingeben, jem. beweinen **19 deficio** 3M, -feci, -fectum: verlöschen **20 monumentum**, -i n.: Grab

amorisque exemplum[21] omnis ordinis ho-
mines confitebantur, cum interim impe-
rator provinciae[22] latrones[23] iussit cruci-
bus affigi[24] secundum illam casulam[25], in
qua recens cadaver matrona deflebat.
6 Proxima ergo nocte, cum miles, qui cru-
ces asservabat, ne quis ad sepulturam[26] cor-
pus detraheret, notasset sibi lumen inter
monumenta clarius fulgens et gemitum lu-
gentis audisset, vitio gentis humanae con-
cupiit scire, quis aut quid faceret.
7 Descendit igitur in conditorium[9], visaque
pulcherrima muliere, primo quasi quo-
dam monstro infernisque imaginibus[27]
8 turbatus substitit; deinde, ut et[28] corpus ia-
centis conspexit et lacrimas consideravit
faciemque unguibus[29] sectam[30], ratus est
(scilicet id, quod erat) desiderium extincti[31]
non posse feminam pati. Attulit in monu-
mentum cenulam suam, coepitque hortari
lugentem, ne perseveraret[32] in dolore su-
pervacuo[33], ac nihil profuturo[34] gemitu
pectus diduceret[35]: Omnium eundem esse
exitum[36] et idem domicilium[37] et cetera,
quibus exulceratae[38] mentes ad sanitatem[39]
revocantur.
9 At illa ignota consolatione[40] percussa[41]
laceravit[42] vehementius pectus, ruptosque
crines super corpus iacentis imposuit.
10 Non recessit[43] tamen miles, sed eadem ex-
hortatione[44] temptavit dare mulierculae
cibum, donec ancilla, vini odore corrup-
ta[45], primum ipsa porrexit[46] ad humanita-
tem[47] invitantis victam[48] manum, deinde
refecta[49] potione et cibo expugnare domi-
11 nae pertinaciam[50] coepit et: „Quid prode-
rit, inquit, hoc tibi, si soluta inedia[51] fue-
ris, si te vivam sepeliveris[52], si, antequam
fata poscant, indemnatum[53] spiritum effu-
12 deris[54]? Id cinerem[55] aut manes credis sen-
tire sepultos[52]? Vis tu reviviscere![56] Vis dis-
cusso[57] muliebri errore, quam diu licuerit,
lucis commodis[58] frui! Ipsum te iacentis[59]
corpus admonere debet ut vivas."

5 **21 exemplum effulget**: ein Beispiel leuchtet auf **22 imperator provinciae**: Statthalter **23 latro**, -onis m.: Räuber **24 crucibus affigere**: kreuzigen **25 secundum illam casulam**: entlang der kleinen Kammer

6 **26 sepultura**, -ae f.: Bestattung

7 **27 imago inferna**: Erscheinung, Trugbild aus der Unterwelt

8 **28 et** = etiam **29 unguis**, -is m.: Fingernagel **30 sectus** 3: zerkratzt **31 desiderium extincti** (gen. obi.): Sehnsucht nach dem Verstorbenen **32 perseverare in** + abl.: beharren auf **33 supervacuus** 3: überflüssig, unnütz **34 gemitus nihil profuturus** (part. fut.): Klage, die nichts nützen, fruchten wird **35 pectus diducere**: sich das Herz zerreißen, sich quälen **36 exitus**, -us m.: Tod **37 domicilium**, -i n.: (letzte) Heimat, Ruhestätte **38 exulcero** 1: quälen **39 sanitas**, -atis f.: Vernunft

9 **40 consolatio**, -onis f.: Trost **41 percutio** 4, -cussi -cussum: erschüttern **42 lacero** 1: zerkratzen, zerfleischen

10 **43 recedo** 3, -cessi, -cessum: aufgeben **44 exhortatio**, -onis f.: aufmuntende Worte, gutes Zureden **45 corrumpo** 3, -rupi, -ruptus 3: verlocken, in Versuchung führen **46 porrigo** 3, -rexi, -rectum: ausstrecken **47 humanitas**, -atis f.: Leben **48 victus** 3: umgestimmt **49 refectus** 3: erfrischt **50 pertinaciam expugnare**: ankämpfen gegen die feste Entschlossenheit

11 **51 solutus inedia**: verhungert **52 sepelio** 4, -ivi, sepultum: begraben **53 indemnatus** 3: unschuldig **54 spiritum effundere**: den Geist aufgeben

12 **55 cinis**, -is m.: Asche, Leichenbrand **56 vis reviviscere**: Entscheide dich doch dazu, zum Leben zurückzukehren. **57 discutio** 3M, -cussi, -cussum: abschütteln, aufgeben **58 commoda lucis**: die Vorzüge des Lebens **59 iacens**: der Tote

13 Nemo invitus audit, cum cogitur aut ci-
bum sumere aut vivere. Itaque mulier ali-
quot dierum abstinentia sicca[60] passa est
frangi pertinaciam suam[61], nec minus avide
replevit se cibo quam ancilla, quae prior
victa est.
112,1 Ceterum, scitis[62], quid plerumque soleat
temptare humanam satietatem[63]. Quibus
blanditiis impetraverat miles, ut matrona
vellet vivere, iisdem etiam pudicitiam[64] eius
2 aggressus est. Nec deformis aut infacundus[65]
iuvenis castae videbatur, conciliante[66] grati-
am ancilla ac subinde dicente: „Placitone[67]
etiam pugnabis amori?“ „Quid diutius mo-
3 ror?“[68] Iacuerunt ergo una[69] non tantum illa
nocte, qua nuptias fecerunt[70], sed postero eti-
am ac tertio die, praeclusis[71] videlicet[72] condi-
torii foribus, ut quisquis ex notis ignotisque
ad monumentum venisset, putasset expiras-
se[73] super corpus viri pudicissimam uxorem.
4 Ceterum, delectatus miles et forma mu-
lieris et secreto[74], quicquid boni per faculta-
tes poterat[75], coemebat[76] et, prima statim
5 nocte, in monumentum ferebat. Itaque uni-
us cruciarii[77] parentes ut viderunt laxatam[78]
custodiam, detraxere[79] nocte pendentem su-
premoque mandaverunt officio[80].
6 At miles circumscriptus[81] dum desidet[82],
ut postero die vidit unam sine cadavere cru-
cem, veritus supplicium[83], mulieri, quid acci-
disset, exponit: Nec se se expectaturum iudi-
cis sententiam, sed gladio ius dicturum[84]
ignaviae suae. Commodaret[85] ergo illa peri-
turo[86] locum, et fatale conditorium familia-
7 ri[87] ac viro faceret. Mulier non minus miseri-
cors quam pudica: „Ne istud, inquit, dii si-
nant, ut eodem tempore duorum mihi caris-
simorum hominum duo funera spectem.
Malo mortuum impendere[88] quam vivum
8 occidere.“ Secundum[89] hanc orationem iubet
ex arca[90] corpus mariti sui tolli atque illi,
quae vacabat, cruci affigi.
Usus est miles ingenio[91] prudentissimae fe-
minae, posteroque die populus miratus est
qua ratione mortuus isset in crucem.

13 **60 siccus** 3: trocken, entkräftet **61 pertinaciam frangere**: ihre Entschlossenheit brechen

112,1 **62 scitis**: ihr wisst (an die Zuhörer gerichtet) **63 temptare humanam satietatem**: den Menschen reizen, wenn er einmal satt ist **64 pudicitia**, -ae f.: Ehre, Sittsamkeit

2 **65 infacundus** 3: uncharmant **66 concilio** 1: fördern, unterstützen **67 placitus** 3: erfreulich **68 quid diutius moror**: wozu noch mehr Worte?, Einwurf des Erzählers

3 **69 una**: beieinander **70 nuptias facere**: die Beziehung beginnen **71 praecludo** 3, -clusi, -clusum: schließen **72 videlicet**: selbstverständlich **73 exspiro** 1: sterben, verscheiden

4 **74 secretum**, -i n.: Geheimnis **75 quicquid ... poterat**, erg. emere: alles was er bei seinen geringen finanziellen Möglichkeiten auftreiben konnte **76 coemo** 3: zusammenkaufen

5 **77 cruciarius**, -i m.: Gekreuzigter **78 laxor** 1: gelockt werden; laxatam: erg. esse **79 detraxere**: hist. Kurzform = detraxerunt; detraho 3: abnehmen **80 supremo officio mandare**: der letzten Bestimmung zuführen: bestatten

6 **81 circumscribo** 3, -scripsi, -scriptum: übervorteilen, umgehen **82 desideo** 2: faulenzen **83 supplicium**, -i n.: Strafe **84 exspectaturum, sed ius dicturum**: erg. esse dicit **85 commodo** 1: bereit machen **86 perituro** (part. fut.): ihm, dem Sterbenden **87 familiaris**: h. Geliebter, Freund

7 **88 impendeo** 2: opfern

8 **89 secundum** + acc.: entsprechend **90 arca**, -ae f.: Sarg **91 ingenio uti**: die gute Idee ausnützen, umsetzen

30 Kommentar

111,2 passis crinibus, nudatum pectus plangere: typische Trauergesten. Nach dem Tod eines Menschen wurde die Leiche erst im Haus aufgebahrt und betrauert. Der in einem Sarg *(capulum)* oder auf einer Leihbahre liegende Tote wurde am Begräbnistag zur Begräbnisstätte außerhalb der Siedlung gebracht, dabei folgte ihm oft ein langer Trauerzug. Die Trauernden trugen schwarze Kleider, die sie oft noch zusätzlich beschmutzten oder zerrissen. Frauen ließen die Haare offen herunterhängen, statt sie aufzustecken, Männer ließen den Bart stehen. Man fügte sich durch Kratzen mit den Fingernägeln im Gesicht, im Brustbereich und an den Armen und durch Schläge selbst Schmerz zu. Körper- und Brandbestattung existierten nebeneinander.
Hypogaeo: unterirdische Grabkammer. Die Körperbestattung konnte auch in einem Sarkophag (Stein oder Holz) erfolgen. Die Deckel der Sarkophage waren meist mit Wachs versiegelt. Große, reich verzierte Steinsarkophage wurden nicht in die Erde gebettet, sondern im Freien, in Mausoleen oder (unterirdischen) Grabkammern aufgestellt.
5 latrones crucibus affigi: Sklaven konnten für Delikte jeder Art gekreuzigt werden. Der Kreuzestod stand aber auch auf Mord, Raub, Hochverrat oder Rebellion und konnte somit auch an (einfachen) Bürgern vollzogen werden. Der Verurteilte starb am Kreuz einen qualvollen Erstickungstod.

30 Vertiefung

1 **a** Durch welche ungewöhnliche Manifestation ihrer Trauer verblüfft die Witwe von Ephesus ihre Mitbürger und Mitbürgerinnen? Wie macht der Autor deutlich, dass sie in ihrer Trauer über das rechte Maß hinausgeht?

b Hätten die Witwe und ihre Magd deiner Meinung nach ohne das Auftreten des Soldaten bis zum Tod durchgehalten?

2 Was wird vom Äußeren des Soldaten berichtet, was von seinem Wesen? Kostet es ihn viel Mühe, die beiden Frauen zu überreden?

3 Wie ist die abrupte Meinungsänderung der Magd zu erklären, warum bemüht sie sich wohl darum, eine Beziehung zwischen den beiden anzubahnen? Wie stark ist ihr Einfluss auf die Witwe?

4 Wie begründet die Witwe ihre Entscheidung, die Leiche ihres Mannes herauszugeben? Wie ist ihr Verhalten aus deiner Sicht zu bewerten?

War die Ehe eigentlich als eine lebenslange Verbindung beider Partner ausgelegt, so kam es in der Praxis häufig zu Scheidungen, was bei der pragmatischen Grundstruktur der meisten Verbindungen nicht verwunderlich erscheint. Eine Ehe konnte in beiderseitigem Einverständnis oder durch einseitige Willenserklärung eines Partners geschieden werden. Eine Begründung war formal ebenso wenig erforderlich wie die Einschaltung einer staatlichen oder juristischen Instanz. Die traditionelle Formel einer einseitig gewollten Scheidung war *tuas res tibi habeto* (habe deine Sachen für dich) oder *tuas res tibi agito* (kümmere dich um deine Dinge). Bei einer Scheidung war der Mann verpflichtet, der Frau ihre Mitgift (*dos*) rückzuerstatten, außer er konnte seiner Gattin einen Ehebruch nachweisen. Von der römischen Ehefrau verlangte die Gesellschaft absolute moralische

Untadeligkeit, während Männer diesen Anspruch nicht erfüllen mussten und ihnen im Falle einer Scheidung wegen eines Ehebruches keine finanziellen Nachteile erwuchsen:

31 text

Digestae XLVIII, 5,14,5

Doppelmoral

14,5 Iudex adulterii[1] ante oculos habere debet in inquirere[2], an maritus pudice vivens mulieri quoque bonos mores colendi auctor[3] fuerit: Periniquum[4] enim videtur esse, ut pudicitiam[5] vir ab uxore exigat[6], quam ipse non exhibeat[7]: Quae res potest et virum damnare, non rem ob compensationem[8] mutui[9] criminis inter utrosque communicare[10].

14,5 **1 adulterium**, -i n.: Ehebruch **2 in inquirere** = inquirendo: beim Untersuchen **3 auctor**, -oris m.: Vorbild, Anleiter **4 periniquus** 3: sehr ungerecht **5 pudicitia**, -ae f.: Sittsamkeit **6 exigo** 3: fordern **7 exhibeo** 2: zeigen, an den Tag legen **8 compensatio**, -onis f.: Aufrechnung **9 mutuus** 3: gegenseitig **10 in utrosque communicare**: auf beide gemeinsam übertragen

31 kommentar

Digestae XLVIII, 5,14,5

14,5 boni mores: Diese galten als wichtige Grundlage des Rechts. Der Begriff umfasst sowohl sittliche Normen, die Moral, deren Einhaltung dem Menschen auch durch sein Gewissen vorgeschrieben wird, als auch das in der Gemeinschaft Übliche, den Rechtsbrauch.

virum damnare: Bei einer Scheidung musste der Mann die Mitgift seiner Frau herausgeben, die erwirtschafteten Erträge durfte er behalten. Außerdem hatte er das Recht, ein Sechstel für jedes Kind zurückzuhalten, aber nicht mehr als die Hälfte, und ein weiteres Sechstel, wenn die Scheidung durch Ehebruch der Frau (*mores graviores*) veranlasst war, für geringere Sittenverstöße (*mores leviores*) ein Achtel. Im Fall seiner Untreue verkürzten sich jedenfalls die Fristen, innerhalb derer er die *dos* zurückzahlen musste, oder sie fielen gänzlich aus.

31 vertiefung

1 Welche rechtliche Wirkung soll die Untreue von Ehemännern haben? Scheint das im Text Dargestellte häufig gepflegte Rechtspraxis zu gewesen zu sein?

Scheidungen kamen in der frühen und mittleren Republik selten vor. Im ersten vorchristlichen Jahrhundert wurden sie erheblich häufiger. Auch Frauen trennten sich seit dieser Zeit öfter von ihrem Mann. In der Mehrzahl der Fälle ging das Scheidungs-Begehren zwar vom Ehemann aus, dennoch nahmen die römischen Satiriker vor allem „scheidungsfreudige“ Frauen aufs Korn, was wiederum die zweierlei Maß widerspiegelt, mit denen man Verhaltensnormen von Frauen und Männern aufstellte. Von der römischen Frau erwartete man traditionsgemäß eine positivere Einstellung zur Ehe als von Männern.

D. Iunius Iuvenalis, Saturae VI, 200–215 und 224–230

Selbstmitleid

Si tibi legitimis pactam[1] iunctamque tabellis[2]
non es amaturus, ducendi[3] nulla videtur
causa. Nec est, quare[4] cenam et mustacea[5] perdas[6]
labente[7] officio[8] crudis[9] donanda, nec illud,
quod prima pro nocte datur, cum lance beata[10]
Dacicus et scripto[11] radiat[12] Germanicus auro.
Si tibi simplicitas uxoria[13], deditus uni
est animus, summitte[14] caput cervice[15] parata
ferre iugum[16]. Nullam invenies, quae parcat[17] amanti.
Ardeat[18] ipsa licet, tormentis gaudet amantis
et spoliis[19]; igitur longe minus utilis illi
uxor, quisquis erit bonus optandusque[20] maritus.
nil umquam invita donabis coniuge[21], vendes
hac obstante[22] nihil, nihil, haec si nolet, emetur.

200 **1 pactus** 3: versprochen **2 tabella**, -ae f.: Vertrag **3 ducendi**, erg. in matrimonium: sie zu heiraten **4 nec est, quare**: es gibt keinen Grund, weshalb … **5 mustaceum**, -i n.: Lorbeerkuchen; *mustacea crudis donanda* **6 perdo** 3: vergeuden **7 labor** 3: zu Ende gehen **8 officium**, -i n.: Einladung, Bewirtung **9 crudus** 3: mit verdorbenem Magen **10 lanx beata**: wertvolle Schale **205** **11 aurum scriptum**: geprägtes Gold **12 radio** 1: strahlen **13 simplicitas uxoria**: die Einfältigkeit eines Ehemanns **14 summitto** 3: neigen **15 cervix**, -cis f.: Nacken **16 iugum**, -i n.: Ehejoch **17 parco** 3 + dat.: schonen, gnädig sein **18 ardeo** 2: brennen, verliebt sein **210** **19 spolia**, -orum n.: Beutestücke **20 optandus** 3: wünschenswert **21 invita coniuge**: gegen den Willen deiner Frau **22 obsto** 1: etwas dagegen haben

Abb. 16: Schmuck

Haec dabit affectus[23]: Ille excludatur[24] amicus
iam senior[25], cuius barbam tua ianua vidit.
[...]
Imperat ergo viro. Sed mox haec regna relinquit
permutatque[26] domos et flammea[27] conterit[28]; inde
avolat[29] et spreti[30] repetit vestigia lecti.
Ornatas paulo ante fores[31], pendentia linquit
vela[32] domus et adhuc virides in limine ramos[33].
Sic crescit numerus, sic fiunt octo mariti
quinque per autumnos, titulo res digna sepulcri[34].

23 affectus, -us m.: Freundschaft
24 excludo 3: aussperren
215 **25 amicus senior**: ein ziemlich alter Freund
225 **26 permuto** 1: tauschen, wechseln
27 flammeum, -i n.: Brautschleier
28 contero 3: abnützen, verschleißen
29 avolo 1: weghasten **30 spretus** 3: verachtet, abgelehnt **31 ornatae fores**: die (noch von der Hochzeit) geschmückten Türen **32 velum**, -i n.: Tücher, Schleier **33 viridus ramus**, -i m.: (noch) frischer Zweig
230 **34 titulum sepulcri**: Grabinschrift

32 Kommentar

D. Iunius Iuvenalis, Saturae VI, 200–215 und 224–230

202 **mustacea**: Lorbeerkuchen; die Kuchen wurden den Gästen als so genannte Apophoreta mitgegeben.
204 f. **Dacicus, Germanicus**: Als Morgengabe wurden Goldmünzen mit dem Bilde Trajans geschenkt. Den Titel Germanicus nahm Kaiser Trajan 97 n. Chr. an, den Titel Dacicus nach der Eroberung des heutigen Rumäniens 102 n. Chr.
215 **cuius barbam tua ianua vidit**: d. h. der in diesem Haus bereits in seiner Jugend verkehrte, bevor er seinen Bart erstmals feierlich kürzte
225 **permutat domos**: der Gipfel der willkürlichen Freiheit gegenüber dem Ehemann: Sie verlässt ihn, kehrt zurück und wählt weitere Männer nach Belieben.
flammea conterit: Durch den häufigen Gebrauch wird ihr Brautschleier verschlissen.
229 f. **octo mariti**: Juvenals Vorschlag ist das ironische Gegenstück zu Grabinschriften, die das Leben als *univira* rühmten, vgl. dazu Martial:

> Seit das Julische Gesetz für die Menschen wieder gilt, Faustinus, und die Keuschheit aufgefordert ist, die Häuser zu betreten, / sind es dreißig Tage; eher weniger und bestimmt nicht mehr, / und Telesilla heiratet bereits den 10. Mann. / Eine Frau, die so oft heiratet, heiratet nicht, sie betrügt nur legal. / Weniger stößt mich eine ab, die aufrichtiger die Ehe bricht.
>
> *M. Valerius Martialis, Epigrammata VI, 7, übers. von P. Barié u. W. Schindler*

32 Vertiefung

1 Welchen Typ Ehemann schildert Juvenal in diesem Abschnitt, was sind seine herausragendsten Eigenschaften und wie betont sie der Dichter?

2 Warum soll sich jemand, der nicht verliebt ist, nach Juvenals Auffassung nicht verheiraten lassen?

3 **a** Welche Belastungen birgt die Ehe allgemein für den Mann? Hängen sie vom Charakter der Ehefrau ab?

b In welchen Bereichen wird die Frau das Kommando im Haus übernehmen? Welche davon passen zur traditionellen Rolle der römischen Frau?

c Welche „Frechheiten“ muss sich der gutmütige Ehemann gefallen lassen? Mit welchen sprachlichen Mitteln gelingt es Juvenal, das harte Los des Ehemanns ironisch zu übersteigern?

Frauen, die nicht dem Klischeebild des tugendhaften „Heimchens am Herd“ entsprachen, erregten das Missfallen ihrer männlichen Zeitgenossen. Dementsprechend voll ist die lateinische Literatur von „lasterhaften Emanzen“. Hochgebildet, politisch interessiert, finanziell unabhängig, schön und sich in ihren Beziehungen nicht unbedingt auf einen einzigen Mann beschränkend, erschütterten sie die Grundfesten des idealtypischen Normensystems. Einer solchen schillernden Frauenpersönlichkeit begegnen wir bei Sallust in der Gestalt der Sempronia, der man maßgebliche Beteiligung an der so genannten „Catilinarischen Verschwörung“ des Jahres 63 v. Chr. nachsagt:

33 text

C. Sallustius Crispus,
Catilinae Coniuratio 25,1–5

Die „emanzipierte“ Sempronia

25,1 Sed in iis[1] erat Sempronia, quae multa
saepe virilis audaciae[2] facinora conmiserat.
2 Haec mulier genere atque forma, prae-
terea viro atque liberis satis[3] fortunata
fuit; litteris Graecis et Latinis docta[4], psal-
lere[5] et saltare elegantius, quam necesse
est probae[6], multa alia, quae instrumenta
luxuriae sunt.
3 Sed ei cariora semper omnia quam
decus[7] atque pudicitia fuit. Pecuniae an
famae[8] minus parceret, haud facile discer-
neres[9]. Lubido[10] sic accensa, ut saepius pe-
4 teret viros quam peteretur. Sed ea saepe
antehac fidem prodiderat[11], creditum ab-
5 iuraverat[12], caedis conscia fuerat; luxuria
atque inopia praeceps abierat[13]. Verum in-
genium eius haud absurdum[14]: posse ver-
sus facere, iocum movere[15], sermone uti[16]
vel modesto vel molli[17] vel procaci[18]; pror-
sus multae facetiae[19] multusque lepos[20]
inerat.

25,1 **1 in iis**: bezieht sich auf die Frauen im Dunstkreis der Verschwörung, von denen zuvor die Rede war **2 virilis audaciae** (gen. qual.): männliche Courage

2 **3 satis**: einigermaßen **4 docta**: erg. erat **5 psallo** 3: zur Kithara singen; psallere et saltare: erg. sciebat **6 proba**, -ae f.: anständige Frau

3 **7 decus**, -oris n.: Ansehen **8 fama**, -ae f.: guter Ruf **9 discerneres** (coni. pot. d. Vght.): man hätte unterscheiden können **10 lubido**, -inis f.: Sinnlichkeit

4 **11 fidem prodere**: Treue brechen

5 **12 creditum abiurare**: ein (erhaltenes) Darlehen ableugnen **13 praeceps abire**: herunterkommen; Subj. ist Sempronia **14 absurdus** 3: ungeschickt, unbegabt **15 iocum movere**: scherzen, eine scherzhafte Unterhaltung führen **16 sermone uti**: einen Sprachstil einsetzen **17 mollis**, -e: gefühlvoll **18 procax**, -acis: anzüglich **19 facetia**, -ae f.: Witz **20 lepus**, -oris m.: feiner Humor, Charme

33 Kommentar

C. Sallustius Crispus, Catilinae Coniuratio 25,1–5

25,1 Sempronia: ist sonst nicht bekannt. Sie stammte möglicherweise aus der *gens Sempronia*, der auch die beiden Sozialreformer Ti. und C. Gracchus angehörten.

facinora conmiserat: Sempronia erscheint quasi als weibliches Gegenstück zu Catilina.

2 litteris Graecis ... docta, psallere, saltare etc.: Offenbar hat Sempronia eine gute Ausbildung genossen, ist vertraut mit der griechischen Kultur und deren Bildungsinhalten.

elegantius, quam necesse est probae: Ihr Selbstbewusstsein und die Art, sich und ihre Fähigkeiten in der Öffentlichkeit einzubringen, stand zum traditionellen Verhalten einer *matrona* im Widerspruch und wurde demnach von konservativen Männern gerügt.

3 saepius peteret ... **quam peteretur**: Das Wortspiel unterstreicht den Vorwurf der sexuellen Zügellosigkeit.

33 Vertiefung

1. Welche positiven und negativen Eigenschaften Sempronias werden geschildert; in welcher Reihenfolge und mit welcher erzählerischen Absicht?
2. Woraus wird deutlich, dass sie eine emanzipierte Frau im heutigen Sinne des Begriffs war? Was ist ihr wichtig, welche Werte haben keine Bedeutung für sie?
3. In welchen Kritikpunkten wird die persönliche Meinung Sallusts sichtbar? Gibt es auch Aspekte an Sempronia, die ihm einen gewissen Beifall abnötigen?
4. In welchen Stufen und mit welchen sprachlichen Mitteln wird ihr moralischer und gesellschaftlicher Abstieg dargestellt?

Eine der prominentesten Ehefrauen, die sich nicht mit einem einzigen Mann begnügen wollten, war Clodia, Gattin des Metellus Celer. Clodia stammte aus einem der angesehensten Adelshäuser der Stadt, den Appii Claudii, die seit dem Beginn der Republik in der Politik eine entscheidende Rolle gespielt hatten. Sie galt als eine der engagiertesten Frauenrechtlerinnen ihrer Zeit, der späten Republik, und war schon deshalb den konservativen Kräften suspekt. Cicero, der dem weiblichen Geschlecht insgesamt sehr kritisch gegenüberstand, klagte sie heftig an: wegen ihrer Ausschweifungen, ihrer Liebhaber, ihrer Aufenthalte im mondänen Badeort Baiae. Es gab in ihrem Leben fast nichts, was ihm nicht missfiel. Am meisten störten ihn jedoch wahrscheinlich ihre Klugheit und ihre überragende Bildung, in denen er wohl instinktiv eine Konkurrenz witterte.

Clodia war für ihre zahlreichen Liebschaften berüchtigt, unter anderem hatte sie eine leidenschaftliche Affäre mit dem um elf Jahre jüngeren Dichter Catull. Dieser besang Clodia zunächst in zahlreichen Gedichten unter dem Namen „Lesbia", beschimpfte sie nach der Trennung jedoch in zotigen Epigrammen.

Abb. 17: Frauenporträt aus Fayum

34 text

C. Valerius Catullus,
carmen XXXVII

Enttäuschte Liebe – Verzweifelte Wut

Salax taberna[1] vosque contubernales[2],
a pilleatis nona fratribus[3] pila[4],
solis putatis esse mentulas[5] vobis,
solis licere, quidquid est puellarum[6],
confutuere[7] et putare ceteros hircos[8]?
An, continenter[9] quod sedetis insulsi[10]
centum an ducenti, non putatis ausurum
me una[11] ducentos irrumare[12] sessores[13]?
Atqui[14] putate: Namque totius vobis
frontem[15] tabernae sopionibus scribam[16].
Puella nam mi, quae meo sinu[17] fugit,
amata tantum, quantum amabitur nulla,
pro qua mihi sunt magna bella pugnata,
consedit istic. Hanc boni[18] beatique
omnes amatis, et quidem, quod indignum est[19],
omnes pusilli[20] et semitarii moechi[21]
Tu praeter omnes une de capillatis[22],
cuniculosae Celtiberiae[23] fili,
Egnati, opaca[24] quem bonum facit barba
et dens[25] Hibera defricatus[26] urina.

1 **1 salax taberna**: Dreckstaverne **2 contubernalis**, -is m.: Saufbruder **3 pilleati fratres**: die Brüder mit der Filzkappe, Kastor und Pollux **4 nona pila**: die 9. Säule **5 mentula**, -ae f.: Penis, Schwanz **6 quidquid est puellarum**: alles, was es an Mädchen gibt

5 **7 confutuo** 3: (wahllos) schlafen mit **8 hircus**, -i m.: (stinkender, Mädchen abstoßender) Bock; erg.: esse **9 continenter**: beisammen **10 insulsus**, -i m.: Idiot, Schwachsinniger **11 una**: gleichzeitig **12 irrumo** + acc.: „es jem. besorgen" **13 sessor**, -oris m.: Stubenhocker, Stammgast, Freier **14 atqui**: nur, ruhig

10 **15 frons**, -tis f.: Fassade **16 sopionibus scribere**: Schwänze an die Wand kritzeln **17 sinus**, -us f.: Arme, Umarmung **18 bonus**, -i m.: Spießer, Durchschnittsbürger

15 **19 quod indignum est**: welche Schmach! **20 pusillus**, -i m.: grünes Bürschchen **21 semitarii moechi**: Freier von Gassenhuren **22 capillatus** 3: langhaarig, schmalzlockig **23 cuniculosa Celtiberia**: das Karnickelland Nordspanien **24 opacus** 3: dicht, ausladend

20 **25 dens**, -tis m.: Gebiss **26 defrico** 1: zum Glänzen bringen

34 kommentar

C. Valerius Catullus,
carmen XXXVII

Catull war als junger Mann nach Rom gekommen, hatte sich unsterblich in die deutlich ältere Clodia Pulchra verliebt und davon geträumt, mit ihr eine dauerhafte Beziehung abseits der gesellschaftlichen Normen führen zu können. Sie hatte nach dem frühen Tod ihres Mannes, für den sie vielleicht selbst verantwortlich war, keine Lust, sich in irgendeiner Form zu binden, gab Catull den Laufpass und führte ein offenes Haus in ihrem eleganten Palais am Palatin. Catull attackiert in ohnmächtiger Wut den Treffpunkt ihrer Clique.

2 pilleati fratres: die Dioskuren Kastor und Pollux, deren Tempel am Forum Romanum stand (drei Säulen sind heute noch sichtbar)

8 sessor: doppeldeutig, kann auch Bordellgast, Freier bedeuten

10 sopionibus scribere: Bordelle pflegten auf diese Art Werbung zu machen, gelegentlich auch durch ein Penis-Relief im Straßenpflaster, das potenziellen Kunden den Weg wies.

12 amata tantum, quantum ...: Catull zitiert sich selbst, sein *carmen* 8: *amata nobis, quantum amabitur nulla*.

19 Egnatius: nicht näher bekannter Spanier, der in Clodias Haus verkehrt und den Catull nicht besonders schätzt

20 dens defricatus: In seinem *carmen* 39 wirft Catull demselben Egnatius vor, er würde ständig grinsen, um sein strahlend weißes Gebiss zu zeigen, das er nach spanischer Sitte mit dem eigenen Urin pflegen würde.

34 Vertiefung

1 Was unterstellt Catull in seiner Verzweiflung seiner Ex-Geliebten Clodia?

2 **a** Mit welcher Art von Männern pflegt sie Umgang, und warum trifft das Catull so hart? Wieso scheint ihm Egnatius so besonders abstoßend?

b Welche anderen Motive wären noch denkbar?

3 Was hat er, Catull, seiner Meinung nach für Clodia getan; was können, wie er glaubt, die vielen Verehrer bieten?

In seinem Kriminal-Roman **„Tödliche Saturnalien“** beschreibt **John Maddox Roberts** den Lebensstil dieser „Lebedame“. Decius Metellus, eben vom ägyptischen Hof zurückgekehrt, ist bei ihr zum Essen geladen:

„Decius!“ Clodia nahte in einem Gewand, das um ihren Körper schwebte wie farbige Luft. Sie war noch immer eine der schönsten Frauen Roms, ihr Körper auch mit dreiunddreißig Jahren noch von keiner Schwangerschaft gezeichnet, was ihre Vorliebe für fast transparente Seidengewänder erklärte. Sie hatte ein jugendliches Gesicht, verunziert lediglich durch eine gewisse Härte um Mund und Augen. Im Gegensatz zu vielen anderen Frauen pflegte sie einen äußerst sparsamen Umgang mit Kosmetika. „Wie schön, dich zu sehen“, rief sie und fasste meine Hand mit beiden Händen. „Unsere letzte Begegnung liegt schon viel zu lange zurück. Fausta hat mir alles über deine alexandrinischen Abenteuer erzählt. Die Geschichten vom dortigen Hofleben klingen wundervoll.“ Clodia und Fausta waren beste Freundinnen, obwohl Fausta demnächst Milo heiraten sollte, den erbittertsten Feind der Politik des Clodius, Clodias Bruders [...]. „Ich bin sicher, Prinzessin Berenike würde dich wie eine Königin empfangen, wenn du dich zu einem Besuch entschließen solltest“, versicherte ich ihr. Berenike war noch verrückter als der Durchschnitt des ägyptischen Königshauses.

„Komm und lass mich dir meine anderen Gäste vorstellen. Einige von ihnen müsstest du schon kennen“, sagte Clodia. „Nur zu“, sagte ich. „Aber irgendwann im Laufe des Abends muss ich dich unter vier Augen sprechen.“ „Ich weiß“, flüsterte sie verschwörerisch. Sie liebte Verschwörungen. „Aber du darfst das Thema nicht während des Essens ansprechen. Oh, Decius, ich bin ja so froh, dass ihr diesen albernen Streit beigelegt habt!“

Ich fand, dass sie ein wenig dick auftrug, selbst für ihre Verhältnisse. Andererseits war Mäßigung grundsätzlich nicht ihre Sache, warum also sollte sie ausgerechnet bei der Unaufrichtigkeit damit anfangen. „Und jetzt komm“, sagte sie, hakte sich bei mir unter und führte mich ins Triclinium, in dem erkennbar ein paar bauliche Veränderungen vorgenommen worden waren. Die behagliche Enge eines schlichten Speiseraums hatte Clodia nicht gefallen, also hatte sie einige Innenwände herausschlagen und aus drei Räumen einen machen lassen. Wenn ich mich recht an die ursprüngliche Aufteilung erinnerte, hatte sie Celers Schlaf- und Arbeitszimmer für das jetzige Triclinium geopfert. Sofas und Kissen waren so luxuriös, wie ich sie in Rom noch nie gesehen hatte, nicht einmal in Lucullus' Villa. „Alle Achtung, Clodia“, bemerkte ich, „es ist zwar nicht ganz so königlich wie Ptolemaios' Palast, aber es kommt ihm recht nahe.“

Einige der Gäste bewunderten die Wandgemälde. Sie waren in einem Stil gehalten, der gerade in Mode kam: reich verzierte Säulen auf schwarzem Hintergrund, die seltsam dürr, länglich und gestreckt aussahen. Hier und da ragten kleine Plattformen heraus, auf denen Blumentöpfe und Fruchtschalen standen, die ähnlich länglich wirkten. Alle Säulen hatten manierierte Kapitelle in Form von aufeinander gestapelten Kugeln und herabhängenden Kegeln, was vermutlich verspielt aussehen sollte, auf mich jedoch vage desorientierend und irreal wirkte wie der Anblick von etwas halb Vertrautem, an das man sich nicht mehr genau erinnern kann.

„Decius, hast du den Tribun Publius Vatinius schon kennengelernt?" Sie führte mich zu einem großen, soldatischen Typ, der aussah, als würde er mit dem größten Vergnügen auch die widerwärtigsten Befehle seiner Vorgesetzten ausführen. „Es ist mir stets eine Freude, einen weiteren Caecilius Metellus kennenzulernen", sagte er, auf die Allgegenwart meiner weit verzweigten Familie in Rom anspielend. „Tribun Vatinius war dafür verantwortlich, dass man Caesar das außergewöhnliche prokonsularische Kommando in Gallien übertragen hat", schwärmte Clodia. Wenn es etwas gab, das sie noch mehr liebte als Luxus, dann war es Machtpolitik. „Eine in der Tat ungewöhnliche Maßnahme, die Situation in Gallien in den Griff zu bekommen", bemerkte ich. „Eine längst überfällige Reform", behauptete Vatinius. [...]

„Wie? Was sagst du, Decius?" Doch wir wurden von Clodia unterbrochen, die ihr neuestes Juwel präsentierte, einen prächtig aussehenden jungen Mann, der mir vage bekannt vorkam. Er hatte vom Wein leicht gerötete Wangen und ein ebenso strahlendes Lächeln wie Milo. „Manchmal", verkündete Clodia, „lade ich jemanden ein, nur weil er von nobler Herkunft und attraktivem Äußeren ist. Darf ich euch Marcus Antonius vorstellen, Sohn des Antonius Creticus und Neffe von Hibrida." „Ich grüße euch alle", sagte der Junge mit der Gestik eines ausgebildeten Schauspielers und einem für sein Alter erstaunlichen Selbstbewusstsein. Ich meinte, mich zu erinnern, woher ich ihn kannte. „Haben wir uns nicht bei Lucillus' Triumph kennengelernt?", fragte ich. „Tatsächlich? Dann ist es mir eine doppelte Ehre, dir erneut zu begegnen, Senator ..."

„Decius Metellus", informierte Clodia ihn. „Ah, der berühmte Decius Metellus!" Ich sah, dass er nicht den leisesten Schimmer hatte, wer ich war, aber er war einer der Menschen, die es schaffen, dass man sie trotz ihrer offenkundigen Unhöflichkeit sympathisch findet. [...]

Dann wurde zum Essen gerufen, und wir nahmen auf unseren Sofas Platz. Hermes nahm meine Toga und meine Sandalen und eilte nach oben, wohin alle Sklaven, die nicht in der Küche oder im Triclinium zu tun hatten, für die Dauer des Abends verbannt waren. Das Mahl war auf die traditionellen neun Gäste beschränkt, obwohl sich Clodia ansonsten nicht an althergebrachte Sitten gebunden fühlte. Wahrscheinlich war es reiner Zufall. Sechs von den außer mir Anwesenden habe ich genannt, an die beiden anderen kann ich mich nicht mehr erinnern. Parasiten vermutlich, wahrscheinlich Poeten. Clodia hatte eine Vorliebe für Poeten.

Ich lagerte auf einem Sofa mit Clodia zu meiner Linken und Vatinius zu meiner Rechten. Als ranghöchster Gast nahm Crassus den Ehrenplatz des Konsuls am Kopf der Tafel ein. Neben ihm saßen Bestia und einer der Schreiberlinge. Auf dem dritten Sofa lagerten Antonius, Fulvia und der andere Poet. Clodia und Fulvia ließen sich direkt neben den Männern auf ihre Sofas fallen, was natürlich ebenfalls jeglicher Konvention widersprach. Diesmal war ich durchaus einverstanden. Ich teilte mein Sofa jederzeit lieber mit einer schönen Frau als mit einem hässlichen Mann. Oder auch einem gut aussehenden.

Das Essen war wunderbar. Clodia hatte einen überdurchschnittlich guten Geschmack, denn obwohl das Spektrum der dargebotenen Speisen exquisite und exotisch gewürzte Fleischspeisen umfasste, gab sie sich nie den vulgären Extravaganzen der Neureichen hin. Ihre Weine waren exzellent, und soweit ich das erkennen konnte, krümmte sich auch niemand ob der Folgen einer Vergiftung.

Das Servierpersonal war eine Attraktion für sich. Wie der Janitor bestand es ausnahmslos aus außergewöhnlichen Schönheiten, ebenso spärlichst bekleidet, nur hier und da von Juwelen geziert und sämtlich mit Clodias Spezialität ausgestattet: dem juwelenbesetzten Halsring. Als zusätzliche exotische Raffinesse waren sie alle von unterschiedlicher Hautfarbe. Der Wein wurde von einem jungen Araber mit riesigen braunen Augen ausgeschenkt. Handtücher wurden von einem Mädchen mit goldbrauner Haut gereicht. Den Braten schnitt ein muskulöser Gallier auf, der mit großem Geschick zwei gebogene Messer schwang. Das Hauptgericht wurde von Südländern hereingetragen, in fortlaufenden Abstufungen immer dunklerer Haut: Die Eier wurden von einem hellbraunen Mauretanier gebracht, der Fisch von einem ein wenig dunkleren Numidier, das Fleisch von einem tiefbraunen Nubier und die Süßigkeiten von einem pechschwarzen Äthiopier. Für die musikalische Untermalung sorgte hingegen ein kleines Ensemble von Albinos.

John Maddox Roberts, Tödliche Saturnalien, übers. von K. Lutze, München: Goldmann 2003, S. 363 ff.

Teil IV

Zwischen Straßenecke und Rhetorenschule – Bildung und Erziehung

Der römische Bildungskanon fußt auf den Grundgedanken der griechischen Erziehung: *Paideia* ist einer der wichtigsten griechischen Wertbegriffe. Man versteht darunter die Formung und Gestaltung, die der Mensch während seiner Jugend erfährt. Ziel ist es, durch erzieherischen Einfluss eine aktive Auseinandersetzung mit den kulturellen Werten – Wissenschaft, Sprache, Kunst, Moral – anzuregen und den Wunsch nach möglichst umfassendem Besitz der als positiv erkannten Werte zu fördern. Der griechische Redner Isokrates (4. Jh. v. Chr., Athen) prägte den bis heute – mit Einschränkungen – gültigen Begriff der Allgemeinbildung (*enkýklios paideía*) und legte die wichtigsten Lernbereiche fest.

Abb. 18: Mädchen mit Schreibtäfelchen

Bildung sollte einerseits einen Nutzen für das alltägliche Leben bringen, andererseits aber zur Formung der Persönlichkeit, zur geistigen Flexibilität, zur Entfaltung der eigenen Fähigkeiten etc. führen. Insgesamt gesehen bleiben Erziehung und Bildung in Rom jedoch enger, beschränkter und nüchterner als im klassischen Griechenland. Die Ordnung des römischen Imperiums war fest im Bauerntum verwurzelt, in dem Familie und Sippe größere Bedeutung hatten als in den griechischen Stadtstaaten. Die römische Erziehung war weit mehr eine Angelegenheit der Familie, sogar so sehr, dass es zunächst kaum Schulen gab. So hatten das Vorbild der Eltern und die *exempla maiorum* hohen Stellenwert in der römischen Erziehung. Durch die *imagines* (Portraits der Ahnen im Atrium) und deren Kult lernten die Kinder das Wertesystem der Vorfahren kennen und respektieren. Die Erziehung der Mädchen lag meist ganz in den Händen der Mutter. Für die Söhne war das Beispiel des Vaters ausschlaggebend, vor allem was das Auftreten, die Teilnahme am öffentlichen Leben, das Verhalten zu Sklaven, zu Klienten, zu Bürgern gleichen, höheren oder niederen Standes betraf.

35 text

Phaedrus, Appendix Perottina XII

Aesop und der unbändige Jugendliche

Pater familias saevum habebat filium.
Hic e conspectu[1] cum patris recesserat,
verberibus[2] servos afficiebat plurimis
et exercebat[3] fervidam[4] adolescentiam.
Aesopus ergo narrat hoc breviter seni:
Quidam iuvenco[5] vetulum[6] adiungebat bovem.
Is cum refugiens[7] impari[8] collo iugum
aetatis excusaret[9] vires languidas[10],
„Non est, quod[11] timeas", inquit illi rusticus,
„Non, ut labores, facio, sed ut istum domes[12],
qui calce[13] et cornu multos facit debiles[14]."
Et tu nisi istum tecum assidue detines[15],
feroxque ingenium comprimis clementia[16],
vide, ne querela[17] maior accrescat domus.
Atrocitati[18] mansuetudo[19] est remedium.

1 **1 conspectus**, -us m.: Blickfeld, Augen **2 verbera**, -um n.: Prügel **3 exerceo** 2: ausleben, genießen **4 fervidus** 3: ausgelassen, temperamentvoll
6 **5 iuvencus**, -i m: Jungstier **6 vetulus** 3 (deminutiv): alt, altersschwach **7 iugum refugere**: vor dem Joch zurückschrecken **8 impar**: der Last nicht gewachsen **9 excuso** 1: sich entschuldigen für **10 languidus** 3: schwach
10 **11 non est, quod**: es gibt keinen Grund, dass **12 domo** 1: bändigen **13 calx**, -cis f.: Huf **14 debilis**, -e: lahm; krank **15 detineo** 2: bei sich halten **16 clementia**, -ae f.: Milde
15 **17 querela**, -ae f.: Problem, Grund zur Klage **18 atrocitas**, -atis f.: schlechtes Benehmen **19 mansuetudo**, -inis f.: Milde

35 kommentar

Phaedrus, Appendix Perottina XII

1 Pater familias: Haushaltsvorstand, seiner Gewalt sind alle Mitglieder des Haushalts unterworfen, die Söhne bis zur Erklärung ihrer Selbstständigkeit (*emancipatio*).

4 exercebat fervidam adulescentiam: Das Motiv des unbändigen Jungendlichen, der das Geld seines Vaters mit Alkohol und Freudenmädchen durchbringt, ist vor allem in den Komödien des Plautus (250–184 v. Chr.) und des Terenz (geb. 195 v. Chr.) ein häufiges Motiv. Auch dort reagieren die Väter, denen so übel mitgespielt wird, gelassen und tendieren zur Nachsicht.

5 Aesopus: Er soll um 600 v. Chr. gelebt haben; aus dem kleinasiatischen Küstenbereich stammend und von Geburt an körperlich behindert, soll er als Sklave auf der Insel Samos gedient und die Samier mit Fabeln belehrt haben.

16 mansuetudo: Milde zu zeigen und Geduld zu haben, wurde von vielen Pädagogen als Um und Auf der Erziehung gepriesen. Die Eltern sollten ihre Kinder an ihrer Seite halten, sie auf diesem Weg in den Aufgabenbereich eines Erwachsenen einführen und ihnen mit gutem Beispiel vorangehen.

35 Vertiefung

1. Gliedere die Fabel, untersuche sie auf gattungstypische und untypische Elemente und erläutere die „Moral“ der Geschichte mit eigenen Worten!
2. Was will der Verfasser der Fabel mit ihr zeigen, welchen Erziehungsstil empfiehlt er? Welchen Beitrag muss der Vater leisten?

Die Kinder unterstanden bis zu ihrer Volljährigkeit der väterlichen Gewalt; daher gab es keine gesetzliche Reglementierung der Erziehungsmittel, die bis zu körperlichen Züchtigung reichten. Dies erschien aber vielen Intellektuellen wie auch C. Plinius nicht als probater Weg, um einen jungen Menschen zu formen:

36 text

C. Plinius, Epistulae IX, 12

Ein allzu strenger Vater

C. PLINIUS IUNIORI SUO S.

1 Castigabat[1] quidam filium suum, quod paulo[2] sumptuosius[3] equos et canes emeret. Huic[4] ego iuvene digresso[5]: „Heus[6] tu, numquamne fecisti, quod a patre corripi[7] posset? Fecisti dico! Non interdum facis, quod filius tuus, si repente pater ille[8], tu filius, pari gravitate[9] reprehendat? Non omnes homines aliquo errore ducuntur? Non hic in illo[10] sibi, in hoc alius indulget[11]?“

2 Haec tibi admonitus[12] immodicae severitatis exemplo pro amore mutuo scripsi, ne quando tu quoque filium tuum acerbius[13] duriusque tractares[14]. Cogita et illum puerum esse et te fuisse[15] atque ita hoc, quod es pater[16], utere[17], ut memineris et hominem esse te et hominis patrem! Vale!

1 **1 castigo** 1 zurechtweisen, tadeln **2 paulo**: ein wenig **3 sumptuosus** 3: kostspielig, teuer **4 huic**: erg. dixi **5 digredior** 3M, -gressus sum: weggehen. **6 heus**: höre, Achtung, aufgepasst **7 corripio** 3M: h. tadeln, schelten **8 pater ille**: erg. fiat **9 gravitas**, -atis f.: Schwere, h. Nachdruck, Härte **10 in illo – in hoc**: in jener – in dieser Angelegenheit **11 sibi indulgere**: sich gehen lassen

2 **12 admoneo** 2, -ui, -itum: warnen, belehren **13 acerbus** 3: streng, hart **14 tracto** 1: behandeln **15 te fuisse**: erg. puerum **16 hoc, quod es pater**: die Tatsache, dass du der Vater bist, deine väterliche Gewalt **17 utere** (Imperativ sg. des Dep.): gebrauche, setze ein

Übersetzen

36 Kommentar

C. Plinius Epistulae IX, 12

1 **Terentius Iunior**: gebildeter Freund aus dem Ritterstand; war *procurator provinciae Narbonensis*, der heutigen Provence, zog dann das *otium* dem *negotium* vor und lebte auf seinem Landgut bei Perusia (heute Perugia)

equos et canes: Mit ihnen wurde oft ein großer Aufwand getrieben.

2 **gravitate**: Für Plinius erscheint es *gravis*, hart, dass der Vater den Sohn im Beisein anderer zur Ordnung ruft.

36 Vertiefung

1. Warum baut Plinius wohl eine direkte Rede in einen Brief ein, den er an eine an dem Geschilderten nicht beteiligte dritte Person schickt?
2. Wie begründet Plinius seine Forderung nach Verständnis und Nachsicht gegenüber jungen Menschen? Nimm Stellung zu der Forderung des Plinius! Ist sie auch heute noch berechtigt?

Die Frage, wie man idealerweise Kinder erziehen solle, beschäftigte zahlreiche Autoren der römischen Antike. So stellte etwa der Philosoph und Lehrer des jungen Nero, L. Annaeus Seneca, einige ihm wichtig erscheinende Grundregeln der Erziehung zusammen:

37 Text

L. Annaeus Seneca, de ira II, 21

Erziehungs-Checkliste

21,1 Plurimum, inquam, proderit pueros statim[1] salubriter[2] institui[3]; difficile autem regimen[4] est, quia dare debemus operam, ne aut iram in illis nutriamus[5] aut indolem[6] retundamus[7].

2 Diligenti observatione res indiget[8]; utrumque enim, et quod extollendum[9] et quod deprimendum est, similibus[10] alitur, facile autem etiam adtendentem[11] similia decipiunt.

3 Crescit licentia spiritus[12], servitute[13] comminuitur; adsurgit[14], si laudatur et in spem sui bonam adducitur[15]. Sed eadem ista insolentiam[16] et iracundiam generant: Itaque sic inter utrumque regendus[17] est, ut modo frenis[18] utamur modo stimulis[19].

21,1 **1 statim**: sofort, von allem Anfang an **2 salubriter** (adv.): in heilsamer, förderlicher, vernünftiger Weise **3 instituo** 3: unterweisen, erziehen **4 regimen**, -inis n.: Lenkung **5 nutrio** 4: nähren, fördern **6 indoles**, -is f.: natürliche Begabung **7 retundo** 3: abstumpfen, unterdrücken
2 **8 indigeo** 2 + abl.: bedürfen **9 extollo** 3: heben, fördern **10 similibus**: erg. rebus **11 adtendo** 3: aufmerksam sein; adtendens (subst. part.): einen Aufmerksamen
3 **12 spiritus**, -us m.: Selbstbewusstsein, Schwung, Übermut **13 servitus**, -utis f.: Unterdrückung **14 adsurgo** 3, erg. puer: sich aufrichten, an Motivation gewinnen **15 in spem sui boni adduci**: „in eine gute Hoffnung auf sich selbst geführt werden“ = zum Vertrauen in die eigenen Fähigkeiten veranlasst werden **16 insolentia**, -ae f.: Überheblichkeit, Übermut **17 rego** 3: lenken **18 frenum**, -i n.: Zügel **19 stimuli**, -orum m.: Sporen

4 Nihil humile, nihil servile patiatur; numquam illi necesse sit rogare suppliciter nec prosit roga(vi)sse, potius causae suae[20] et prioribus factis et bonis in futurum promissis donetur[21]!

4 **20 causae suae**: mit gutem Grund **21 donor** 1 + dat.: beschenkt werden für

5 In certaminibus aequalium[22] nec vinci illum patiamur nec irasci; demus operam, ut familiaris[23] sit iis cum quibus contendere solet, ut in certamine adsuescat non nocere velle sed vincere. Quotiens[24] superaverit et dignum aliquid laude fecerit, attolli[25] non gestire[26] patiamur; gaudium enim exultatio[27], exultationem tumor[28] et nimia aestimatio sui[29] sequitur.

5 **22 aequales**, -ium m.: Gleichaltrige **23 familiaris**, -e + dat.: umgänglich mit, fair zu **24 quotiens**: jedesmal, wenn **25 attollor** 3: stärker werden, an Selbstsicherheit gewinnen **26 gestio** 4: übermäßig jubeln **27 exultatio**, -onis f.: Ausgelassenheit **28 tumor**, -oris m.: Aufgeblasenheit, Arroganz **29 nimia aestimatio sui**: übertriebenes Selbstbewusstsein

6 Dabimus aliquod laxamentum[30], in desidiam[31] vero otiumque non resolvemus[32] et procul a contactu deliciarum[33] retinebimus. Nihil enim magis facit iracundos quam educatio mollis et blanda. Ideo unicis[34] quo plus indulgetur[35], pupillisque[36] quo plus licet, corruptior[37] animus est. Non resistet offensis[38], cui nihil umquam negatum est, cuius lacrimas sollicita semper mater abstersit, cui de paedagogo satisfactum est[39].

6 **30 laxamentum**, -i n.: Möglichkeit zur Entspannung **31 desidia**, -ae f.: Faulenzen, Nichtstun **32 resolvo** 3: erschlaffen, verkommen lassen **33 deliciae**, -arum f.: Weichlichkeit, Luxus **34 unicus**, -i m.: Liebling **35 indulgeo** 2: nachsehen, zugestehen, erlauben **36 pupillus**, -i m.: Schutzbefohlener, h. Schätzchen **37 corruptus** 3: verdorben **38 offensa**, -ae f.: Kränkung, Anfeindung, Druck von außen **39 satisfacio** 3M, -feci, -factum: Genugtuung leisten, h. alle Wünsche erfüllen

7 Non vides, ut[40] maiorem quamque fortunam[41] maior ira comitetur? In divitibus et nobilibus et magistratibus praecipue[42] apparet, cum, quidquid leve et inane in animo erat[43], secunda se aura[44] sustulit. Felicitas iracundiam nutrit, ubi aures superbas adsentatorum[45] turba circumstetit: „Tibi enim ille respondeat[46]?“ Non pro fastigio[47] te tuo metiris[48]; ipse te proicis[49]“ et alia, quibus vix sanae et ab initio bene fundatae mentes[50] restiterunt.

7 **40 ut**: wie **41 quaequae maior fortuna**: jeder größere Glücksfall, Zufallstreffer **42 praecipue**: ganz besonders **43 quidquid leve et inane in animo erat**: alles Leichtfertige und Eitle in ihrem Wesen **44 secunda aura**: bei günstigem Wind **45 adsentator**, -oris m.: Schmeichler, Ja-Sager **46 respondeo** 2: entsprechen **47 fastigium**, -i n.: Rang, Niveau **48 metior** 4: messen, einschätzen **49 proicio** 3M: sich zu billig verkaufen **50 mentes bene fundatae**: gut gefestigte Charaktere

8 Longe itaque ab adsentatione[51] pueritia removenda est: Audiat verum! Et timeat interim, vereatur[52] semper, maioribus adsurgat[53]! Nihil per iracundiam exoret: Quod flenti negatum fuerit, quieto offeratur! Et divitias parentium in conspectu habeat, non in usu!

8 **51 adsentatio**, -onis f.: Schmeichelei, ständige Zustimmung **52 vereor** 2: Achtung haben **53 adsurgo** 3 + dat.: sich (als Ehrenbezeugung) erheben vor, respektieren

9 Exprobrentur[54] illi perperam[55] facta. Pertinebit ad rem[56] praeceptores[57] paedagogosque pueris placidos dari: proximis adplicatur[58] omne, quod tenerum[59] est et in eorum similitudinem crescit[60]; nutricum[61] et paedagogorum rettulere[62] mox adulescentium mores.

10 Apud Platonem educatus puer, cum ad parentes relatus vociferantem[63] videret patrem: „Numquam" inquit, „hoc apud Platonem vidi." Non dubito, quin citius patrem imitatus sit quam Platonem.

11 Tenuis[64] ante omnia victus[65] sit et non pretiosa vestis et similis cultus[66] cum aequalibus: Non irascetur aliquem sibi comparari, quem ab initio multis parem feceris.

9 **54 exprobro** 1: vorwerfen **55 perperam**: falsch, verkehrt **56 pertinet ad rem**: es ist wichtig, sinnvoll **57 praeceptor**, -oris m.: Lehrer **58 adplicor** 1 + dat.: sich an etwas angleichen **59 tener** 3: zart, unreif **60 in alicuius similitudinem crescere**: sich ähnlich entwickeln **61 nutrix**, -icis f.: Amme **62 rettulere** = rettulerunt: widerspiegeln; *mores adulescentium rettulerunt mores nutricum*

10 **63 vocifero** 1: schreien

11 **64 tenuis**, -e: bescheiden **65 victus**, -us m.: Ernährung **66 cultus**, -us m.: Kleidung

Abb. 19: Schreibgeräte
Rohr- oder Metallgriffel mit Federspitze wurden beim Schreiben auf Velin (weiches Pergament), Papyrus oder Holz benutzt. Der spitze Stylus war zum Schreiben auf Wachstafeln vorgesehen.

37 Kommentar

L. Annaeus Seneca,
de ira II, 21

Der Text entstammt der Schrift *„de ira"*, in der Seneca den Zorn als einen der gefährlichsten Affekte darstellt, der, wenn man ihm einmal Gewalt über die eigene Seele eingeräumt hat, unkontrolliert anwächst und die Seele aus dem Gleichgewicht bringt. Daher müssen seiner Ansicht nach alle erdenklichen Anstrengungen unternommen werden, um den Jähzorn schon im frühen Kindesalter unter Kontrolle zu halten.

21,1 pueros: Seneca spricht von Knaben, da die Erziehung der Mädchen in der Hand der Mütter lag.
6 laxamentum: Römische Kinder spielten ähnliche Spiele wie die heutigen Kinder. Sie hatten Puppen, spielten mit Kreiseln (*turbo*), Wägelchen, Puppenstuben, Steckenpferden und kannten auch schon Ballspiele und Geschicklichkeitsspiele mit dem Reifen (*trochus*). Zu den häufigsten Beschäftigungen der Kinder gehörten die Nüssespiele. So bedeutete der Ausdruck *nucibus relictis* (die „Nüsse zurück lassen") im übertragenen Sinn so viel wie „erwachsen werden". Mit Nüssen wurde zielgeschossen, sie wurden aufgetürmt, gerollt wie Murmeln etc.
paedagogus: Der Paedagogus, griech. Kinderführer, begleitete den Knaben in die Schule, trug seine Schulsachen und betreute ihn als Erzieher. In der Regel wurden gebildete Sklaven für diese Dienste ausgewählt, mit Vorzug Griechen.
7 turba assentatorum: Seneca scheint besondere Abscheu vor Schmeichlern zu haben und die Schmeichelei für besonders schädlich für eine gesunde Persönlichkeitsentwicklung zu halten. Diese Erkenntnis könnte aus seinen Erfahrungen kommen, die er als Erzieher des jungen Kaisers Nero machen musste. Nero hatte im Jahre 54 n. Chr. mit 16 Jahren den Thron bestiegen und sich in seinen Anfangsjahren von seinen Erziehern Seneca und Burrus so lange zu einer maßvollen Politik motivieren lassen, bis seine charakterlichen Schwächen unter dem Einfluss von Schmeichlern und Opportunisten zum Durchbruch kamen.
8 nutrix: In der frühkindlichen Erziehung wurde der Mutter, der Amme, überhaupt der gesamten Familie eine große Bedeutung zugeschrieben. Anhand dieser Bezugspersonen lernte das Kind die Sitten, Bräuche und Normen der Gesellschaft, in der es aufwuchs, kennen. Es ahmte beobachtete Verhaltensweisen nach und gewöhnte sich mit der Zeit an diese. Man kann zwei Stadien erzieherischer Praxis unterscheiden; nämlich die eine in der Frühzeit des römischen Reiches, in der der Säugling von der Mutter gestillt wurde und in der ersten Zeit bei ihr aufwuchs und eine zweite, in der das Kind einer Magd oder einer Sklavin übergeben wurde, die zur Zeit auch Kinder hatte.
10 Plato: 427–347 v. Chr., Schüler des Sokrates; gründete die Akademie für Philosophie in Athen im Hain des Heros Akademos, einer lokalen Gottheit. Auch in seinen staatstheoretischen Schriften deklariert er seine Vorstellungen von guter Bildung: Lesen, Schreiben, Mythos, Mathematik, Sport, Musik und Philosophie.

37 Vertiefung

1 **a** Welche wichtigen Erziehungsregeln definiert Seneca? Was ist sein Erziehungsziel? Zwischen welchen Extremen muss sich der Erziehende halten?
b Sollen alle Kinder gleich erzogen werden?
c Welchen Schaden kann Strenge anrichten, welchen Milde?

2 Wie viel an Freizeit braucht ein Kind?
Was betrachtet Seneca als sinnvolle Freizeitgestaltung?

3 Welche Maßregeln für Bekleidung und Ernährung von Kindern gibt er und mit welchem pädagogischem Ziel?

4 Welche Anforderungen werden an Eltern und Erziehende gestellt? Welche Abschnitte des Textes könnten – auch infolge ihres sentenzenhaften Stils – als „Merksätze" in Sachen Erziehung verwendet werden?

5 Mit welchen sprachlichen Mitteln verstärkt Seneca seine Aussage?

Abb. 20: Schreibendes Paar

Die schulische Elementar-Erziehung erfolgte in vier wesentlichen Bereichen: Sprache, Mathematik, Sport und Musik, die alle gemeinsam zum erwünschten Erziehungsziel beitragen sollten. Die Schulbildung war ursprünglich nur frei geborenen Kindern finanzkräftiger Eltern zugänglich. Erst ab dem 1. Jh. n. Chr. gab es eine staatliche Unterstützung für Kinder aus weniger wohlhabenden Familien. Die Lernsituation lässt sich mit der heutigen kaum vergleichen. Eigene Schulgebäude im heutigen Sinn gab es nicht. Unterrichtet wurde in Ladenlokalen und Bretterbuden (*tabernae*), in Säulenhallen, an Straßenkreuzungen (*trivium*, daher der Ausdruck „Trivialbildung") oder auf öffentlichen Plätzen. Grund für die ärmliche Ausstattung der „Schulen", in denen die Schüler oft in Gruppen von 20 bis 30 auf Schemeln ohne Bänke rings um den Katheder des Lehrers saßen, war die Tatsache, dass Schulbildung Privatsache war. Schulpflicht gab es nicht. Um den Kindern nun überhaupt eine Elementarbildung zukommen zu lassen und trotzdem wenig Geld auszugeben, sparte man an allen Ecken und Enden, vor allem jedoch am Gehalt des Lehrers und der Ausstattung der Räumlichkeiten.

38 text

D. Iunius Iuvenalis,
Saturae VII, 229–244

Bedauernswerte Lehrer

Rara tamen merces[1], quae cognitione[2] tribuni
non egeat. Sed vos saevas imponite leges,
ut praeceptori verborum regula constet[3],
ut legat historias, auctores noverit omnes,
tamquam ungues[4] digitosque[5] suos, ut forte rogatus,
dum petit aut thermas aut Phoebi balnea, dicat
nutricem[6] Anchisae, nomen patriamque novercae[7]
Anchemoli, dicat quot Acestes vixerit annis[8],
quot Siculi Phrygibus vini donaverit urnas[9].
Exigite, ut mores teneros[10] ceu[11] pollice ducat[12],
ut si quis cera voltum facit. Exigite, ut sit
et pater ipsius coetus[13], ne turpia ludant[14],
ne faciant vicibus[15]: Non est leve tot puerorum
observare manus oculosque in fine trementis[16].
„Haec", inquit, „cura! Sed cum se verterit[17] annus,
accipe, victori populus quod postulat[18], aurum."

229 **1 merces**, -edis f.: Lohn **2 cognitio**, -onis f.: Rechtsentscheid durch den Volkstribun **3 alicui regula verborum constat**: bei jem. sitzen die Regeln der Sprache = er beherrscht sie **4 unguis**, -is f.: Nagel **5 digitus**, -i m.: Finger **6 nutrix**, -icis f.: Amme **7 noverca**, -ae f.: Stiefmutter
235 **8 quot annis**: wie viele Jahre **9 quot urnas vini Siculi**: wie viele Krüge sizilianischen Weins **10 mores teneri**: die zarten Charaktere, Persönlichkeiten **11 ceu**: wie **12 pollice ducere**: mit dem Daumen nachziehen, formen **13 coetus**, -us m.: Schülergruppe, Klasse **14 turpia ludere**: unsittliche Spiele spielen
240 **15 vicibus facere**: es sich gegenseitig machen, sich gegenseitig einen herunterholen **16 tremo** 3: flimmern, treiben **17 se vertere**: sich wenden, vergehen **18 victori (gladiatori) postulare**: für einen siegreichen Gladiator fordern

38 kommentar

D. Iunius Iuvenalis,
Saturae VII, 229–244

229 rara merces: Dem Geiz der Eltern stehen auf der anderen Seite hohe fachliche Ansprüche gegenüber. Die Wahl des Lehrers und seine Bezahlung erfolgte frei nach den Gesetzen von Angebot und Nachfrage aufgrund von Mundpropaganda, nach Prüfung des Preis-Leistungsverhältnisses und der günstigen oder weniger günstigen Lage von dessen „Schule". Der Lehrer musste von seinem Einkommen dem *paedagogus*, der die Kinder in die Schule brachte und sich als eine Art Vermittler verstand, und dem Zahlungsbeauftragten der Familie ein Skonto abgeben.
233 balnea Phoebe: eine der vielen privat betriebenen Badeanstalten in Rom
234 f. Abstruse Spezialfragen, die sämtlich aus der *„Aeneis"* abgeleitet sind. Vergils *„Aeneis"*, die als das Nationalepos schlechthin galt und in den Schulen eifrig studiert wurde, erzählt die Flucht des Aeneas aus dem brennenden Troja und seinen mühevollen Weg nach Italien, wo er den Bestimmungen des Schicksals zufolge der Stammvater eines neuen, glorreichen Volkes, der Römer, werden sollte. Die Amme des Anchises, des Vaters des Aeneas, soll nach Auskunft des Scholiasten Tisiphone geheißen haben. Zu Anchemolus, einem Gefolgsmann des Turnus, und seinem sexuellen Verhältnis zur Stiefmutter vgl. Aen. 10,389. Die Acestes betreffende Frage knüpft an Aen. 5,73 an, wo der König als in reifem Alter stehend (*aevi maturus*) bezeichnet wird. Sein Geschenk von Fässern mit Wein ist in Aen. 1,195 erwähnt.

235 quod postulat victori: Offenbar ist der Siegeslohn eines Gladiators gemeint (500 bzw. 400 Sesterzen = 5 bzw. 4 *aurei)*, den dieser freilich für einen einzigen Sieg erhielt.

38 Vertiefung

1 In welchen Bereichen wird Kompetenz vom Lehrer erwartet? Sieht sich der „Lehrer“, in dessen Rolle Juvenal schlüpft, den Anforderungen gewachsen?

2 Wie macht Juvenal deutlich, dass die Forderungen der Eltern dringlich und massiv sind?

3 Vergleiche diese „Selbstsicht“ eines Pädagogen mit den heute von der Gesellschaft an Lehrer und Lehrerinnen gestellten Erwartungen und Anforderungen.
Gibt es Gemeinsamkeiten? Welcher Bereich der pädagogischen Arbeit, der heute sehr forciert wird, wird in diesem Text gar nicht angesprochen?

Der Unterricht begann sehr früh am Morgen, im Winter noch bei Dunkelheit. Einen typischen Tag im Leben eines Schülers schildert folgende Textstelle, die aus einem Lehrbuch des 2. Jhs. n. Chr. entnommen ist:

39 text

Hermeneumata Pseudodositheana,
Colloquia Monachensia III, 2

Alltag eines Schülers

2 Ante lucem vigilavi[1] de somno; surrexi de lecto, sedi[2], accepi[3] pedules[4], caligas[5]; calciavi[6] me; poposci aquam ad faciem. Lavo primo manus; deinde faciem lavi, extersi[7]; deposui dormitoriam[8]; accepi tunicam; praecinxi[9] me; unxi[10] caput meum et pectinavi[11]. Feci circa collum[12] pallam[13]. Indui[14] me superariam[15] albam[16]; supra induo paenulam[17]. Processi de cubiculo cum paedagogo et cum nutrice salutare patrem et matrem; ambos[18] salutavi et osculatus sum[19]; et sic descendi de domo. Eo in scholam; introivi[20], dixi: „Ave magister“, et ipse me osculatus est et resalutavit. Porrexit[21] mihi puer meus scriniarius[22] tabulas, thecam graphiariam[23], praeductorium[24]. Loco meo sedens deleo[25]. Praeduco[26] ad praescriptum[27]; ut scripsi, ostendo magistro; emendavit, induxit[28]; iubet me legere. Iussus alio dedi.

2 **1 vigilo** 1: aufwachen **2 sideo** 2, sedi, sessum: sich setzen **3 accepi**: (von einem Sklaven) bekommen **4 pedules**, -ium m.: Schuhe **5 caligas**: Apposition, erklärt pedules: nämlich Stiefel **6 calcio** 1: Schuhe anziehen **7 extergeo** 2, -tersi, -tersum: abwischen, abtrocknen **8 dormitoria**, erg. vestis: Schlafhemd **9 praecingo** 3, -cinxi, -cinctum: den Gürtel umbinden **10 unguo** 3, unxi, unctum: salben **11 pectino** 1: kämmen **12 collum**, -i n.: Hals **13 palla**, -ae f.: Überwurf, Umhang **14 se aliquid induere**: sich etw. anziehen **15 superaria**, -ae f.: Stola **16 albus** 3: weiß **17 paenula**, -ae f.: Mantel **18 ambo** (acc. m. ambos): beide **19 osculor** 1: küssen **20 introeo**, -ire, -ii od. -ivi, -itum: eintreten **21 porrigo** 3, -rexi, -rectum: (dar)reichen **22 puer scriniarius**: Schultaschenträger; Sklave, der die Schultasche trug **23 theca graphiaria**: das Pennal; lederne Hülle für die Schreibgriffel **24 praeductorium**, -i n.: Schreibvorlage **25 deleo** 2: löschen **26 praeduco** 3: Linien oder Buchstaben nachschreiben **27 praescribo** 3, -scripsi, -scriptum: vorzeichnen, vorgeben **28 induco** 3, -duxi, -ductum: Geschriebenes in den Wachstafeln ausstreichen

Edisco[29] interpretamenta[30], reddidi[31]. Sed statim dictavit[32] mihi condiscipulus. „Et tu“, inquit, „dicta mihi!“ Dixi ei: „Redde[31] primo“. Et dixit mihi: „Non vidisti, cum redderem prior te?“ Et dixi: „Mentiris, non reddidisti“. „Non mentior. Si verum dicis, dicto“. Inter haec iussu magistri surgunt pusilli[33] ad subductum[34] et syllabas[35] praebuit eis unus de maioribus, alii ad subdoctorem[36] ordine reddunt[37], nomina scribunt, versus scripserunt, et ego in prima classe[38] dictatum excepi[39]. Deinde, ut sedimus, pertranseo[40] commentaria[41], linguas[42], artem[43]. Clamatus ad lectionem[44] audio expositiones[45], sensus[46], personas. Interrogatus artificia[47] respondi. „Ad quem“, dixit. „Quae pars orationis?“ Declinavi[48] genera nominum[49], partivi[50] versum. Ut haec egimus, dimisit ad prandium. Dimissus venio domi. Muto[51], accipio panem candidum, olivas, caseum, caricas[52], nuces. Bibo aquam frigidam. Pransus[53] revertor iterum in scholam. Invenio magistrum perlegentem. Et dixit: „Incipite ab initio.“

29 edisco 3: auswendig lernen **30 interpretamentum**, -i n.: Übersetzung; vom Lateinischen ins Griechische und umgekehrt **31 reddo** 3, -didi, -ditum: wiedergeben, aufsagen **32 dicto** 1: vorsagen, aufsagen **33 pusillus** 3: sehr klein, jung **34 subductum**, -i n.: Grundbegriffe; das „ABC“ **35 syllaba**, -ae f.: Silbe, Alphabet **36 subdoctor**, -oris m.: Unterlehrer, Hilfslehrer **37 ordine reddere**: der Reihe nach aufsagen **38 classis**, -is f.: Klasse **39 dictatum excipere**: die Lektion abhören **40 pertranseo**, -ire, -ii od. -ivi: geistig durchgehen **41 commentarium**, -i n.: Interpretation **42 lingua**, -ae f.: Aussprache **43 ars**, artis f.: Grammatik **44 lectio**, -onis f.: Lektion **45 expositio**, -onis f.: Aufbau **46 sensus**, -us m.: Gedanken, Inhalt **47 artificium**, -i n.: kunstvoller Aufbau **48 declino** 1: deklinieren, beugen **49 nomen**, -inis n.: Nomen, Substantiv **50 partio** 4, partivi, partitum: einteilen, gliedern **51 muto** 1: sich umziehen **52 carica**, -ae f.: die Feige **53 pransus** 3: nach dem Frühstück

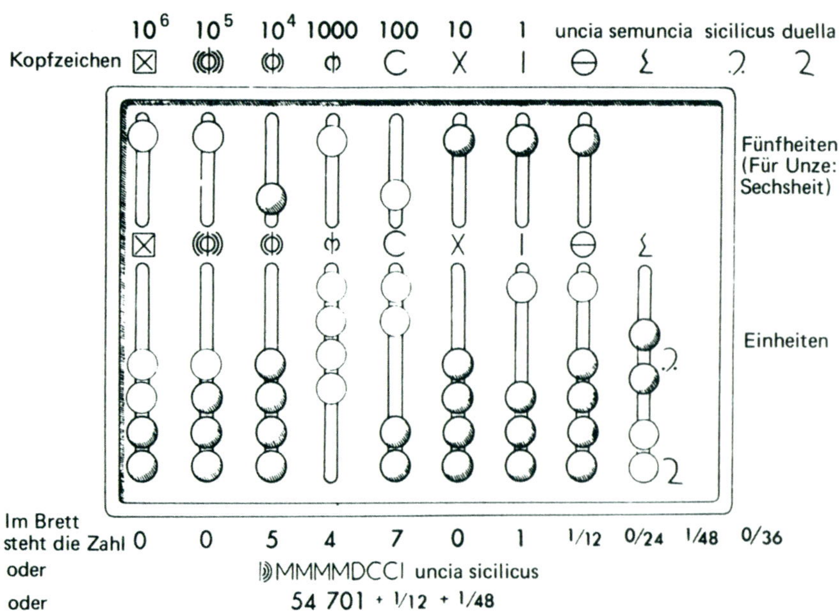

Abb. 21: Abacus

39 Kommentar

Hermeneumata Pseudodositheana,
Colloquia Monachensia III, 2

2 **vigilare**: aufwachen, *vigilavi*, *surrexi*, *sedi*, ... *indui*, *induo*: Das Tempus wechselt häufig; offenbar sollten in diesem Lehrbuchtext vor allem Verben im Präsens und Perfekt eingeübt werden. Es empfiehlt sich, grundsätzlich mit Präsens zu übersetzen.

caligae: Das Oberteil des Schuhs bestand aus Lederriemen, die Zehen waren frei, der restliche Fuß bis an das Schienbein wurde aber von den Lederriemen wie von einem Netz umschlossen und erhielt so guten Halt. Die *caligae* der Soldaten waren durch Nägel an den Sohlen verstärkt. Strümpfe zu tragen war unüblich.

praecingo: Die Tunika wurde meist mit einem Gürtel getragen, durch den sie gerafft werden konnte.

unguo: In republikanischer Zeit trugen die Männer Haare und Bärte kurz; in der Kaiserzeit kam längeres Haar in Mode, das auch geölt wurde.

palla: Umhang, rechteckiges Tuch, das man auch über den Kopf ziehen konnte und das mit einer Spange zusammengehalten wurde.

paenula: Mantel aus einem runden Stück Wollstoff mit einem Loch in der Mitte, etwa bis zu den Knien reichend.

puer scriniarius: Sklave, der die Schultasche trug. Das *scrinium* war eine zylinderförmige Kapsel für das Schreibzeug, bestehend aus Papyrusrollen, Tintenfass, Griffel (aus Gusseisen), Wachstäfelchen.

praeductorium: Täfelchen mit vorgeschriebenen Buchstaben, die der Schüler nachzuzeichnen hatte

loco meo: Tische gab es in der Regel nicht, und während der Lehrer auf einem Stuhl mit Rückenlehne saß, setzten sich die Jungen und Mädchen auf kleine Schemel.

deleo: Was in die Wachstafel eingeritzt war, wurde gelöscht, indem man das Wachs mit dem breiten Ende des Griffels glättete.

carica: getrocknete Feigen aus Karien an der Westküste Kleinasiens

39 Vertiefung

1 Was ist aus diesem Text über das Familienleben in einer wohlhabenden Familie zu erfahren, wer kümmert sich um den Sohn? Wie weit reicht die Betreuung?

2 **a** In welche Abschnitte lässt sich der Schulalltag gliedern? Versuche, die Abschnitte mit einer ungefähren Zeitangabe zu versehen! Vergleiche damit den Tagesablauf eines heutigen Schülers!

b Wie ist das Verhältnis zwischen Lehrendem und Schüler dargestellt?

c Welche Aufgaben hat der Lernende zu bewältigen? Inwiefern arbeiten die Schüler zusammen?

3 Welche Vor- und Nachteile zu einem heutigen Schulbetrieb sind deiner Meinung nach feststellbar?

Die Kinder lernten beim Grundschullehrer (*magister ludi, primus magister, litterator*) Rechnen, Schreiben und laut Lesen nach streng formalistischen Methoden. Das Prestige eines solchen Lehrers war gering, denn bei den Grundschullehrern handelte es sich hauptsächlich um Sklaven und Freigelassene, vielfach aus dem griechischen Osten. Die Lehrinhalte wurden durch Flachreliefs aus Marmor und Landkarten an den Wänden der Schulzimmer, Büsten in den Klassenzimmern, Kugeln, Würfel etc. veranschaulicht. Der Schüler las und schrieb selbst wenig; in der Regel lauschte man dem Lehrervortrag oder Vorlesungen aus Texten wichtiger Schriftsteller. Es wurden aber auch Griffel, Schreibtafeln und Buchrollen verwendet. Der Stoff wurde durch häufiges, auswendiges Wiederholen eingeübt. Die meisten Römer erlernten nach dem Elementarunterricht einen Beruf, in der Regel den väterlichen. Da der Unterricht bezahlt werden musste, konnten sich nur die Wohlhabenderen die weitere Ausbildung leisten.

Das Brüllen der Lehrer, die aufgrund der tristen Schulraumsituation ständig gegen der Lärm der City ankämpfen mussten, war in der ganzen Nachbarschaft einer „Schule“ zu hören, ebenso das laute Buchstabieren der Schüler und ihre Schmerzensschreie, wenn es wieder einmal Prügel setzte, wie M. Valerius Martialis in einem seiner Epigramme beschreibt:

40 text

M. Valerius Martialis,
Epigrammata IX, 68

Ruhestörung

Quid tibi nobiscum est, ludi[1] scelerate magister,
invisum[2] pueris virginibusque caput?
nondum cristati[3] rupere[4] silentia galli[5]:
murmure[6] iam saevo verberibusque[7] tonas[8].
tam grave[9] percussis[10] incudibus[11] aera resultant[12],
causidicum[13] medio cum faber[14] aptat equo[15]:
mitior[16] in magno clamor furit[17] amphitheatro,
vincenti parmae[18] cum sua turba favet[19].
Vicini somnum – non tota nocte – rogamus:
nam vigilare[20] leve est, pervigilare[21] grave est.
discipulos dimitte tuos. Vis, garrule[22], quantum[23]
accipis, ut clames, accipere ut taceas?

1 **1 ludus**, -i m.: (Grund-)Schule **2 invisus** + dat.: verhasst bei **3 cristatus** 3: mit hoch ragendem Kamm **4 rupere** = ruperunt **5 gallus**, -i m.: Hahn **6 murmur**, -uris n.: Grummeln, Schimpfen **7 verbera**, -um n.: Prügel **8 tono** 1: donnern, lärmen
5 **9 gravis**, -e: h. laut **10 percutio** 3M, -cussi, -cussum: schlagen **11 incus**, -udis f.: Amboss **12 resulto** 1: erschallen **13 causidicus**, -i m.: Rechtsanwalt **14 faber**, -i m.: Schmied **15 medio equo**: in der Mitte des Pferdes = auf dem Rücken **16 mitis**, -e: sanft, leise **17 furio** 3M, -is, -ere: toben **18 parma**, -ae f. (pars pro toto): Schild, h. Gladiator **19 faveo** 2: zujubeln
10 **20 vigilo** 1: wachen **21 pervigilo** 1, erg. per totam noctem: durchwachen **22 garrulus**, -i m.: Schwätzer **23 quantum**: ebensoviel (Geld) wie

Abb. 22: Schriftrollen

40 Kommentar

M. Valerius Martialis,
Epigrammata IX, 68

1 **ludi scelerate magister**: Im Prinzip konnte jeder, der sich zum Lehren befähigt fühlte, eine Schule gründen und um Schüler werben. In der Wahl der Erziehungsmittel war er nicht eingeschränkt, so kam es vor, dass Lehrer ihre Schüler auch prügelten.

4 **tonas murmure**: Der Lehrer mietete sich in zentraler Lage einen Raum, der zur Straße oder zum Forum hin offen war oder sich durch einen leichten Vorhang ein wenig abschirmen ließ.

6 **causidicum medio faber aptat equo**: Erfolgreiche Gerichtsredner ließen von sich Reiterstatuen anfertigen, um sie in den Vorhallen ihrer Häuser aufzustellen.

8 **vincenti parmae favet**: Wenn bei den Gladiatorenspielen die *parmularii* (Kleinschildler), die gegenüber den *scutarii* (*Großschildler*) benachteiligt waren, den Sieg in einem Kampf davontrugen, wurden sie von ihren Anhängern mit besonderem Applaus bedacht.

11 f. **quantum accipis**: Das Ansehen des Lehrberufs, den oft Freigelassene oder Sklaven ausübten, war in der Gesellschaft sehr gering, wie überhaupt Lohnarbeit in der römischen Gesellschaft einen sehr geringen Stellenwert hatte. Der Verdienst eines Lehrers war so niedrig, dass er sich oft mit einem Nebenberuf über Wasser halten musste.

40 Vertiefung

1 **a** Gliedere das Gedicht: In welchen Versen wird der Lehrer angesprochen, in welchen Versen bezieht sich der Autor mit ein?

b Welchem Sachfeld lassen sich sehr viele Wörter des Gedichts zuordnen?

2 Welche Eigenschaften entdeckt Martial an diesem seinem Nachbarn? Mit welchen Bildern werden diese verdeutlicht? Was stört Martial an ihm?

3 Woraus wird ersichtlich, dass er wohl nicht gerade der geborene Erzieher war? Wie lang hält er offensichtlich Unterricht?

4 Welche anderen Lärmquellen in der lauten Hauptstadt stören Martial noch?

Abb. 23: Sarkophag eines Knaben mit Szenen aus der Kindheit

Wenn auch die Prügelstrafe zum üblichen Kanon der Erziehungsmittel gehörte, wurde übertriebene Härte bereits in der Antike vielfach kritisiert. So forderte etwa der römische Rhetoriklehrer des 1. Jhs. n. Chr. M. Fabius Quintilianus die Kontrolle der Lehrenden und ihrer Methoden und machte sich Gedanken über die individuelle Behandlung und Förderung unterschiedlicher Lerntypen:

41 text

M. Fabius Quintilianus,
Institutio oratoria I, 3, 1–4, 6–7

Kein Kind gleicht dem anderen

3,1 Tradito sibi puero docendi peritus[1] ingenium eius in primis naturamque perspiciet. Ingenii signum in parvis[2] praecipuum[3] memoria est: eius duplex virtus[4], facile percipere[5] et fideliter continere[6]. Proximum imitatio[7]: nam id quoque est docilis naturae[8], sic tamen ut ea, quae discit, effingat[9], non habitum forte et ingressum[10] et si quid in peius notabile[11] est.

2 Non dabit mihi spem bonae indolis[12], qui hoc imitandi studio petet[13], ut rideatur. Nam probus[14] quoque in primis erit ille vere ingeniosus[15]. Alioqui non peius duxerim[16] tardi esse ingeni[17] quam mali: Probus autem ab illo segni[18] et iacente[19] plurimum aberit.

3 Hic meus, quae tradentur[20], non difficulter accipiet, quaedam etiam interrogabit: Sequetur tamen magis quam praecurret. Illud ingeniorum velut praecox genus[21] non temere[22] umquam pervenit ad frugem.

4 Hi sunt, qui parva facile faciunt et audacia provecti[23], quidquid illud possunt, statim ostendunt, possunt autem id demum, quod in proximo[24] est: verba continuant, haec vultu interrito, nulla tardati[25] verecundia[26] proferunt: non multum praestant[27], sed cito.

[...]

6 Haec cum animadverterit, perspiciat[28] deinceps, quonam modo tractandus sit discentis animus. Sunt quidam, nisi institeris[29], remissi[30], quidam imperia indignantur[31], quosdam continet[32] metus,

3,1 **1 docendi peritus**: ein erfahrener Lehrer **2 parvi**: erg. Kinder **3 signum praecipuum**: Hauptkennzeichen **4 virtus**, -tis f.: Leistung **5 percipio** 3M, -cepi, -ceptum: aufnehmen, begreifen **6 contineo** 2: behalten, speichern **7 imitatio**, -onis f.: Nachahmungstrieb **8 docilis naturae est** (gen. poss.): es ist ein Zeichen einer guten Begabung zum Lernen **9 effingo** 3: nachbilden, nachvollziehen **10 habitus et ingressus**: Äußerlichkeiten, äußere Haltung und Gang **11 si quid in peius notabile est**: wenn etwas unangenehm auffällt

2 **12 indoles**, -is f.: Begabung, Anlage **13 peto** 3: auf etwas abzielen, zu erreichen versuchen **14 probus** 3: seriös, ernsthaft **15 ingeniosus** 3: talentiert **16 non peius duxerim** (coni. pot.): möchte es als weniger schlimm bezeichnen **17 tardi ingenii esse**: von trägem Wesen sein, schwer von Begriff sein **18 segnis**, -e: träg **19 iacens**: niedergeschlagen, mutlos

3 **20 quae tradentur**: was ihm vermittelt wird **21 velut praecox genus ingeniorum**: die, um es so zu sagen, überstürzte Art von Begabung **22 non temere** (adv.): kaum jemals

4 **23 provehor** 3, -vectus sum: vorankommen **24 in proximo**: naheliegend **25 tardo** 1: hemmen **26 verecundia**, -ae f.: Scheu, Hemmung **27 praesto** 1: leisten

6 **28 perspiciat**: erg. magister **29 insisto** 3, -stiti: drängen, antreiben **30 remissus** 3: nachlässig **31 indignor** 1: sich auflehnen gegen **32 contineo** 2: in Schranken halten

quosdam debilitat, alios continuatio[33] extundit[34], in aliis plus impetus facit. Mihi ille detur puer quem laus excitet, quem gloria iuvet, qui victus fleat.

7 Hic erit alendus ambitu[35], hunc mordebit obiurgatio[36], hunc honor excitabit, in hoc desidiam[37] numquam verebor.

33 continuatio, -onis f.: Regelmäßigkeit, ständige Wiederholung **34 extundo** 3: abstumpfen

7 **35 ambitu alere**: mit Ehrgeiz nähren = beim Ehrgeiz packen **36 obiurgatio**, -onis f.: Kritik **37 desidia**, -ae f.: Trägheit

41 Kommentar

M. Fabius Quintilianus,
Institutio oratoria I, 3, 1–4, 6–7

Quintilian: ein Rhetorikprofessor des 1. Jhs. n. Chr., behandelt in seiner „*Institutio Oratoria*" die Ausbildung zum Redner; demgemäß ist seine ideale Schülerpersönlichkeit in erster Linie als talentierter Redner zu denken. Quintilian entwickelte dabei aber ein wohl durchdachtes Bildungskonzept: Der Lehrer soll Vater und Freund seiner Schüler und in seinem Verhalten Vorbild sein. Der Schüler darf in seiner Würde nicht gekränkt werden, Kritik soll aufbauen, nicht verletzen. Er lehnt Prügelstrafe entschieden ab und sieht wirksamere Erziehungsmittel wie Lob, Liebe zum Lehrer und – bei älteren Schülern – Weckung von Begeisterung für die Sache als angebracht. Der Lehrer sollte in seinen Unterrichtsmethoden vielseitig sein und sich nach den Begabungen der Schüler und nach den Gegenständen richten.

1 **docendi peritus**: Der Rhetor (Redelehrer) nahm einen höheren sozialen Rang ein als die Unterstufenlehrer; er wurde besser bezahlt. Er lehrte auch in zentraler Lage, in einer Säulenhalle bzw. einem Saal, nicht nur in einem offenen Raum. Rhetoren waren erst Privatlehrer, sie wurden in späterer Zeit auch vom Staat angestellt. Oft wurde allerdings die Praxisferne der rhetorischen Ausbildung kritisiert, z. B. durch Seneca: „*Non vitae, sed scholae discimus*" („Wir lernen nicht für das Leben, sondern für die Schule").

41 Vertiefung

1 **a** Welche Typen von Lernenden differenziert Quintilian? Was sind seine Kriterien?

b Besteht die Gefahr, dass der erste Eindruck, den man von einem Schüler gewinnt, täuscht?

2 Welche Schülerpersönlichkeit ist ihm am willkommensten?

3 Welche Förderung benötigen die einzelnen Typen?

4 Sind Quintilians bildungstheoretische Ansätze auch heute noch stimmig?

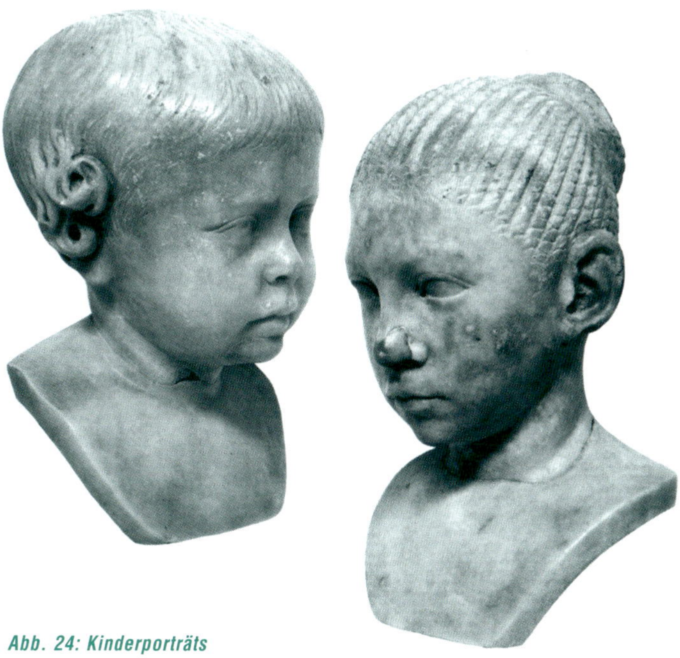

Abb. 24: Kinderporträts

42 text

M. Fabius Quintilianus,
Institutio oratoria I, 3, 14–17

Wie sinnvoll ist Gewalt in der Erziehung?

3,14 Caedi vero discentis, quamlibet id receptum sit[1] et Chrysippus non improbet, minime velim, primum quia deforme[2] atque servile[3] est et certe (quod convenit[4], si aetatem mutes) iniuria: deinde quod, si cui tam est mens inliberalis[5], ut obiurgatione[6] non corrigatur, is etiam ad plagas ut pessima quaeque mancipia[7] durabitur[8]: postremo quod ne opus erit[9] quidem hac castigatione si adsiduus studiorum exactor[10] adstiterit.

15 Nunc fere neglegentia paedagogorum sic emendari[11] videtur ut pueri non facere, quae recta sunt, cogantur, sed cum non fecerint, puniantur. Denique cum parvulum[12] verberibus coegeris[13], quid iuveni facias, cui nec adhiberi[14] potest hic metus et maiora discenda sunt?

16 Adde quod[15] multa vapulantibus[16] dictu deformia[17] et mox verecundiae futura[18] saepe dolore vel metu acciderunt, qui pudor frangit animum et abicit[19] atque ipsius lucis fugam et taedium[20] dictat.

17 Iam si minor[21] in eligendis custodum et praeceptorum[22] moribus fuit cura, pudet dicere[23] in quae probra nefandi homines isto caedendi iure abutantur[24], quam det[25] aliis quoque nonnumquam occasionem hic miserorum metus. Non morabor in parte hac: Nimium[26] est, quod intellegitur. Quare hoc dixisse satis est: In aetatem[27] infirmam et iniuriae obnoxiam[28] nemini debet nimium licere.

3,14 **1 receptum est**: es ist üblich, Tradition **2 deformis**, -e: hässlich **3 servilis**, -e: sklavisch, demütigend **4 convenit** (impers.): es ist einsichtig, nachvollziehbar **5 inliberalis mens**: niedrige Gesinnung **6 obiurgatio**, -onis f.: Kritik **7 pessima quaeque mancipia**: die übelsten Sklaven **8 ad plagas durari**: bei Schlägen verstockt werden **9 opus est** + abl.: eine Sache ist nötig, es bedarf einer Sache **10 si adsiduus exactor adstiterit** (coni. pot.): falls jemand ihm beisteht, der ihn konsequent fordert

15 **11 emendo** 1: korrigieren **12 parvulus** 3 (deminutiv): ein ganz kleines Kind **13 coegeris, facias** (coni. pot.): sollte man zwingen …, was könnte man machen **14 adhibeo** 2: einsetzen

16 **15 adde quod**: dazu kommt noch **16 vapulo** 1: geprügelt werden **17 dictu deformis**: hässlich zu sagen **18 verecundiae esse**: Scham bereiten, beschämen **19 animum abicere**: verzagt machen, den Mut nehmen **20 taedium lucis**: Lebensüberdruss

17 **21 minor cura**: zu geringe Sorgfalt **22 custodes et praeceptores**: Erzieher und Lehrer **23 pudet dicere**: es beschämt mich = ich schäme mich fast zu sagen **24 iure abuti in probra**: das Recht zu skandalösen Taten missbrauchen **25 quam det**: *occasionem, quam metus miserorum aliis quoque det* **26 nimium**: zu viel **27 aetas**, -atis f.: h. Jugend **28 obnoxius** 3: ausgeliefert

42 Kommentar

M. Fabius Quintilianus,
Institutio oratoria I, 3, 14–17

3,14 Chrysippus: stoischer Philosoph um 280–205 v. Chr., Schüler des Zenon
adsiduus exactor: Ständige Betreuung ist auch für Quintilian ein wichtiges Mittel zur erfolgreichen Erziehung.
17 mores custodum et praeceptorum: Quintilian bezeichnet es als wichtige Verantwortung der Eltern, für ihre Kinder integre Persönlichkeiten als Erzieher auszuwählen.

42 Vertiefung

1. Welche Argumente gegen die Prügelstrafe findet Quintilian? Ließen sich noch weitere hinzufügen?
2. Welche Wirkung hat körperliche Züchtigung auf die Jugendlichen? Ist die Prügelstrafe ein brauchbares Mittel, um das Verhalten eines Jugendlichen dauerhaft zu verbessern?
3. Warum setzen Erziehende nach Quintilians Meinung die Prügelstrafe ein?
4. Welche Stilmittel setzt Quintilian zur Illustration seines Plädoyers gegen die Prügelstrafe ein? Welcher Satz könnte als Merkspruch bezeichnet werden, der den Inhalt des gesamten Textes zusammenfasst?

Ob es in Rom so etwas wie Schulferien gegeben hat, ist umstritten. Wahrscheinlich war die Zahl der freien Tage im Laufe eines Schuljahres erheblich geringer als heute. Da es keine staatlichen Regelungen der freien Tage gab, dürfte es zu individuellen Vereinbarungen der zahlenden Elternschaft mit dem jeweiligen Lehrer gekommen sein. Ein Epigramm Martials empfiehlt einem übereifrigen Schullehrer, den Kindern von Juli bis Oktober frei zu geben und sich durch diese ausgedehnten Ferien beliebt zu machen:

43 Text

M. Valerius Martialis,
Epigrammata X, 62

„Schülerkeilen" mithilfe langer Ferien

Ludi magister[1], parce simplici turbae:
Sic te frequentes audiant capillati[2]
et delicatae[3] diligat chorus[4] mensae,
nec calculator[5] nec notarius[6] velox
maiore quisquam circulo coronetur[7].
Albae leone flammeo[8] calent[9] luces
tostamque[10] fervens Iulius coquit[11] messem.
Cirrata[12] loris horridis[13] Scythae pellis[14],
qua vapulavit[15] Marsyas Celaenaeus,
ferulaeque[16] tristes, sceptra paedagogorum,
cessent[17] et Idus dormiant in Octobres:
Aestate pueri si valent, satis discunt.

1 **1 ludi magister**: Grundschullehrer **2 capillatus**: mit langem Haarschopf, h. die Kinder **3 delicatus** 3: hübsch, reizvoll **4 chorus**, -i m.: Reigen **5 calculator**, -oris m. Rechenlehrer **6 notarius**, -i m.: Schnellschreiber, Stenograf
5 **7 corono** 1: umgeben **8 leo flammeus**: der glutheiße Löwe (Sternbild des Löwen) **9 caleo** 2: glühen **10 tostus** 3: geröstet, h. sonnengedörrt **11 coquo** 3: kochen, h. reif machen **12 cirratus** 3 fransig, rau **13 lorum horridum**: grober Riemen **14 pellis** -is f.: Leder **15 vapulo** 1: geschlagen werden
10 **16 ferula**, -ae f.: Rute **17 cesso** 1: h. Pause machen

43 Kommentar

M. Valerius Martialis,
Epigrammata X, 62

2 capillati: Jüngeren Kindern wurden die Haare noch nicht kurz geschnitten.
2 audiant: Gemeint ist: Nach den Ferien soll er zahlreiches Publikum haben.
4 notarius: Ciceros Sekretär Tiro hatte ein Kurzschriftsystem entwickelt (*notae Tironianae*). Der *notarius* bot seine Dienste in der Öffentlichkeit an und konnte für Schreibaufträge angemietet werden.
6 leo flammeus: Die Hochsommerzeit, die unter dem Sternbild des Löwen steht, war in Rom sehr drückend und das Klima galt als ungesund. Wer es sich leisten konnte, verließ die Stadt und zog sich in eine Villa an den Hängen der umliegenden Gebirgszüge oder in mondäne Seebäder wie Baiae in Kampanien zurück.
8–10 cirrata loris horridis ...: Mit Peitschen aus skythischem Leder wurden schwere Vergehen, mit der Rute leichtere bestraft.
10 Marsyas: Satyr, der sich die von Athene erfundene und wieder weggeworfene Flöte – sie hatte den Eindruck, ihr Gesicht werde beim Blasen des Instruments entstellt – aneignete und sie so meisterlich spielte, dass er sich auf einen Wettkampf mit Apoll einließ. Der Gott siegte, weil er zu seinem Spiel auf der Lyra auch singen konnte, und zog dem Unterlegenen bei lebendigem Leib die Haut ab. Hier ist auch davon die Rede, dass Marsyas vor der Schindung gegeißelt wurde. Der Ort des grausigen Geschehens war die Stadt Kelainai (Celaenae) in Phrygien am (dort entspringenden) Fluss Marsyas.
11 ad idus Octobres: bis zum 15. Oktober. Die Römer gliederten den Monat mit Hilfe von Fixtagen, den Kalenden (zu Monatsbeginn), den Nonen und den Iden (13. bzw. 15. des Monats).

43 Vertiefung

1 Welche Dinge bezeichnet Martial als Handwerkszeug des Lehrers? Wie beschreibt er die Schüler? Welche Wirkung erzielt er dadurch?

2 Welches Interesse könnte der Lehrer haben, während der Sommerhitze zu unterrichten? Warum nimmt sich Martial wohl des Themas an?

Im Alter von 11 oder 12 Jahren war die Schulzeit für die meisten der römischen Kinder zu Ende. In den vier Jahren der Elementar-Schule hatten sie – mit Glück – einigermaßen lesen, schreiben und rechnen gelernt, so wie der Freigelassene Trimalchio in C. Petronius Arbiters Sittenroman *„Satyricon"*:

44 Text

C. Petronius Arbiter,
Satyricon 58,7

Minimalbildung

58,7 Non didici geometrias, critica[1] et alogas[2] menias[3], sed lapidarias[4] litteras scio, partes centum[5] dico ad aes, ad pondus, ad nummum. Ad summam[6], si quid vis, ego et tu sponsiunculam[7]: Exi, defero[8] lamnam[9]. Iam scies patrem tuum mercedes perdidisse, quamvis[10] et rhetoricam scis.

58,7 **1 critica**, -orum n.: Literaturkritik **2 alogus** 3: verrückt, blödsinnig **3 menias**: solchen Blödsinn wie „Vom Zorn ..." **4 lapidarius** 3: aus Stein **5 partes centum**: 100 Teile, Prozent **6 ad summam**: kurz und gut **7 sposiuncula**, -ae f.: kleine Wette **8 defero** 3: setzen **9 lamna**, -ae f.: Mäuse, Geld, Piepen **10 quamvis**: obwohl, wie sehr auch

44 Kommentar

58,7 menias: acc. Verballhornung des griech. *menin* (Zorn), des ersten Wortes der „*Ilias*“, die eine Episode aus dem Krieg um Troja schildert und den nahen Untergang der Stadt und des griechischen Helden Achilleus in Aussicht stellt. Die Geschichte erzählt von Achilleus, der sich nach einer Demütigung durch den Heerführer Agamemnon beleidigt aus dem Kampf zurückgezogen hatte, wohl wissend, dass die Griechen seine Kraft benötigten, um erfolgreich gegen die Trojaner bestehen zu können. Die „*Ilias*“ und die „*Odyssee*“ wurden im Unterricht intensiv bearbeitet und auswendig gelernt.

44 Vertiefung

1 Worauf kommt es im Leben und damit auch in der Ausbildung nach der Meinung Trimalchios an? Welches Bildungskonzept scheint der Gesprächspartner vorgegeben zu haben?

2 Wie spiegeln sich die Lebenseinstellung und die Ausbildung des Sprechers in dessen Sprache?

Ab 12 oder 13 Jahren blieben die Mädchen der Oberschicht zum gesonderten Unterricht zu Hause. Das bedeutete keineswegs, dass die römischen Frauen weniger gebildet waren als die Männer. Im Gegenteil, die weibliche Jugend konnte der Aneignung des Wissens mehr Zeit widmen und nutzte sie. Viele zeitgenössische Kritiker hielten die Römerinnen – die durchaus ihr Licht nicht unter den Scheffel stellten – für besser unterrichtet als ihre männlichen Partner.

Der folgende Ausschnitt aus **Lindsey Davis'** Roman **„Eine Jungfrau zuviel“** soll einen Eindruck von den Lebensumständen eines behüteten Mädchens in einem römischen Bürgerhaus vermitteln:

> Ich nahm den Raum in mich auf. Hier herrschte ein größeres Durcheinander als in allen Räumen, die ich bisher durchsucht hatte. Ich hatte Gaia in ihrer feinen Aufmachung gesehen. Es gab eine offene Truhe voll mit ähnlich schicken Kleidungsstücken: Kleider und Unterkleider, kleine Sandalen mit hübschen Riemchen, bunte Gürtel und Stolen, Umhänge in Kindergröße. Ein Gewirr aus Perlen und Armreifen – keine billigen Nachahmungen, sondern echtes Silber und Halbedelsteine – lag in einer Schale auf einem kleinen Beistelltisch. Ein Sonnenhut hing an einem Haken an der Tür.
>
> Gaia besaß zu ihrer Unterhaltung viel Spielzeug, das meine Iulia fröhlich durch die Gegend gefeuert hätte: Puppen aus Holz, Keramik und Stoff, mit Federn und Bohnen gefüllte Bälle, einen Reifen, Spielzeugpferde und Karren und einen Miniaturbauernhof. Alles von guter Qualität, hervorragende Handwerksarbeit, nicht das zurechtgeschnitzte Zeug, mit dem sich die Kinder in meiner Familie abfinden mussten. Die Puppen saßen in einer Reihe auf einem Bord. Der Bauernhof war jedoch auf dem Boden aufgestellt, mit allen Tieren, als hätte das Kind, das damit spielte, nur vorübergehend das Zimmer verlassen.
>
> Als sie den von ihrer kleinen Tochter so sorgfältig aufgebauten Bauernhof sah, verschlug es Caecilia Paeta kurz den Atem, obwohl sie es zu verbergen suchte. Sie verschränkte die Arme und presste sie an sich, als wollte sie ihre Gefühle resolut unterdrücken.
>
> Ich hatte sie gebeten, an der Schwelle stehen zu bleiben. „Schauen Sie sich jetzt bitte sorgfältig um. Ist alles so, wie Gaia es normalerweise hatte? Kommt Ihnen irgendwas anders vor? Nicht an seinem Platz?“
>
> Sie sah sich aufmerksam um und schüttelte dann rasch den Kopf. Bei den vielen Schätzen, die Gaia besaß, würde es schwer fallen, eine Veränderung zu bemerken. Ich betrat den Raum und begann mit meiner Suche.
>
> Die Möbel waren bescheidener als die persönlichen Besitztümer des Kindes und konnten sogar zum Inventar gehören. Es gab nur wenige Öllampen und Kissen und verschiedene Einbauschränke. In einem speziell dafür entworfenen Alkoven stand ein schmales Kinderbett, bedeckt mit einem karierten Überwurf. Ich sah ins Bett und darunter, dann in die Schränke, wo ich noch mehr Spielzeug, Schuhe und einen unbenutzten Nachttopf fand. Ein länglicher Holzkasten von normaler Größe und Qualität enthielt einen Spiegel, Kämme, Haarnadeln, Manikürgeräte an einem Silberring und aufgerollte Haarbänder.

Ich hielt einen einzelnen knöchelhohen Stiefel hoch, den ich unter dem Bett gefunden hatte, und fragte: „Wer kauft das ganze Spielzeug?"

„Verwandte." Caecilia Paeta durchquerte das Zimmer und machte sich an dem Bettüberwurf zu schaffen. Sie sah aus, als würde sie gleich in Tränen ausbrechen.

„Jemand Bestimmtes?" „Jeder kauft ihr Sachen", antwortete sie mit einer ausholenden Geste und räumte damit ein, dass Gaia mit Luxusdingen überschüttet wurde. Ich hatte Verständnis dafür. Das einzige Kind einer begüterten Familie und dazu, wie ich gesehen hatte, auch noch niedlich. [...]

Gaias Kindermädchen bot einen ganz besonderen Anblick – eine kleine, stämmige, dunkelhäutige, haarige Sklavin aus irgendeiner zweifelhaften Gegend im Osten. Sie sah aus, als würde sie von behosten Bogenschützen abstammen, die ohne Sattel ritten und hinterhältig nach hinten schossen. Ja, auch wenn ich versuchte, nicht zu unfreundlich zu sein, wirkten ihre Gesichtszüge, als wäre sie selbst die Tochter eines Pferdes.

Ihr Aussehen widersprach ihrem verschüchterten Wesen. Als Barbarin war sie eine Null. Ohne es erlebt zu haben, vermochte ich mir genau vorzustellen, wie eine Sechsjährige mit Mumm in den Knochen diese Schönheit hier herumschubsen konnte. Sie in der Speisekammer einzusperren, wäre gar nicht nötig gewesen. Ich wettete, Gaia Laelia hätte dem Mädelchen befehlen können, sechs Stunden reglos auf einer Distel zu hocken, und das arme Ding wäre zu verängstigt gewesen, sich dem zu widersetzen.

„Ich weiß nichts!" Ihr Akzent war so dick, dass die Kinder in meiner Familie ihn wochenlang begeistert nachgemacht hätten und jedes Mal wieder in hysterisches Gelächter ausgebrochen wären. Selbst ohne Publikum konnte Gaia sie bestimmt grausam nachahmen. Und das Kindermädchen damit zum Weinen bringen.

Sie war verprügelt worden, was man an den frischen Blutergüssen sah. Nachdem Gaia gestern vermisst worden war, hatten bestimmt mehrere Leute versucht aus dem Mädchen Antworten herauszuquetschen.

Lindsey Davis, Eine Jungfrau zuviel, übers. von S. Aeckerle, München: Knaur 2002, S. 237 ff.

Knaben, deren Eltern es sich leisten konnten, rückten in die Klassen des *grammaticus* auf, der griechische und lateinische Grammatik, Geschichte, Geografie und Astronomie lehrte. Als Schulbücher benutzte man die großen Werke der Literatur (Homer, Ennius, Vergil), von denen große Partien auswendig gelernt wurden. Auch zeitgenössische Dichter wurden in den Unterrichtskanon an pädagogisch wertvollen Werken aufgenommen.

Zur Abrundung der Bildung, bei der Philosophie noch völlig fehlte, gehörte für die Oberschicht eine Bildungsreise nach Griechenland von oft mehr als einem Jahr; man besuchte klassische Stätten und folgte zeitweise dem Unterricht eines griechischen Philosophen oder Rhetors.

Die Menge der jungen Leute senatorischen Standes ging dann über den Waffendienst in die Politik; für das Fortkommen dort waren Fähigkeiten entscheidend, die nicht in der Schule erlernbar sind.

Nur wenige spezialisierten sich weiter, indem sie sich bei den besten Juristen der Zeit, die ja der eigenen Gesellschaftsschicht angehörten, theoretische Kenntnisse und praktische Erfahrungen erwarben und so selber *iuris consulti*, Rechtskundige, wurden, was selbst in der Kaiserzeit noch von großem Nutzen für die politische Laufbahn war. An der Spitze der römischen Bildung stand also die praktische Rechtswissenschaft, die zum dauerhaftesten Kulturerbe Roms werden sollte. Philosophie und andere Geisteswissenschaften haben in Roms führender Gesellschaft eine Nebenrolle gespielt, aber die beim Rhetor erworbenen literarischen Fähigkeiten sind auch für den Mann der Praxis von Bedeutung geworden, denn ein guter Teil der römischen Geschichtsschreibung lag traditionell in den Händen der Senatoren – es genügt, an den älteren Cato, an Cäsar und Tacitus zu erinnern.

Der nordafrikanische Schriftsteller Apuleius, der Verfasser des Romans „Der goldene Esel", fasste einmal den ganzen römischen Bildungsweg und seine Ziele in folgenden Worten zusammen:

Der *litterator* [...] macht den Anfang und bearbeitet den Rohzustand unseres Geistes. Dann kommt der *grammaticus*, der uns mit vielerlei Wissen schmückt, und schließlich der *rhetor*, von dem wir die Waffe der Beredsamkeit empfangen.

Teil V

Rechtloses Besitztum – Sklaven

Die römische Wirtschaft basierte in hohem Maße auf der Arbeitskraft von Sklaven (*servi, mancipia*), denn Lohnarbeit genoss wenig Ansehen und wurde daher von Angehörigen höherer Schichten nicht ausgeführt. Die Schätzungen, wie groß die Zahl der Sklaven war, sind unterschiedlich: Man nimmt an, dass zwischen 100 v. Chr. und 100 n. Chr. etwa ein bis zwei Millionen Sklaven – bei ca. fünf bis sechs Millionen Freien und Bürgern – in Italien lebten. Die meisten Sklaven arbeiteten in Handwerksbetrieben, aber auch Ärzte, Lehrer und Sekretäre waren in vielen Fällen Unfreie. Familien der Oberschicht beschäftigten Dutzende von Sklaven, ja es wird sogar in manchen Fällen von mehreren Hundert berichtet. Dem Haushalt einer Mittelschichtfamilie gehörten etwa ein bis drei Sklaven an.

Die Lebensverhältnisse waren sehr unterschiedlich: Sklaven in einem reichen Haus ging es besser als vielen freien Bauern, weitaus schlechter lebten dagegen Sklaven auf Landgütern, in Bergwerken oder gar als Ruderer auf Galeeren. Sklaven, die in Mühlen, Manufakturen und Bergwerken arbeiteten, hatten infolge unerträglicher Arbeitsbedingungen nur eine geringe Lebenserwartung. Trotz alledem wurde die Sklaverei von der römischen Gesellschaft nicht in Frage gestellt. Auch die christlichen Autoren der frühen Kirche akzeptierten mit wenigen Ausnahmen die Institution der Sklaverei. Juristisch betrachtet waren Sklaven eine „Sache" (*res*) und gehörten zum Eigentum ihres Herrn. Die wichtigsten Gründe für eine Zugehörigkeit zum Sklavenstand waren Geburt durch eine Sklavin und Kriegsgefangenschaft.

45 text

Aelius Marcianus,
Institutiones I, 5, 5

Wie wird man Sklave?

5,5 Servorum quidem una est condicio[1]; liberorum autem hominum[2] quidam ingenui[3] sunt, quidam libertini[4]. Servi autem in dominium[5] nostrum rediguntur aut iure civili[6] aut gentium[7]: iure civili, si quis se maior viginti annis ad pretium participandum[8] venire[9] passus est; iure gentium[7] servi nostri sunt, qui ab hostibus capiuntur aut qui ex ancillis nostris nascuntur. Ingenui[3] sunt, qui ex matre libera nati sunt: sufficit[10] enim liberam[11] fuisse eo tempore, quo nascitur[12], licet[13] ancilla concepit[14]. Et e contrario si libera conceperit[14], deinde ancilla pariat, placuit[15] eum, qui nascitur, liberum nasci

5,5 **1 una est condicio**: gibt es nur eine einzige rechtliche Lage **2 liberorum … hominum** (gen. part.): von den Freien **3 ingenuus**, -i m.: Freigeborener **4 libertinus**, -i m.: Freigelassener **5 dominium**, -i n.: Eigentum; eigtl. Bereich, über den man als dominus verfügen kann **6 ius civile**: bürgerliches Recht, regelt die rechtl. Beziehungen zwischen röm. Bürgern **7 ius gentium**: Völkerrecht, regelt die rechtl. Beziehungen zwischen röm. Bürgern und Menschen ohne Bürgerrecht **8 ad pretium participandum**: um am Verkaufspreis teilzuhaben **9 veneo**, -is, -ire (aus venum ire): zum Verkauf gelangen, verkauft werden **10 sufficit**: genügen **11 liberam**: erg. eam **12 nascitur**: erg. ingenuus, frei **13 licet** + ind.: umgangsspr., obwohl **14 concipio** 3M, -cepi, -ceptum: ein Kind empfangen, schwanger werden **15 placuit**: juristisch anerkannt sein, Zustandspf.

(nec interest[16], iustis[17] nuptiis[18] concepit, an vulgo[19]), quia non debet calamitas[20] matris nocere ei, qui in ventre est. Ex hoc quaesitum[21], si ancilla praegnas[22] manumissa[23] sit, deinde ancilla postea facta aut expulsa civitate[24] pepererit, liberum an servum pariat[25]. Et tamen rectius probatum[26] est liberum nasci et sufficere ei, qui in ventre est, liberam matrem vel medio tempore[27] habuisse.

16 interest: einen Unterschied machen, darauf ankommen **17 iustis – vulgo**: indir. FS + umgangsspr. ind.; erg. als Fragepartikel utrum **18 iustis nuptiis**: rechtsgültige Ehe **19 vulgo** (adv.): außerehelich **20 calamitas**, -atis f.: missliche Lage **21 quaesitum est**: es ist fraglich, zweifelhaft **22 praegnas** = praegnans (das „n“ in der Endung war nur als Nasalierung hörbar): schwanger **23 manumitto** 3, -misi, -missum: freilassen **24 civitate** (abl. sep.): von expulsa abh.; vertrieben aus **25 liberum ... pariat**: indir. Doppelfrage, von quaesitum est abh.; erg. utrum als Einleitungspartikel **26 rectius probatum est**: für richtiger befinden **27 vel medio tempore**: wenn auch nur in der Zwischenzeit, wenn auch nur kurzfristig

45 Kommentar

Aelius Marcianus, Institutiones I, 5, 5

5,5 una est condicio: Unter Sklaven gab es zwar Differenzierungen nach ihren Fähigkeiten, d. h. nach ihrem Wert für den Besitzer, rechtlich gab es jedoch unter Sklaven keine Unterscheidungen.
maior viginti annis: Voll geschäfts- und deliktsfähig wurde ein männlicher Römer mit Erlangung der Geschlechtsreife, nach einer anderen Rechtsschule mit 14 Jahren. Für die Versklavung eines Römers als schlimmste Rechtsfolge für ein Delikt war ein höheres Mindestalter festgelegt.
ad pretium participandum: Wenn sich ein Freier von einem Komplizen als Sklave verkaufen lässt, um sodann gerichtlich seine Freiheit geltend zu machen, bleibt er zur Strafe Sklave.
vulgo: Als *vulgo conceptus* oder *vulgo quaesitus* wird das uneheliche Kind bezeichnet; mit dieser Formulierung wird der Mutter unterstellt, sie könne auf Grund wechselnder geschlechtlicher Beziehungen den Vater nicht angeben.
ancilla postea facta: Im Falle groben Undanks eines Freigelassenen (z. B. Beleidigung, Vernachlässigung des Patrons im Not- oder Krankheitsfall) konnte der Patron die *manumissio* widerrufen (*revocatio in servitutem*). Auch eine strafrechtliche Verurteilung zum Tod, zur Bergwerksarbeit oder zum Tierkampf in der Arena zog automatisch die Versklavung nach sich (*servus poenae*).
expulsa civitate: Die Strafe der Verbannung (*deportatio, exilium*) bewirkte normalerweise den Verlust des Vermögens und des Bürgerrechts, in Einzelfällen aber auch den Verlust der Freiheit.
rectius: weist, wie schon vorher *quaesitum est*, auf eine Kontroverse unter Juristen hin, in der sich die Begünstigung der Freiheit gegenüber intoleranteren Auffassungen durchgesetzt hat.

45 Vertiefung

1 Welche verschiedenen Möglichkeiten gibt es, versklavt zu werden?

2 Gibt es rechtliche Vorbehalte gegen die Versklavung? Vgl. dazu § 16 ABGB (Österr. Allgemeines Bürgerliches Gesetzbuch, erstmals in Kraft getreten 1812, mehrfach novelliert):

Jeder Mensch hat angeborene, schon durch die Vernunft einleuchtende Rechte, und ist daher als eine Person zu betrachten. Sklaverei oder Leibeigenschaft, und die Ausübung einer darauf sich beziehenden Macht wird in diesen Ländern nicht gestattet.

3 Zu welchem Zeitpunkt muss die Mutter frei sein, damit ihr Kind als Freie(r) geboren wird?

Entsprechend ihrem Rechtsstatus als „Sache“ konnten Sklaven verkauft, verschenkt und vererbt werden. Besonders demütigend war die Zurschaustellung auf dem Sklavenmarkt, bei dem die „Ware“ begutachtet, begafft und befühlt werden konnte. Jeder zum Verkauf stehende Sklave musste eine Tafel um den Hals tragen, auf der Nationalität, Krankheiten und andere „Mängel“ aufgelistet waren.

46 text

Digestae XXI, 1, 31, 21

Demütigende Zurschaustellung

31,21 Qui mancipia[1] vendunt, nationem cuiusque in venditione pronuntiare[2] debent: Plerumque enim natio servi aut provocat[3] aut deterret[4] emptorem. Idcirco interest nostra[5] scire nationem: Praesumptum[6] etenim est quosdam servos bonos esse, quia natione sunt non infamata[7], quosdam malos videri, quia ea natione sunt, quae magis infamis[8] est. Quod si de natione ita pronuntiatum[2] non erit, iudicium[9] emptori omnibusque, ad quos ea res pertinebit[10], dabitur, per quod emptor redhibet[11] mancipium[1].

31,21 **1 mancipium**,-i n.: Sklave **2 pronuntio** 1: bekannt machen **3 provoco** 1: motivieren, anregen **4 deterreo** 2: abhalten **5 nostra interest**: es ist in unserem Interesse **6 praesumptum est**: von praesumo 3, es gibt die vorgefasste Meinung **7 natione non infamata** (abl. originis): aus einem Volk, das nicht in üblem Ruf steht **8 infamis**, -e: verrufen **9 iudicium**, -i n.: Urteil **10 pertinere ad aliquem**: angehen, betreffen **11 redhibeo** 2: (eine gekaufte Ware als magelhaft) zurückgeben

46 kommentar

Digestae XXI, 1, 31, 21

Bei diesem Text handelt es sich um ein Edikt der Kurulischen Ädilen, den Organen der Marktaufsicht; durch Edikte dieser Art wurde der Verkäufer von Sklaven und Zugtieren zur Haftung verpflichtet.

31,21 iudicium dabitur: Mit einer *actio redhibitoria* (Wandlungsklage) erreicht der Käufer die „Rückabwicklung“ des Kaufes: Gegen Rückgabe der mangelhaften Ware erhält er den Kaufpreis rückerstattet. Als Mängel gelten Krankheiten, körperliche Gebrechen, die Absicht zu fliehen oder Selbstmord zu begehen, Versklavung wegen Gewaltverbrechen etc.

46 vertiefung

1 In wessen Interesse werden prinzipiell Regelungen wie diese erlassen? Gibt es eine derartige Verpflichtung zur Gewährleistung für Sachmängel auch heute?

2 **a** Ist der in dieser Textstelle aufgeführte Mangel mit anderen anerkannten Sachmängeln (➤ K46) vergleichbar?

b Welche Länder bzw. Nationen könnten als non *infamatae* gegolten haben, welche als *infames*?

c Wird die Herkunft eines Menschen auch heute noch als Beurteilungskriterium herangezogen?

Während heute jeder Mensch mit seiner Geburt als Person, d.h. als rechtsfähig, als Träger von Rechten und Pflichten, gilt, unterscheidet das römische Recht wie andere antike Rechtsordnungen grundsätzlich zwischen rechts- und handlungsfähigen Freien und Sklaven, die diese Rechte nicht besaßen und der Gewalt ihres Herren oder ihrer Herrin (*dominus/domina*) unterstanden. Das hatte zur Folge, dass Angehörige dieser Gruppe nach römischem Recht kein Eigentum erwerben, keine Ehe eingehen und kein Testament machen konnten.

47 text

Digestae XXIV, 3, 22, 13

Keine Ehe für Sklaven

22,13 Si mulier in condicione[1] mariti erraverit putaveritque[2] esse liberum, cum servus esset, concedi oportet quasi privilegium[3] in bonis viri mulieri, videlicet ut, si sint et alii creditores[4], haec praeferatur[5] circa de peculio[6] actionem[7] et, si forte domino aliquid debeat servus, non praeferatur[5] mulier, nisi in his tantum rebus, quae vel in dote[8] datae sunt vel ex dote comparatae[9], quasi[10] et hae dotales[11] sint.

22,13 **1 condicio**, -onis f.: Rechtsstellung **2 putaverit, erraverit** (coni. pot.): sollte sie sich irren, falls sie sich irrt **3 privilegium**, -i n.: Sonderrecht (das nicht zu jemandes Nachteil eingebracht werden darf), **privilegium in bonis**: Sonderrecht auf die Güter **4 creditor**, -oris m.: Gläubiger **5 praefero** 3: bevorzugt behandeln **6 peculium**, -i n.: Sondergut **7 circa actionem** bezüglich eines/im Hinblick auf ein Verfahren **8 dos**, -tis f.: Mitgift **9 ex dote comparatae**: aus der Mitgift erwirtschaftet **10 quasi ... dotales sint**: genauso als wäre auch dies ein Teil der Mitgift **11 dotalis**, -e: zur Mitgift gehörig

47 kommentar

Digestae XXIV, 3, 22, 13

Die Ehe wird nicht so sehr als Rechtsverhältnis, sondern als soziale Tatsache mit rechtlichen Auswirkungen gesehen, die allerdings ohne staatliche Mitwirkung formlos begründet und aufgelöst werden kann. Voraussetzung für den Tatbestand Ehe nach dem *ius civile* ist lebenslängliche monogame häusliche Gemeinschaft zwischen mündigen Partnern (*pubertas*). Dabei muss zumindest der Mann römischer Bürger sein. Blutsverwandtschaft, Geisteskrankheit oder Zeugungsunfähigkeit gelten als Hinderungsgründe.

22,13 si mulier in condicione erraverit: Es war nicht immer leicht ersichtlich, ob es sich um einen freien Mann oder einen Sklaven handelte.

cum servus esset: Eine Ehe mit einem Sklaven ist ohne Rechtswirkung.

de peculio: Sklaven sind nicht rechts- und vermögensfähig; der Herr kann ihnen jedoch ein *peculium*, ein Sondergut, zu selbstständiger Bewirtschaftung überlassen.

dos: Der Ehemann ist während der Dauer der Ehe Eigentümer der Mitgift, die Frau hat im Scheidungsfall Anspruch auf Herausgabe.

ex dote comparatae: Während in der Regel die aus der Mitgift erwirtschafteten Erträge im Scheidungsfall beim Ehemann bleiben, muss ein Sklave alles an die frei geborene Frau retournieren.

47 vertiefung

1 Wer hat in dem oben beschriebenen Fall das erste Recht auf das *peculium* des Sklaven, wie geht die Reihenfolge weiter?

Zweifellos dürften manche Sklavinnen und Sklaven das Bett ihrer Herrschaft als Sprungbrett zu Karriere und Reichtum betrachtet haben. Von einem solchen opportunistischen Emporkömmling namens Trimalchio berichtet der Schriftsteller C. Petronius Arbiter, der in seinem *„Satyricon“*, einem Sittenroman, die sozialen Verhältnisse der frühen Kaiserzeit beschreibt:

48 text

C. Petronius Arbiter,
Satyricon 75, 6–76, 3

Befehl ist Befehl – mach' das Beste draus

75,6 Ita tibi videtur, fulcipedia[1]? Suadeo,
bonum tuum concoquas[2], milva[3], et me
non facias ringentem[4], amasiuncula[5]: Alio-
7 quin experieris cerebrum[6] meum. Nosti[7]
me: Quod semel destinavi, clavo tabulari[8]
8 fixum est. Sed vivorum meminerimus[9]!
Vos rogo, amici, ut vobis suaviter sit[10].
Nam ego quoque tam fui quam vos estis,
sed virtute mea ad hoc perveni. Corcil-
lum[11] est, quod homines facit, cetera quis-
quilia[12] omnia.
9 Bene emo, bene vendo; alius alia vobis di-
cet. Felicitate dissilio[13]. Tu autem, ster-
teia[14], etiamnum[15] ploras? Iam curabo fa-
10 tum tuum, plores! Sed ut coeperam dice-
re, ad hanc me fortunam frugalitas[16] mea
perduxit. Tam magnus ex Asia veni, quam
hic candelabrus[17] est. Ad summam[18], quo-
tidie me solebam ad illum metiri[19], et ut
celerius rostrum barbatum[20] haberem,
11 labra[21] de lucerna ungebam[22]. Tamen ad
delicias[23] ipsimi[24] annos quattuordecim
fui. Nec turpe est, quod dominus iubet.
Ego tamen et ipsimae[25] satis faciebam[26].
Scitis, quid dicam: taceo, quia non sum de
gloriosis.
76,1 Ceterum, quemadmodum di volunt,
dominus in domo factus sum, et ecce
2 cepi ipsimi cerebellum[27]. Quid multa? co-
heredem[28] me Caesari fecit, et accepi pa-
3 trimonium laticlavium.[29] Nemini tamen
nihil satis est. Concupivi negotiari. Ne
multis vos morer, quinque naves aedifica-
vi, oneravi vinum – et tunc erat contra au-
rum[30] – misi Romam.

75,6 **1 fulcipedia** -ae f.: Trampel **2 concoquo** 3: verdauen, zufrieden sein mit **3 milva** -ae f.: Weihe, Raubvogel **4 ringor** 3: die Zähne fletschen, knurren **5 amasiuncula**: Herzchen **6 cerebrum** -i n.: Wut, Zorn

7 **7 nosti** = novisti **8 clavus tabularis**: Zimmermannsnagel

8 **9 meminerimus** (coni. iussivus): denken wir an die Lebenden = denken wir ans Leben **10 ut vobis suaviter sit**: dass ihr es euch gut gehen lasst **11 corcillum**, -i n.: Verstand; eigentl. Deminutiv zu cor **12 quisquilia**: läppisches Zeug, Quisquilien

9 **13 dissilio** 4: zerspringen, platzen, bersten **14 sterteia**, -ae f.: schnarchendes Walross **15 etiamnum**: immer noch

10 **16 frugalitas**, -atis f.: Einfachheit, Genügsamkeit **17 candelabrus**: umgangsspr. für candelabrum, Leuchter **18 ad summam**: also, alles in allem **19 metior** 4: messen, einschätzen **20 rostrum barbatum**: bärtiger Schnabel **21 labrum**, -i n.: Lippe **22 de lucerna ungere**: von der Öllampe salben

11 **23 deliciae**, -arum f.: Liebling **24 ipsimus** = dominus (in der Sklavensprache) **25 ipsima**, -ae f.: Herrin **26 satis facere** + dat.: „es jem. besorgen“

76,1 **27 cerebellum**, -i n.: Deminutiv zu cerebrum, Gehirn; cerebrum capere: um den Finger wickeln

2 **28 coheres**, -dis m.: Miterben **29 patrimonium laticlavium**: senatorisches Erbe; eigentl.: mit einem breiten Purpursaum versehen (als Kennzeichen der senatorischen Gewandung)

3 **30 contra aurum**: gegen Gold

48 Kommentar

C. Petronius Arbiter, Satyricon 75, 6–76, 3

75,6 fulcipedia, amasiuncula, milva, sterteia: Katalog römischer Schimpfwörter, die Trimalchio im Beisein seiner Gäste an seine Frau Fortunata richtet. Mit Schimpfwörtern werden stark verdichtete Aussagen transportiert; man kann sie kaum je wörtlich in eine andere Sprache übertragen oder alle Bedeutungsschattierungen mit erfassen. Z. B. kann *fulcipedia* (du „Fußstützlerin") jemanden bezeichnen, der sich mit Hilfe von Absätzen größer machen will, oder jemanden, der so betrunken ist, dass sein Schritt eine Stütze braucht.
me non facias ringentem: *non* statt *ne* + Konj.; Trimalchios Sprachstil ist sehr einfach, umgangssprachlich, ja sogar fehlerhaft. Petron gibt hier Proben des im 1. Jh. n. Chr. üblichen Jargons, wie er wohl von weniger gebildeten Menschen gesprochen wurde. Schon hier zeichnet sich tendenziell die Entwicklung hin zu den romanischen Sprachen ab, z. B. durch den Schwund des Neutrums (*candelabrus*), den vermehrten Gebrauch von Verkleinerungsformen / Deminutiva (*corcillum*), die Umschreibung des Dativ- oder Akkusativobjekts durch *in*/*ad* + Akk. etc.
10 tam magnus quam candelabrus: Trimalchio war noch ein kleiner Junge, als er in das Haus seines Herrn kam.
76,2 coheredem me fecit Caesari: Der Herr des Trimalchio hatte ein Gutteil seines Besitzes dem Kaiser hinterlassen, wie es vom Kaiser – oft mit großem Nachdruck – gewünscht und erwartet wurde.

48 Vertiefung

1 **a** Welche Eigenschaften des Trimalchio treten in dieser Stelle besonders deutlich zutage?
b Auf welche Ursachen könnte die sehr schlichte Ausdrucksweise des Trimalchio zurückzuführen sein?

2 **a** Wie ist Trimalchio seinen eigenen Ausführungen zufolge an sein Vermögen gekommen? Ist es ihm peinlich, von seiner „Karriere" zu erzählen?
b Übt er in irgendeiner Weise Kritik an seinem Herrn?

3 Wie schätzt sich Trimalchio selbst ein, worauf ist er besonders stolz?

Die Rechtssprechung der Kaiserzeit schränkte das Herrenrecht in einigen Bereichen ein. So war es nicht mehr erlaubt, ganz nach Gutdünken über den beruflichen Einsatz eines besonders qualifizierten Sklaven zu entscheiden und ihn zu Arbeiten zu zwingen, die seiner Ausbildung nicht entsprachen – ein Ansatz, der heutiger Beschäftigungspolitik gut anstünde:

Abb. 25: Sklaven an der Mühle

49 text

Digestae VII, 1, 15, 1–3

Schutz für qualifizierte Arbeitskräfte

15,1 Mancipiorum[1] quoque usus fructus[2] legato[3] non debet abuti[4], sed secundum condicionem[5] eorum uti: nam si librarium[6] rus mittat et qualum[7] et calcem[8] portare cogat, histrionem[9] balniatorem[10] faciat, vel de symphonia[11] atriensem[12], vel de palaestra[13] stercorandis[14] latrinis praeponat, abuti videbitur proprietate[15].

2 Sufficienter autem alere et vestire debet[16] secundum ordinem et dignitatem[17] mancipiorum.

3 Et generaliter Labeo ait in omnibus rebus mobilibus[18] modum eum tenere debere, ne sua feritate[19] vel saevitia ea corrumpat: alioquin etiam lege Aquilia eum conveniri[20].

15,1 **1 mancipium**, -i n.: Sklave **2 usus fructus** (usus, -us m.; iurid. Terminus): Nießbrauch, Fruchtgenuss **3 legatum**, -i n.: Überantwortung, Vermächtnis **4 abutor** 3: missbrauchen, falsch einsetzen **5 secundum condicionem**: nach den Fähigkeiten **6 librarius**, -i m.: Schreiber, Kopist **7 qualus**, -i m.: Korb **8 calx**, -cis f.: Kalk **9 histrio**, -onis m.: Schauspieler **10 balniator**, -oris m.: Badediener **11 symphonia**, -ae f.: Orchester **12 atriensis**: Türsteher, Haussklave **13 de palaestra**: aus der Trainingshalle, einen Sportler **14 stercoro** 1: reinigen **15 proprietas**, -atis f.: Besitz

2 **16 debet**: als Subj. zu ergänzen ist: der Besitzer **17 ordo et dignitas**: Stellung und Brauchbarkeit, Verwendbarkeit

3 **18 res mobilis**: bewegliches Gut **19 feritas**, -atis f.: Unbeherrschtheit **20 convenior** 4: sich einigen

49 kommentar

Digestae VII, 1, 15, 1–3

15,1 usus fructus: Recht, fremde Sachen zu gebrauchen und daraus Erträge zu beziehen, und zwar unter Erhaltung ihrer Substanz bzw. ihres Wesens

3 Labeo: Pacuvius Antistius Labeo, Vater und Sohn desselben Namens, waren berühmte Juristen um Christi Geburt.

lege Aquilia conveniri: Die *lex Aquilia* ist ein 286 v. Chr. erlassenes Schadenersatzrecht für den Fall von unrechtmäßiger Schadenszufügung. Sie sieht vor, dass der Eigentümer den Täter auf Schadenersatz klagen kann, wenn die Tat *iniuria*, d. h. rechtswidrig und schuldhaft, begangen worden ist.

49 Vertiefung

1 Woraus wird in diesem Text deutlich, dass die Fürsorge des Gesetzes mehr darauf abzielt, den Sachwert des Legats als das Wohl des Sklaven zu schützen?

2 **a** Welche verschiedenen Aufgabenbereiche für Sklaven werden genannt?
Welche Tätigkeiten hatten die Sklaven in ihren Bereichen wohl zu verrichten?
Wie bzw. durch wen werden diese Arbeiten heute erledigt?

b Welche davon erforderten wohl höhere Qualifikation?

In der Regel war es für einen Außenstehenden schwer zu erkennen, ob man es mit einem Sklaven oder einem Freien zu tun hatte. Zumindest das einfache Volk trug dieselbe Kleidung wie die Sklaven. Das einzige Kleidungsstück, das ein Sklave nie tragen durfte, war die Toga, das Ehrenkleid römischer Vollbürger. Seinen Unfreien ein ansprechendes, Vertrauen erweckendes Erscheinungsbild zu ermöglichen, lag normalerweise im Interesse des Besitzers. Dies galt vor allem für die Angehörigen der *familia urbana*, also jener Gruppe von Sklaven, die im Stadthaus ihres Besitzers tätig waren. Sie genossen, vor allem wenn sie sich durch besondere Intelligenz, Fleiß, kunsthandwerkliche Fähigkeiten oder durch ihre Tätigkeit als Schreiber oder Sekretäre auszeichneten, besondere Privilegien. Da blieb dem Einzelnen schon einmal der Freiraum, mit oder ohne Wissen des Herrn ein Theater, die Thermen, eine Kneipe oder ein Bordell zu besuchen. Die Angehörigen der *familia rustica*, jene Sklaven, die in der Landwirtschaft beschäftigt waren, standen dagegen meist unter der Kontrolle eines strengen Aufsehers (*vilicus*), der selbst ein Unfreier war, und wurden zu harter Arbeit angehalten. L. Iunius Moderatus Columella, ein Verfasser theoretischer landwirtschaftlicher Abhandlungen des 1. Jhs. n. Chr., schreibt in seinem Werk *„De re rustica"* über den Unterschied in der „Arbeitsmoral" zwischen Stadt- und Landsklaven und warnt Großgrundbesitzer davor, städtische Sitten einreißen zu lassen:

50 text

L. Iunius Moderatus Columella,
De re rustica I, 8, 1 f.

Hütet euch vor Stadtsklaven, ihr Großgrundbesitzer!

8,1 Proxima est cura de servis, cui quemque officio praeponere[1] conveniat[2], quosque et qualibus operibus destinare[3]. Igitur praemoneo, ne villicum[4] ex eo genere servorum, qui corpore placuerunt, instituamus[5]; ne ex eo quidem ordine[6], qui urbanas ac delicatas[7] artes[8] exercuerit.

8,1 **1 praepono** 3: beauftragen, betrauen mit **2 convenit**: es ist sinnvoll **3 destino** 1: bestimmen für **4 vilicus**, -i m.: Verwalter **5 instituo** 3: einsetzen, einstellen **6 ordo**, -inis m.: Gruppe, Rang, Niveau **7 delicatus** 3: verwöhnt, verweichlicht **8 ars**, artis f.: Gewohnheit, Lebensstil

Socors[9] et somniculosum[10] genus id mancipiorum[11], otiis, campo[12], circo, theatris, aleae, popinae, lupanaribus[13] consuetum[14], numquam non[15] easdem ineptias[16] somniat, quas cum in agriculturam transtulit, non tantum in ipso servo, quantum in universa re[17] detrimenti dominus capit[18].

2 Eligendus[19] est rusticis operibus ab infante duratus[20] et inspectus experimentis[21]. Si tamen is non erit, de iis praeficiatur, qui servitutem laboriosam[22] toleraverunt. Iamque is transcenderit aetatem primae iuventae, necdum senectutis attigerit.

9 socors, -cordis: schlaff, träge **10 somniculosus** 3: verschlafen **11 mancipium**, -i n.: Sklave **12 campus**, -i m.: Sportplatz; Erholungs- und Übungsplatz **13 lupanar**, -aris n.: Bordell **14 consuetus** 3 + dat.: gewöhnt an **15 numquam non** (doppelte Verneinung): stets **16 ineptiae**, -arum f.: Phantastereien, Blödsinn **17 universa res**: die gesamte Hauswirtschaft **18 tantum detrimenti**: gen. part. **capere:** so viel Schaden erleiden
2 **19 eligo** 3: auswählen **20 duro** 1: abhärten **21 experimentum**, -i n.: Erfahrung **22 servitus laboriosa**: beschwerliche, harte Sklavenarbeit

50 Kommentar

L. Iunius Moderatus Columella,
De re rustica I, 8, 1 f.

8,1 Campus: gemeint ist der *campus Martius*. Er lag in der Tiberschleife und war ein Freigelände, auf dem sowohl Waffenübungen des Heeres als auch Volksversammlungen abgehalten wurden und auf dem Männer Sport betrieben.
alea: Das Würfelspiel war bei den Römern sehr beliebt. Man verwendete zum Schütteln der – meist zwei – Würfel *(tessarae, tali)* Becher; auf das Ergebnis konnte gewettet werden. Gespielt wurde sowohl in Tavernen als auch in Bordellen und auf der Straße, wobei man statt Bargeld oft nur Chips (aus Knochen) verwendete, was die große Zahl der Chip-Funde im gesamten Imperium lehrt.
Das Glücksspiel um Geld wurde eine solche Obsession für viele Römer, dass es *per legem* verboten wurde. Obwohl es damit offiziell nur noch im Rahmen der Feierlichkeiten rund um das Saturnalien-Fest betrieben werden durfte, blieb die Spielleidenschaft der Römer ungebrochen.
lupanar: Bordelle wurden von Römern aller sozialen Schichten gern besucht; allein in Pompeji, einer Stadt mit ca. 10.000 Einwohnern, hat man 24 Bordelle entdeckt, wobei allerdings viele dieser „Bordelle" Separatzimmer einer Kneipe oder einem Hotel angegliedert waren. Es gehörte zum normalen Berufsbild unfreier Kellnerinnen und Stubenmädchen, den Gästen auch für sexuelle Dienste zur Verfügung zu stehen. Die meisten Dirnen waren Sklavinnen bzw. Freigelassene. Das große Angebot drückte das Preisniveau stark nach unten. Durchschnittstarif waren 2 Asse, was etwa einem Kaufkraft-Äquivalent von 2 Laiben Brot entsprach. Es gab allerdings auch Edel-Prostituierte, die sich von reichen Freiern ein exquisites Leben finanzieren ließen.

50 Vertiefung

1 Welche Qualifikationen muss ein guter Verwalter haben, was sind laut Columella ausschließende Gründe, sodass ein Sklave nicht als Verwalter beschäftigt werden darf?

2 **a** Mit welchen Formulierungen beschreibt Columella das Leben der Sklaven in der Stadt?
b Welche Einstellung zu den Stadtsklaven zeigt sich in diesen Äußerungen?
c Welchen Schaden könnten Stadtsklaven nach Columella bei der Landarbeit anrichten?

Ein Großteil der römischen Sklaven war in der Landwirtschaft eingesetzt. Faulenzertum wurde hier nicht geduldet. Nur wer wirklich arbeitsunfähig oder krank war, durfte sich im Krankensaal ausruhen. Die Arbeit begann am frühen Morgen und endete bei Einbruch der Dunkelheit. Arbeitsscheue oder fluchtverdächtige Sklaven wurden in der „Freizeit" im sogenannten *ergastulum* in Ketten gelegt. Erst Kaiser Hadrian erließ eine Verordnung, diese „Privatgefängnisse" zu schließen. Wie wirksam sie war, sei jedoch dahingestellt, denn noch einige Zeit später kann Lucius Apuleius definieren:

> 15 freie Menschen machen ein Volk aus, ebenso viele Sklaven eine *familia*, ebenso viele in Ketten Gelegte ein *ergastulum* (apol. 47, 4).

Die starke Unterdrückung der Sklaven auf dem Lande, verbunden mit einer zeitweise völligen Vernachlässigung unfreier Hirten, die nicht einmal Nahrung und Kleidung gestellt bekamen, hatte in republikanischer Zeit zu den großen sizilianischen Sklavenaufständen der Jahre 135–132 v. Chr. und 105–101 v. Chr. geführt. Einige Jahrzehnte später (73–71 v. Chr.) trieben eben diese Umstände viele Sklaven dazu, sich dem größten und bekanntesten Sklavenaufstand unter der Führung des Spartacus anzuschließen. Mit 70 Gefährten überwand er im Jahre 73 v. Chr. die Gefängnismauern der berühmten Gladiatorenschule zu Capua, um den gewaltigsten Sklavenaufstand zu entfesseln, den die Antike je gesehen hatte – eine Revolution, die ganze drei Jahre lang die römischen Streitkräfte in Atem hielt. Auch wenn Spartacus und seine Gefährten der römischen Militärmaschinerie unterlagen und etwa 6.000 ehemalige Sklaven entlang der Via Appia als abschreckendes Beispiel gekreuzigt wurden, der Name des Spartacus wurde durch seinen Aufstand unsterblich, er selbst zum Helden verschiedener Romane, z. B. **Hans Land, „Spartacus":**

> Sie jauchzen auf. Aller Druck ist von ihnen genommen. „Heil Spartacus!", braust es von den Felsen, mit blitzenden Augen schwingen sie die dampfenden Fackeln ...
>
> Herolde gebieten Schweigen. Lysander von Nola hat sich erhoben und erbittet Gehör. „Auf dich, Spartacus, vertrauen wir, du hast dieses Werk geschaffen; durch unseren Mut und deine Führung sind wir Sieger. Eins nur will ich fragen: Was soll nun geschehen? Wir sind jetzt frei. Denkst du, wir sollen dieses schöne Land zu bleibendem Besitz nehmen, durch kühne Züge unsere Grenzen erweitern, dieses stolze Römervolk als einen übermütigen Nachbarn beugen, zum Tribute zwingen, zum Vasallen erniedrigen, sodann der wohlverdienten Ruhe pflegen, ein frohes Volk, von einem hehren Herrscher regiert? Sprich, Spartacus, wie denkst du über unsere Zukunft?"
>
> „Noch, mein Lieber, ist nicht erreicht, was wir als Ziel uns gesetzt. Jetzt müssen wir nach Norditalien, von wo die Schmerzensrufe am lautesten herdringen. Ist erst erreicht, dass in Italien kein Sklave lebt, ist der letzte befreit, dann legt die Schwerter nieder, dann ..."
>
> Ein Jauchzen unterbricht ihn. „Dann sei du unser Herrscher!" „Wir dein Volk!" „Du unser Herr und König!"
>
> Der Feldherr winkt, die heiß erregten Rufer verstummen. „Dann ... dann, Brüder, zerstreuet euch, dann kehre jeder zurück in seine Heimat, wer keine Heimat hat, von Sklaven in Gefangenschaft geboren, der suche sich ein Fleckchen Erde, Raum für alle ist, und Licht und Freiheit, drin zu atmen. Bleibt nicht beisammen. Was euch eint, ist die Idee; ist diese erst verwirklicht, weicht ihr voneinander, die Einigkeit hört auf. Verschiedener Länder Söhne sind ungleich geartet. Die Menschheit aber kann dann stolz erzählen, dass sie sich selbst befreit. Nicht e i n e s Stammes Sprossen taten's, nicht e i n e s Volkes Kinder – nein, die ganze, große Welt hat Teil daran gehabt."
>
> *Hans Land, Spartacus, Berlin: Hoffmann & Campe 1919, S. 174*

Ein Beispiel für die menschenunwürdigen Arbeitsbedingungen der Sklaven auf dem Land liefert Lucius Apuleius:

51 text

Lucius Apuleius,
Metamorphoses IX, 12, 3 f.

Menschenunwürdige „Sklavenhaltung“

12,3 Dii boni, quales illic homunculi[1]! Vibicibus[2] lividis[3] totam cutem depicti[4] dorsumque plagosum[5] scissili centunculo[6] magis inumbrati[7] quam obtecti[8], nonnulli exiguo tegili[9] tantummodo pubem[10] iniecti[11];

4 cuncti tamen sic tunicati[12], ut essent per pannulos[13] manifesti, frontes litterati[14] et capillum semirasi[15] et pedes anulati[16], tum lurore[17] deformes et fumosis[18] tenebris vaporosae caliginis[19] palpebras[20] adesi[21] atque adeo male luminati[22] et in modum[23] pugilum[24], qui pulvisculo[25] perspersi dimicant, farinulenta cinere[26] sordide candidati[27].

12,3 **1 homunculus**, -i m.: armseliger Mensch, armes Geschöpf **2 vibix**, -icis f.: Strieme, Schwiele **3 lividus** 3: blau **4 depictus** 3 + acc.: gezeichnet, übersät auf, im Bereich von; erg. sunt **5 plagosus** 3: voller Schläge, voller Wunden **6 scissili centunculo**: mit einem zerschlissenen Fetzen **7 inumbratus** 3: beschattet **8 obtectus** 3: bekleidet, bedeckt **9 tegile**, -is n.: Hülle, Lendenschurz **10 pubes**, -is f.: die Genitalien **11 iniectus** 3 + acc.: bedeckt an, im Bereich von

4 **12 tunicatus** 3: mit einer Tunika, d. h. einem Unterhemd, bekleidet **13 pannulus**, -i m.: Lumpen **14 litteratus** 3 + acc.: mit Buchstaben markiert im Bereich von **15 semirasus** 3: halb geschoren **16 anulatus** 3: mit Ketten versehen **17 luror**, -oris m.: Leichenblässe **18 fumosus** 3: voll Rauch, voll Staub **19 vaporosa caligo**: heißer Dunst **20 palpebrae**, -arum f.: Augenlider **21 adesus** 3 + acc.: entzündet im Bereich von **22 male luminatus**: mit schlechtem Augenlicht, schwacher Sehkraft **23 in modum** + gen.: nach Art von **24 pugil**, -ilis m.: Boxer **25 pulvisculus**, -i m.: feiner Staub **26 farinulenta cinis**: Mehlstaub **27 candidatus** 3: weiß

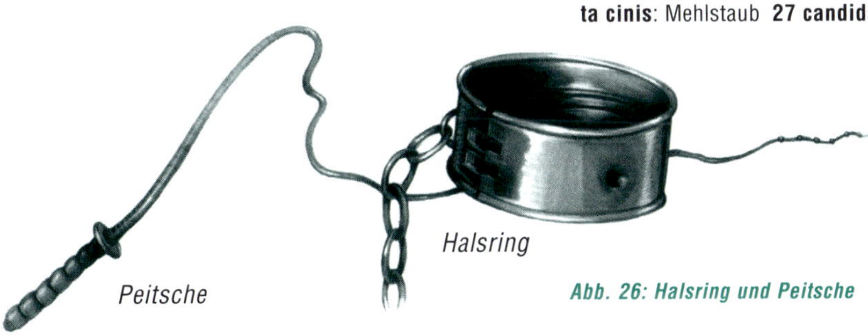

Abb. 26: Halsring und Peitsche

51 kommentar

Lucius Apuleius,
Metamorphoses IX, 12, 3 f.

12,3 litteratus: Sklaven wurden gelegentlich durch Brandzeichen als Eigentum eines bestimmten Herrn ausgewiesen oder – nach einem misslungenen Fluchtversuch – als nicht vertrauenswürdig stigmatisiert, was ihren Verkaufswert herabsetzte und ihnen massive Nachteile in der Arbeitszuteilung einbrachte.

4 anulati: durch ringförmige Eisen um Hals oder Fußknöchel gefesselt

luror: Vor allem bei Sklaven, die nach einem Verbrechen zur Schwerarbeit verurteilt wurden, wurden kaum Maßnahmen zur Gesundheitsfürsorge getroffen.

51 Vertiefung

1 Welche Ausdrücke verwendet der Autor, um die gesundheitlichen Schäden zu bezeichnen, die durch die Arbeit hervorgerufen werden?

2 Welche Begriffe bringen die schlechte Behandlung der Sklaven durch ihre Herren zum Ausdruck? Wodurch sind die Arbeiter als Sklaven zu erkennen?

3 Welche stilistischen Besonderheiten (➤ S. VIII f.) finden sich in diesem Textabschnitt und welche Wirkung erzielen sie?

4 Gibt es auch heute solche oder ähnliche Arbeitsbedingungen? Sammle Belegmaterial aus Zeitungen oder Büchern!

Besonders hart war auch das Schicksal der Galeeren- und Bergwerkssklaven, in der Regel verurteilte Verbrecher und Kriegsgefangene, deren Lebenserwartung sehr gering war, oft nicht mehr als sechs bis zehn Monate. Einen anschaulichen Eindruck vom Alltag in einem Bergwerk gibt die folgende Textprobe aus **Lindsey Davis'** Roman **„Silberschweine“**, in dem der Privatermittler Didius Falco einige Zeit in einer Mine arbeitet, um dort verdeckt zu ermitteln:

> Drei Monate arbeitete ich in den Bleigruben. Von der Revolte abgesehen, war es die schlimmste Zeit meines Lebens. Es gelang mir, nach und nach sämtliche Abteilungen der Grube kennenzulernen. Von den freiliegenden Flözen und den Stollen, wo das Erz buchstäblich aus dem Boden gekratzt wurde, kam ich nach drinnen, zu den aus Lehm gebauten Öfen, wo es zum ersten Mal geschmolzen wurde, dann weiter zu den Treibherden, wo sich die Leute an den Blasebälgen abmühten, um die Gluthitze zu erzeugen, die das Silber von den verfeinerten Bleiklumpen trennt. Zuerst arbeitete ich dort an den Bälgen, danach bei den Auslesern, die am Ende des Tages das Silber im abgekühlten Herd aufsammeln. Für einen Sklaven war das Auslesen die beste Arbeit. Wenn er Glück hatte, konnte er mit seinen verbrannten Fingern ein paar Körnchen auf die Seite schaffen und damit dem Ziel ein bisschen näher kommen: der Flucht. Wir wurden zwar jeden Tag durchsucht, aber wir fanden Mittel und Wege […]
>
> Selbst heute wache ich manchmal noch nachts auf und sitze schweißgebadet im Bett. Meine Frau sagt, ich würde nie einen Laut von mir geben. Als Sklave lernt man, seine Gedanken für sich zu behalten.
>
> Man könnte meinen, Sosias Tod hätte mich dazu gebracht, den einmal eingeschlagenen Weg weiterzugehen. Aber so war es nicht. An sie habe ich nie gedacht. Wer sich in einem mörderischen Loch wie diesem an ein solches Strahlen erinnert, der steigert nur seine Qualen. Was mich bei meiner Suche aufrechterhielt, war die reine Selbstdisziplin. Außerdem vergisst man vieles. Im Tageslauf eines Sklaven war keine Zeit für müßige Besinnlichkeit. Uns belebte keine Hoffnung auf die Zukunft und keine Erinnerung an die Vergangenheit. Im Morgengrauen wurden wir geweckt, genauer gesagt: während es noch dunkel war. Mit trübem Blick schlangen wir widerwillig den Haferschleim hinunter, den eine schmutzige Frau, die anscheinend niemals schlief, in unsere Schalen schaufelte. Schweigend marschierten wir durch die ausgestorbene Siedlung, während uns die weißen Fetzen unseres Atems wie Gespenster umwehten. Mit Halsringen ketteten sie uns zusammen. Ein oder zwei Glückspilze hatten Mützen, die sie sich über den schmutzigen Kopf zogen. Ich hatte nie eine Mütze; ich habe ja auch nie Glück. Zu dieser Stunde, wenn das kalte Licht zwischen Verheißung und Unheil zu schwanken scheint, wenn einem der Tau in die Schuhe sickert und jeder Laut in der unbewegten Luft meilenweit zu hören ist, stolperten wir zu unseren Gruben. Dort nahmen sie uns die Ketten ab. Wir arbeiteten den ganzen Tag, mit einer Pause, in der wir mit leerem Blick herumsaßen. Und wenn abends die Dunkelheit hereinbrach, standen wir mit hängenden Köpfen da, wie erschöpfte Tiere, und ließen uns zusammenketten. Wir marschierten zurück. Wir wurden abgefüttert. Wir sackten in den Schlaf, wurden in der Dunkelheit des nächsten Tages wieder geweckt. Und alles ging von Neuem los.
>
> Ich sage „wir“. Hier schufteten Verbrecher und Kriegsgefangene (vor allem Britannier und Gallier), außerdem entlaufene Sklaven (ebenfalls vor allem Kelten verschiedener Stämme, aber auch andere – Sardinier, Afrikaner, Spanier, Lykier).Von Anfang an brauchte ich mich nicht zu verstellen. Das Leben, das wir führten, machte mich zu einem von ihnen. Ich fühlte mich wie ein Sklave. Ich holte mir Beulen

und verstauchte mir die Glieder, mein Haar verfilzte, meine Finger wurden rissig, bekamen Schnittwunden und Blasen, waren schwarz und rußig von meinem und anderer Leute Dreck. Es juckte mich überall. Es juckte mich an Stellen, wo man sich nicht ohne weiteres kratzen kann. Ich redete kaum, und wenn ich etwas sagte, dann war es ein Fluch. Mein Kopf, der früher voller Träume gewesen war, glich einer ausgedrückten Eiterbeule. Ein Gedicht hätte mich mit blankem Hohn erfüllt, wie das sinnlose Lallen einer fremden Zunge. Dafür konnte ich in sieben Sprachen fluchen und war stolz darauf.

Lindsey Davis, Silberschweine, übers. von R. Kaiser, München: Knaur 1993, S. 148 ff.

Bei solch grausamer Behandlung erscheint es nicht verwunderlich, dass sich in den geschundenen Sklaven Hass gegen ihren *dominus* aufstaute. Viele Herren lebten in dauernder Angst vor einem Anschlag durch ihre Sklaven.

Selbst der jüngere Plinius, der sonst für einen humanen Umgang mit den Unfreien plädierte, trat angesichts eines Mordanschlags der Sklaven des Larcius Macedo für die bedingungslose Solidarität aller Freien und harte Bestrafung der Übeltäter ein:

52 text

C. Plinius Caecilius Secundus, Epistulae III, 14, 1–5

Mordanschlag beim Bad

C. PLINIUS ACILIO SUO S.

1 Rem atrocem nec tantum[1] epistula dignam Larcius Macedo vir praetorius[2] a servis suis passus est, superbus alioqui[3] dominus et saevus, et qui[4] servisse[5] patrem suum parum[6], immo nimium[7] meminisset.

1 **1 nec tantum**: nicht nur **2 vir praetorius**: ein ehemaliger Prätor **3 alioqui**: im Übrigen **4 et qui**: erg. *dominus, qui parum … meminisset patrem suum servisse* **5 servio** 4: dienen, h. Sklave sein **6 parum**: zu wenig, zu selten **7 immo nimium** im Gegenteil zu oft, zu viel

2 Lavabatur in villa Formiana. Repente eum servi circumsistunt. Alius fauces[8] invadit[9], alius os verberat[10], alius pectus et ventrem, atque etiam – foedum dictu[11] – verenda[12] contundit[13]; et cum exanimem[14] putarent, abiciunt in fervens pavimentum[15], ut experirentur an viveret. Ille sive quia non sentiebat, sive quia se non sentire simulabat, immobilis et extentus[16] fidem peractae mortis implevit[17].

2 **8 fauces**, -ium f.: Kehle, Gurgel, Hals **9 invado** 3, -si, -sum + acc.: angreifen, packen: h. würgen **10 verbero** 1 schlagen **11 foedum dictu**: grässlich zu schildern **12 verenda**, -orum n.: Genitalien, Scham(teile) **13 contundo** 3, -tudi, -tusum: schlagen **14 exanimis**, -e: tot, leblos; erg. eum **15 fervens pavimentum**: heißer Fußboden **16 extentus** 3: hingestreckt, ausgestreckt daliegend **17 fidem implere**: die Gewissheit bieten, den Eindruck erwecken

3 Tum demum quasi aestu solutus[18] effertur; excipiunt servi fideliores, concubinae cum ululatu[19] et clamore concurrunt. Ita et vocibus excitatus et recreatus loci frigore sublatis oculis[20] agitatoque corpore vivere se - et iam tutum erat – confitetur[21].

3 **18 aestu solutus**: durch die Hitze getötet, erstickt **19 ululatus**, -us m.: Geheul, Gejammer **20 oculos tollere**: die Augen aufschlagen **21 confiteor** 2: h. zu erkennen geben

4 Diffugiunt[22] servi; quorum magna pars comprehensa est, ceteri requiruntur. Ipse paucis diebus aegre[23] focilatus[24] non sine ultionis[25] solacio decessit[26] ita vivus vindicatus[27], ut occisi solent[28].

4 **22 diffugio** 3M, -fugi: nach allen Seiten flüchten **23 aegre**: kaum, nur mit Mühe **24 focilo** 1: am Leben erhalten **25 ultio**, -onis f.: Rache **26 decedo** 3, -cessi, -cessum: sterben **27 vindico** 1: h. rächen **28 ut occisi solent**: wie sonst nur Tote

5 Vides quot periculis quot contumeliis quot ludibriis[29] simus obnoxii[30]; nec est, quod[31] quisquam possit esse securus[32], quia sit remissus[33] et mitis; non enim iudicio[34] domini sed scelere[35] perimuntur[36]. verum haec hactenus[37].

5 **29 ludibrium**, -i n.: Spott, h. schmähliche Behandlung **30 obnoxius** 3: ausgesetzt, preisgegeben **31 nec est, quod**: und es gibt keinen Grund, dass **32 securus** 3: sicher **33 remissus** 3: h. nachsichtig, wohlwollend **34 iudicium**, -i n.: Beurteilung, vernünftige Überlegung **35 scelus**, -eris n.: h. Ruchlosigkeit **36 perimo** 3, -emi -emptum: töten, umbringen **37 verum haec hactenus**: doch genug davon

52 Kommentar

C. Plinius Caecilius Secundus,
Epistulae III, 14, 1–5

1 **Larcius Macedo**: Sohn eines Freigelassenen, unter den Flaviern bis in den prätorischen Rang aufgestiegen, wurde um 101 n. Chr. in seiner Villa in Formiae ermordet
Formiae: Küstenstadt und beliebter Villenort bei Gaeta in Latium
2 **lavabatur**: Baderäume befanden sich in den meisten Landhäusern.
fervens pavimentum: Der Fußboden in den Baderäumen war in der Regel durch eine Hypokaustenheizung (in einem von Ziegelsäulchen gestützten Hohlraum unter dem Fußboden zirkuliert erwärmte Luft, die dann durch Hohlziegel in den Wänden abgeleitet wird ➤ Abb. 7, S. 22) erwärmt.
concubinae: Reiche Römer wählten oft aus der Schar ihrer Unfreien Freundinnen aus, mit denen sie in einem eheartigen Verhältnis lebten.
4 **vindicatus**: Für Sklaven, die ihren Herrn tätlich angegriffen oder getötet hatten, sowie für alle Mitsklaven war nach altem römischen Recht die Todesstrafe durch Kreuzigung üblich.

52 Vertiefung

1 **a** Was erfahren wir in diesem Brief über Larcius Marcedo, wie charakterisiert ihn Plinius?
b Was will Plinius mit der Anspielung auf die Tatsache, dass Marcedo Sohn eines Sklaven ist, und der Formulierung *qui servisse patrem suum parum, immo nimium meminisset* ausdrücken?
c Hätte er durch eine andere Form des Umgangs mit seinen Sklaven das Unglück verhindern können (vgl. bes. § 5)?

2 Wie bewertet Plinius die Tat der Sklaven? Kann er sie verstehen bzw. billigen? Anhand welcher Formulierungen wird das deutlich? Wie ist die Einstellung des Plinius zu dem berichteten Vorfall?

3 Vergleiche diesen Brief mit ➤ T54, S. 106 f.! Inwiefern unterscheidet sich Plinius' Haltung zum Phänomen Sklaverei in den beiden Texten? Was könnte ein Grund dafür sein?

Mitunter entwickelten sich zwischen Herrn und Sklaven allerdings auch sehr enge Beziehungen, die von patriarchalischer Besorgnis um das Wohl der Untergebenen über gegenseitige Wertschätzung bis hin zu echten Freundschaften reichten. Eine Form, einem geschätzten Sklaven sein Wohlwollen zu beweisen, bestand darin, ihn freizulassen (*manumissio*) oder ihm die Möglichkeit zu geben, sich freizukaufen. Dies konnte entweder zu Lebzeiten des Herrn oder aufgrund einer testamentarischen Verfügung geschehen. Der Freigelassene musste seinem Herrn aber weiterhin unentgeltlich einen großen Teil seiner Arbeitskraft und seiner Arbeitszeit widmen. Die gesellschaftliche Stellung eines Freigelassenen war der eines Freigeborenen nicht gleichwertig. Erst in der Kaiserzeit rückten Freigelassene bis in die höchsten Staatsämter auf. Eine besondere Form der *manumissio* beschreibt ein Epigramm Martials; dieser ließ seinen geschätzten Sekretär Demetrius auf dessen Totenbett frei, damit er als freier Mann in die Unterwelt eingehen könne.

53 text

M. Valerius Martialis,
Epigrammata I, 101

Ein letzter Gunstbeweis

Illa manus quondam studiorum fida[1] meorum
et felix[2] domino notaque Caesaribus[3],
destituit[4] primos viridis[5] Demetrius annos:
Quarta tribus lustris[6] addita messis[7] erat.
Ne tamen ad Stygias famulus[8] descenderet umbras,
ureret implicitum[9] cum scelerata lues[10],
cavimus[11] et domini ius omne remisimus[12] aegro:
Munere[13] dignus erat[14] convaluisse[15] meo.
Sensit deficiens[16] sua praemia meque patronum
dixit ad infernas liber iturus[17] aquas.

1 **1 fida**: treue Helferin, Begleiterin **2 felix**, -icis: ein Glücksfall **3 nota Caesaribus**: dem Kaiserhaus bekannt **4 annos destituere**: die Jahre (= das Leben) verlassen **5 viridis**, -e: jung, blühend **6 lustrum**, -i n.: Zeitraum von fünf Jahren **7 messis**, -is f.: Ernte

5 **8 famulus**, -i m.: als Sklave **9 implicitus** 3: von der Krankheit ergriffen, befallen; erg. eum **10 lues**, -is f.: Krankheit **11 caveo** 2, **ne:** Vorsorge treffen, dass nicht; *cavimus, ne … descenderet, cum ureret … lues* **12 remitto** 3, -misi, -missum alicui aliquid: gegenüber jdm. auf etw. verzichten **13 munus**, -eris n.: Gnade **14 dignus erat** (als Irrealis d. Vght.): er hätte es verdient **15 convalesco** 2, -valui: gesund werden **16 deficio** 3M: sterben

10 **17 iturus**: um zu gehen

Abb. 27: Sklavinnen schmücken ihre Herrin

53 Kommentar

M. Valerius Martialis,
Epigrammata I, 101

2 Caesaribus nota: Man las auch im Kaiserhaus die von Demetrius angefertigten Abschriften der Werke des Martial.

4 lustrum: Als *lustrum* wird das große Reinigungsopfer bezeichnet, das die Zensoren alle fünf Jahre, am Ende ihrer Amtszeit, für das Volk darbrachten, daher steht *lustrum* auch für einen Zeitraum von fünf Jahren. Demetrius war also 19 Jahre alt.

5 Stygius: stygisch; Adjektiv zu Styx, einem der Unterweltsflüsse, hier als *pars pro toto* für die Unterwelt gebraucht

6 ureret: Die Technik des Verbrennens (*urere*), wurde im Zusammenhang mit auszehrenden Krankheiten angewandt.

9 patronus: Schutzherr, Patron; ein freigelassener Sklave blieb unter dem Schutz des Herrn und war ihm zur Treue verpflichtet.

10 ad infernas aquas: Gemeint sind ebenfalls die Flüsse der Unterwelt als Bild für die Totenwelt insgesamt.

53 Vertiefung

1 Welche Ausdrücke bezeichnen das Verhältnis des Demetrius zu Martial, welche das des Martial zu Demetrius?

2 **a** In welchen Formulierungen zeigt sich die Zuneigung des Martial zu Demetrius besonders?
b Mit welchen stilistischen Mitteln wird die enge Beziehung hervorgehoben?

3 Warum lässt Martial Demetrius frei?

Wie viele andere Römer auch betrachtete der Schriftsteller Plinius der Jüngere seine Sklaven – solange sie sich fügsam verhielten – als Familienmitglieder. Als z. B. sein Vorleser Zosimus, ein begabter, von ihm geschätzter und damit auch wertvoller Freigelassener, erkrankte, scheute er keine Kosten und Mühen, sondern organisierte ihm zwei „Kuraufenthalte" und berappte seine Reisekosten. Der Tod eines Sklaven bedeutete für Plinius auch den Verlust eines geschätzten Menschen und nicht lediglich den Entgang einer Arbeitskraft:

54 Text

C. Plinius Caecilius Secundus,
Epistulae VIII, 16

Trauer

C. PLINIUS PATERNO SUO S.

1 Confecerunt[1] me infirmitates[2] meorum, mortes[3] etiam, et quidem[4] iuvenum[5]. Solacia[6] duo nequaquam[7] paria[8] tanto dolori, solacia[6] tamen: unum[9]

1 1 conficio 3M, -feci, -fectum: h. bedrücken **2 infirmitas**, -atis f. (corporis): Krankheit **3 mortes**: h. Todesfälle **4 et quidem**: und noch dazu **5 iuvenum**: abh. von mortes **6 solacium**, -i n.: Trost, erg. sunt **7 nequaquam**: keineswegs **8 par**, paris: h. entsprechend, angemessen **9 unum**: erg. solacium est facilitas[10] manumittendi[11] – videor[12] enim non omnino immaturos[13] perdidisse[14], quos iam liberos perdidi –, alterum quod permitto servis quoque quasi testamenta facere, eaque ut legitima[15] custodio.

2 Mandant[16], rogantque quod visum[17]; pareo ut iussus[18]. Dividunt donant relinquunt[19], dumtaxat[20] intra domum[21]; nam servis res publica quaedam et quasi civitas domus est.

3 Sed quamquam his solaciis acquiescam[22], debilitor[23] et frangor[24] eadem illa humanitate, quae me, ut hoc ipsum permitterem, induxit[25]. Non ideo tamen velim durior fieri. Nec ignoro alios eius modi casus[26] nihil amplius vocare[27] quam damnum, eoque[28] sibi magnos homines et sapientes videri[29]. Qui an magni sapientesque sint, nescio; Homines non sunt.

4 Hominis est[30] enim affici dolore[31], sentire, resistere tamen et solacia admittere[32], non solaciis non egere.

5 Verum[33] de his plura[34] fortasse quam debui; sed pauciora quam volui. Est enim quaedam etiam dolendi voluptas[35], praesertim si in amici sinu defleas[36], apud quem lacrimis tuis vel laus sit parata vel venia[37]. Vale.

10 facilitas, -atis f.: Leichtigkeit **11 manumitto** 3: freilassen **12 videor** (erg. mihi): ich glaube **13 immaturus** 3: vorzeitig, zu früh **14 perdo** 3, perdidi: h. verlieren **15 ut legitima** (erg. testamenta): wie rechtsgültige (Testamente)

2 **16 mando** 1: Verfügungen (im Testament) treffen, verfügen **17 quod visum** (erg. iis est): was ihnen gut scheint **18 ut iussus**: als wäre ich damit beauftragt worden **19 relinquo** 3: h. hinterlassen **20 dumtaxat**: selbstverständlich nur **21 domus**, -us f.: h. Hausgemeinschaft, Hauswesen

3 **22 acquiesco** 3, quievi: sich beruhigen, Ruhe finden **23 debilito** 1: mutlos machen, entmutigen **24 frango** 3: h. erschüttern **25 induco** 3: veranlassen **26 casus eiusmodi**: Schicksalsschläge dieser Art **27 nihil amplius vocare**: als nichts weiter bezeichnen **28 eo**: deshalb, dadurch **29 sibi videri**: von sich glauben

4 **30 hominis est**: es ist menschlich **31 dolore affici**: betrübt sein, von Schmerz erfasst sein, sich grämen **32 admitto** 3: h. zulassen

5 **33 verum**: aber **34 plura**: erg. scripsi **35 voluptas**, -atis f.: h. gutes Gefühl, Lust **36 defleo** 2, flevi, fletum: sich ausweinen **37 venia**, -ae f.: Nachsicht, Verzeihung

C. Plinius Caecilius Secundus,
Epistulae VIII, 16

54 kommentar

Paternus: ein junger Freund des Plinius

1 mei: Plinius bezeichnet mit *mei* nicht nur die unmittelbaren Familienangehörigen, sondern auch alle seine Sklaven und Freigelassenen.

facilitas manumittendi: Mit der Zeit waren verschiedene Erleichterungen für die Freilassung von Sklaven erlassen worden; ebenso waren verschiedene Formen möglich, einen Sklaven aus der Gewalt (*manus*) des Herrn zu entlassen.

quasi testamenta facere: Da Sklaven nicht rechtsfähig waren (sie galten rechtlich als *res*), konnten sie auch keine letztwilligen Verfügungen treffen.

2 intra domum: Plinius lässt seine Sklaven im Haus agieren, als seien sie freie Menschen.

54 Vertiefung

1 **a** Welche Emotionen erregen die Todesfälle der Sklaven bei Plinius? Sammle Ausdrücke und Wendungen, die diese Emotionen transportieren!

b Ist sein Schmerz wirklich so tief gehend, wie er es selbst darstellt?

2 **a** Welche Sonderrechte gewährt er seinen Sklaven? Betrachtet er sie als ihm gleichwertige Menschen?

b Welchen Unterschied sieht er zwischen seiner eigenen Haltung gegenüber Sklaven und der anderer Sklavenbesitzer?

3 Warum berichtet er überhaupt seinem Freund von diesen Dingen? Was erwartet er von ihm?

Das Verhältnis Herr – Sklave war ein beliebter Stoff für satirische Abhandlungen und Komödien. Der schlaue Sklave, der seinem Herrn an Intelligenz und Witz weit überlegen ist, ist ein ähnlich beliebtes Motiv der römischen Satire und Komödie, wie es bis zum heutigen Tag das schlaue Dienstmädchen oder der pfiffige Diener sind. T. Maccius Plautus, einer der bedeutendsten römischen Komödiendichter, hat in seinem *„Pseudolus"* einen schlauen Sklaven zur Hauptperson gemacht. Dieser wettet mit seinem Herrn Simo, es werde ihm gelingen, ihn zu überlisten, und er ist selbstverständlich erfolgreich:

55 Text

T. Maccius Plautus,
Pseudolus, 1311–1328

Sklavenschläue

SIM. Omnia, ut quicque egisti[1], ordine scio.
PS. Quid ergo dubitas dare mi argentum?
SIM. Ius petis, fateor. Tene!
PS. At negabas daturum esse te mihi.
Onera hunc hominem[2] atque me consequere[3] hac.
SIM. Egone istum onerem?
PS. Onerabis, scio.
SIM. Quid ego huic homini faciam? Satin[4], ultro et
argentum aufert et me inridet?
PS. Vae victis.
SIM. Vorte ergo umerum[5].
PS. Em.
SIM. Hoc ego numquam ratus sum
fore me, ut tibi fierem supplex[6].
Heu heu heu.
PS. Desine.
SIM. Doleo.
PS. Ni doleres tu, ego dolerem.
SIM. Quid? Hoc auferes, Pseudole mi, aps tuo ero[7]?
PS. Lubentissimo corde atque animo.

1311 **1 ut quicque egisti**: wie du alles eingefädelt hast

1315 **2 hunc hominem** = me **3 consequere**: Imperativ, folge mir **4 satin** = satisne **5 vorte umerum** = verte: halte deine Schulter her **6 ratus sum fore …**: ich hätte nie geglaubt, dass es geschehen könnte, dass ich dich um etwas bitten muss

1321 **7 aps** (= ab) **tuo ero**: von deinem Herrn

SIM. Non audes[8], quaeso, aliquam partem mihi
gratiam facere hinc argenti[9]?
PS. Non: Me dices avidum esse hominem, nam hinc
numquam eris nummo divitior[10];
neque te mei tergi misereret[11], si hoc non hodie
effecissem.
SIM. Erit[12], ubi te ulciscar, si vivo.
PS. Quid minitare[13]? Habeo tergum.
SIM. Age sane igitur.
PS. Redi.
SIM. Quid redeam?
PS. Redi modo: non eris deceptus.
SIM. Redeo.
PS. Simul mecum i potatum[14]!
SIM. Egone eam?
PS. Fac quod te iubeo:
Si is, aut dimidium aut plus etiam faxo hinc feres[15].
SIM. Eo, duc me quo vis.

8 audeo 2: h. über sich bringen **9 partem mihi gratiam facere hinc argenti**: mir einen Teil von diesem Silber zu vergönnen **10 numquam eris nummo divitior**: du wirst durch mich um keinen Heller reicher **11 neque te mei tergi misereret**: dir würde mein Rücken nicht leidtun
1325 **12 erit**: erg. eine Gelegenheit **13 minitare** = minitaris: du drohst **14 simul mecum i potatum**: geh mit mir „einen heben“ **15 faxo hinc feres**: ich werde dafür sorgen, dass du mitnimmst

T. Maccius Plautus,
Pseudolus, 1311–1328

55 Kommentar

Die Komödie bedient sich umgangssprachlicher Formulierungen mit viel Wortwitz, oft werden auch Formen und Wendungen eines älteren Sprachzustands verwendet (*faxo* = *faciam*, *lubentissimo corde* = *libentissimo*, *vorte* = *verte*).
Pseudolus: Der Name, eine Mischung aus dem griechischen Wort *pseudomai*, lügen, und dem lateinischen Suffix *-ulus*, bedeutet somit „kleiner Lügner“.
1318 vae victis: Diesen Ausspruch wird dem Gallierkönig Brennus, der mit seinen Scharen Italien verheerte und die Römer 387 v. Chr. an der Allia vernichtend schlug, zugeschrieben. Als die Römer sich bitter über die allzu schweren Gewichte beklagten, die von ihnen mit Gold aufgewogen werden mussten, habe Brennus noch zusätzlich sein Schwert auf die Waagschale gelegt und gesagt „*vae victis*“, um damit zu bedeuten, dass er es sei, der die Bedingungen diktiere, nicht die Besiegten.

55 Vertiefung

1 Durch die Schlauheit des Pseudolus kommt es zu einer – freilich nicht realistischen – Verkehrung der Machtverhältnisse: Wo zeigt sich der „Rollentausch“ zwischen Herrn und Sklaven besonders deutlich?

2 Wird Simo seine Rachedrohung wahr machen oder gibt es ein Happy End?

Abb. 28: Grabrelief von Freigelassenen

Meist musste der Sklave sein Licht jedoch unter den Scheffel stellen, um das Missfallen seines Herrn nicht zu erregen. Einmal im Jahr, beim Fest der Saturnalien im Dezember, gestand man den Sklaven traditionell zu, alles zu sagen, was ihnen auf der Zunge brannte. Eine solche halb ernste Gardinenpredigt eines Sklaven an seinen Herrn gestaltet der Dichter und Satiriker **Horaz**:

> „Ich warte längst schon, möchte gern mal mit dir reden; hab' nur als Sklave Furcht." „Bist du es, Davus?" „Ja, dein Davus, der getreue Diener seines Herrn, auch brav – so ziemlich wenigstens, so weit, dass ich nicht allzu gut bin für das irdische Leben." „Sprich nur, ein offnes Wort erlaubt dir ja der Saturnalien Freiheit, wie es unsre Väter wollten."
>
> „So mancher freut sich an der Sünde und hält unentwegt an solchem Leben fest; doch viele andre schwanken, wählen bald das Gute und geben sich dann auch dem Schlechten hin. Priscus fiel öfters durch drei Fingerringe auf, ein andermal blieb seine Linke leer; er lebte unbeständig und pflegte stündlich seinen Purpurstreif zu wechseln; aus seinem prächtgen Haus verkroch er plötzlich sich in eine Höhle, in der ein bessrer Freigelassner kaum mit Anstand wohnen konnte; heut' lebte er in Rom als Ehebrecher und morgen als Gelehrter in Athen – geboren unterm Fluche aller Wandlungsgötter! Sieh Volanerius, den Lebemann, dem alle Glieder von der wohl verdienten Gicht gelähmt: er hat um Tagelohn sich einen angenommen, der ihm die Würfel aufhebt und statt seiner in den Becher tut: so war er doch mehr konsequent im Laster und um so besser dran als jener andre, der bald am straff gespannten, bald am losen Strick sich quält." „Willst du mir nicht gleich sagen, wen du mit dem tollen Zeug da meinst, du Galgenstrick?" „Ich meine dich." „Wieso, du Schuft?" „Du lobst das schlichte Leben und die Art der kleinen Leute in der guten alten Zeit; doch wollte plötzlich dir ein Gott dazu verhelfen, dann sträubst du dich mit Hand und Fuß: Du glaubst wohl selbst nicht an die Herrlichkeit, von der du predigst, vielleicht auch bist du nur ein schwacher Kämpfer für das Recht, hängst fest und suchst vergeblich deine Füße aus dem Dreck zu ziehen. Lebst du in Rom, so sehnst du dich aufs Land, und auf dem Lande lobst du wankelmütig die Stadt bis zu den Sternen. Bist du zufällig nicht zum Essen eingeladen, dann rühmst du deine schlichte Hausmannskost und preisest dein sorgenfreies Glück und bist zufrieden, dass dir nirgends ein Gelage winkt als wenn du je gezwungen wie zum Frondienst gingest! Wenn aber spät beim ersten Lampenschimmer Mäzenas dich als Tischgast zu sich bittet, dann gibt es gleich ein groß' Geschrei: ‚Rasch, bringt denn keiner Öl für die Laterne? Hört ihr nicht?' so polterst du und rennst davon. Doch Mulvius und die andern deiner Gäste, lauter Pflastertreter, verwünschen dich mit lästerlichen Flüchen und rücken grollend ab. ‚Nun ja, ich geb' es zu', so sagt wohl einer, ‚als lockrer Zeisig lass ich mich vom Bauch verführen und schnüffle mit erhobner Nase, wo's nach Braten duftet; bin energielos, arbeitsscheu, und wenn du willst, sag' auch: ein Leckermaul.' Du aber, Freund Horaz, der doch dasselbe ist wie ich, vielleicht noch schlimmer, du fährst mich gar noch an, fühlst dich als bessrer Mensch und willst mit schönen Redensarten deine Fehler schlau bemänteln? Ja, wenn sich's nun herausstellt, dass du törichter als ich, der Sklav, den du für lumpige fünfhundert Drachmen kauftest? – Lass doch, mach' kein so grimmiges Gesicht, beherrsche deinen Groll und deine Hand – ich wiederhole nur, was von des Stoikers Crispinus Pförtner ich erst lernte."
>
> *Q. Horatius Flaccus, Saturae II, 4, 1–45, übers. von W. Schöne*

Teil VI

Wellness auf Römisch – Thermen und Sport

Aktive sportliche Betätigung als Form der Freizeitgestaltung hatte in Rom im Vergleich mit dem passiven „Zuschauersport“ Wagenrennen und Gladiatorenkampf eine geringere Bedeutung. Eine stark auf Sport ausgerichtete Freizeitkultur wie heute hat es im antiken Rom wohl nicht gegeben. Ansätze zu einem „Volkssport“ lassen sich in der hoch entwickelten Bade- und Schwimmkultur der Römer erkennen. Auch leichtathletische Sportarten wie Diskus- und Speerwerfen, Laufen, Hoch- und Weitsprung, daneben Reifentreiben und Ringen waren beliebte Formen körperlicher Ertüchtigung junger Römer. Reiten und Jagen waren zwei vor allem bei den Angehörigen der Oberschicht ausgeübte sportliche Disziplinen, die gleichzeitig auf einen Einsatz im Krieg vorbereiten sollten. Eine Grabinschrift spiegelt diese Einstellung zur Freizeitgestaltung der Römer wider:

56 text

CIL VI 15238

Aufruf zum Freizeitgenuss

Venari lavari ludere ridere occest[1] vivere.

1 occest = hoc est; das „h“ wurde schon in klassischer Zeit sehr schwach gesprochen, in den romanischen Sprachen überhaupt nicht mehr

Das Marsfeld vor den Toren Roms bot den jungen Männern Gelegenheit, sich in den leichtathletischen Sportarten zu üben. Frauen durften auf dem Marsfeld dagegen nicht trainieren, wie man den Versen des Dichters P. Ovidius Naso entnehmen kann:

57 text

P. Ovidius Naso,
Ars amatoria III, 381–386

Das Marsfeld – für Frauen tabu

Hos ignava iocos tribuit natura puellis;
  Materia ludunt uberiore[1] viri.
Sunt illis celeresque pilae iaculumque trochique[2]
  Armaque et in gyros ire[3] coactus equus.
Nec vos Campus habet[4], nec vos gelidissima Virgo,
  Nec Tuscus placida devehit[5] amnis aqua.

381 **1 uber**, -eris: reich, ergiebig **2 trochus**, -i m.: Reifen (Sportgerät) **3 in gyros ire**: die Kreisbahn zu laufen
385 **4 nec vos Campus habet**: das Marsfeld hat euch nicht = ist kein Ort für euch **5 deveho** 3: mit flussabwärts führen

57 kommentar

P. Ovidius Naso,
Ars amatoria III, 381–386

382 ludunt: Die jungen Männer trainierten auf dem Marsfeld; mit Sportarten wie Boxen, Ringen, Laufen, Bogenschießen, Diskuswerfen, Reiten und Schwimmen im Tiber hielt man sich u. a. auch für allfällige Kriegseinsätze fit. Auch ältere Semester betätigten sich dort sportlich – die Mehrheit spielte am Nachmittag vor dem obligaten Thermenbesuch Ball.

383 **celeres pilae**: Bälle gab es in verschiedenen Größen, z. B. die kleine *pila*, die mit Haaren oder Federn gestopft und mit Lappen benäht war, oder der mit Luft gefüllte, weiche *follis*. Die Bälle wurden zu verschiedenen Arten von Spielen genutzt, deren Grundelemente immer das Werfen und das Fangen waren. Gelegentlich wurde mit mehreren Bällen jongliert, die ein Mitspieler dann der Reihe nach aufzufangen und weiter zu jonglieren hatte.
385 **Campus**: wurde von den Römern nach einem Tempel, der dem Kriegsgott Mars geweiht war, als *campus Martius* bezeichnet. Er lag in der Tiberschleife und war ein Platz, auf dem sowohl Waffenübungen des Heeres als auch Volksversammlungen abgehalten wurden und auf dem Männer Sport betrieben. Später – ca. ab dem 1. Jh. v. Chr. – wurde der Platz nach und nach mit Großbauten wie Theatern (z.B. dem ersten steinernen Theater Roms), Thermen und Tempeln bebaut.
gelidissima Virgo: Die *aqua virgo*, die von Agrippa, dem Freund und Schwiegersohn des Augustus, errichtet worden war, galt als eine der wichtigsten Wasserleitungen Roms; sie speiste auch die von ihm erbauten Thermen am *campus Martius* und war berühmt für ihr besonders kaltes Wasser.
386 **Tuscus amnis**: Schwimmen im Tiber war zu Trainingszwecken sehr beliebt.

57 Vertiefung

1 Welche Sportarten nennt Ovid? Versuche anhand der Wortstellung bzw. der Attribute zu erkennen, ob ihm einzelne Sportarten ein größeres Anliegen sind als andere!

2 Welche Stilfigur (➤ S. VIII) findet sich in Zeile 5 und 6, was will Ovid mit ihr besonders hervorheben?

Manche junge Männer nahmen Boxunterricht, wobei ihre Zahl wegen der hohen Verletzungsgefahr im Gesichtsbereich relativ gering gewesen sein dürfte. Wenn es die chaotische Verkehrssituation zuließ, konnte man auf Roms Straßen auch „Jogger“ sehen. In der Regel absolvierten die Langstreckenläufer ihre Trainingsrunden jedoch auf eigenen Sportgeländen. M. Valerius Martialis hat eines seiner Epigramme dem Langstreckenläufer Atticus gewidmet:

58 text

M. Valerius Martialis, Epigrammata VII, 32

Laufen als Hauptsport

Attice, facundae renovas[1] qui nomina gentis
nec sinis ingentem conticuisse[2] domum,
te pia Cecropiae comitatur turba Minervae,
te secreta quies, te sophos[3] omnis amat.
At iuvenes alios fracta colit aure[4] magister[5]
et rapit inmeritas sordidus unctor[6] opes.
Non pila, non follis, non te paganica[7] thermis
praeparat aut nudi stipitis[8] ictus hebes,
vara[9] nec in lento[10] ceromate bracchia tendis,
non harpasta[11] vagus[12] pulverulenta rapis,
sed curris niveas[13] tantum prope Virginis undas
aut ubi Sidonio taurus amore calet[14].
Per varias artes[15], omnis quibus area servit[16],
ludere, cum liceat currere, pigritia est.

1 **1 renovo** 1: wieder aufleben lassen **2 conticesco** 2, -ui: verstummen **3 sophos**: griech. der Weise (vgl. Philosophie)
5 **4 fracta aure**: mit zerschlagenem Ohr **5 magister**, -tri m.: Fechtmeister **6 sordidus unctor**: ein schmieriger Masseur **7 pila, follis, paganica**: verschiedene Arten von Bällen (mit Haar, Luft oder Federn gefüllt) **8 nudus stipes**: bloßer Stock (Trainingsgerät zum Fechten) **9 varus** 3: entgegengesetzt; vara bracchia = beide Arme **10 lentus** 3: zäh
10 **11 harpastum**, -i n.: Fangball **12 vagus rapere**: nachhetzen, um zu fangen **13 niveus** 3: eisig kalt **14 amore calere**: vor Liebe glühen **15 ars**, -tis f.: Sportart **16 servio** 4: bieten können, zu bieten haben

58 Kommentar

M. Valerius Martialis, Epigrammata VII, 32

1 Atticus: wohl ein Nachfahre des berühmten Titus Pomponius Atticus, eines äußerst gelehrten und beredten Mannes, der auch mit Cicero gut befreundet war

3 pia turba: Die „fromme Schar" sind die Gelehrten und Philosophen Athens.

Cecropiae Minervae: Die Athener sind hier nach Kekrops, ihrem ersten, mythischen König, dessen Unterleib schlangenartig gewesen sein soll, benannt. Minerva/Athene ist die Schutzherrin von Athen, das mit Sokrates den geistigen Vater der wichtigsten antiken Denksysteme hervorgebracht hat.

7 pila, follis, paganica: ➤K57, S. 112

9 ceroma: eigentlich die Wachssalbe, mit der sich Ringer einrieben, um ihre Körper schlüpfrig zu machen, hier metonymisch für Ringkampf

10 harpastum: ➤T60, S. 118

11 Virgo: Die *aqua virgo*, von Agrippa, dem Freund und Schwiegersohn des Augustus, errichtet, war eine der wichtigsten Wasserleitungen Roms; sie speiste auch die von ihm errichteten Thermen am *campus Martius* und war berühmt für ihr besonders kaltes Wasser.

12 Sidonio taurus amore calet: Zeus näherte sich in Gestalt eines wunderschönen Stiers der sidonischen = phönizischen Prinzessin Europa und entführte sie, nachdem sie Vertrauen gefasst und sich auf den Rücken des Stiers gesetzt hatte, nach Kreta. Die Darstellung der Entführung war in einer beliebten Promenierhalle am Marsfeld zu sehen.

58 Vertiefung

1 **a** Inwiefern unterscheidet sich Atticus von anderen jungen Leuten? Womit beschäftigt er sich? Welche Rückschlüsse auf seinen Charakter lässt die Schilderung des Martial zu?

b Warum entscheidet sich ein Mensch wie Atticus wohl eher für das Laufen als für die am Marsfeld praktizierten Sportarten?

2 Welche unangenehmen Nebeneffekte nennt Martial, die das Vergnügen der Sportler am Marsfeld stören? Referiert er damit eher die eigene Meinung oder die des Atticus?.

Seit 186 v. Chr. wurden dem römischen Publikum immer wieder Sportvorführungen als Teile öffentlicher *ludi* geboten, nach griechischem Vorbild und ohne Zweifel mit griechischen Athleten. Der Sport erreichte allerdings nie die Beliebtheit von Wagenrennen oder Gladiatoren, obwohl er besonders von Kaiser Augustus gefördert wurde, dessen Ziel es war, die altrömischen Tugenden und Einrichtungen wieder zu beleben und den Anschluss Roms an die noch immer überlegene griechische Kultur zu erreichen.

Die Körperkultur der Römer der Kaiserzeit äußerte sich weniger im Sport als im Vorhandensein unzähliger öffentlicher Badeanstalten. So reinlich waren die Römer aber nicht immer gewesen. L. Annaeus Seneca bezeichnet die Vorfahren in einem seiner Briefe sogar aus ausgesprochene „Ferkel" (Ep. 86,12). Lange Zeit stand das Baden bei den Römern tatsächlich nicht sehr hoch im Kurs. Nur in wenigen Privathäusern gab es einen Waschraum (*lavatrina*), der aber meist neben der Küche lag und dementsprechend kühl und ungemütlich war. Das Gros der Bevölkerung konnte selbst von den schlichten Badewannen der frühen Privatbäder (*balnea*) nur träumen.

Die eigentliche Wende zur üppigen römischen Badekultur vollzog sich im späten 2. und im 1. Jh. v. Chr., als die ersten öffentlichen Miet-Badeanstalten *(balnea meritoria)* entstanden und großen Erfolg hatten. Immer mehr Unternehmer investierten ihr Geld in das lukrative Geschäft mit Sauberkeit und „Wellness". Der Eintrittspreis (*balneaticum*) betrug in den meisten Fällen lediglich einen *quadrans*, also ein Viertel-As. Damit konnten sich so gut wie alle Römer den Besuch eines Bades leisten. Der frühchristlichen Kirche waren die Thermen in der Spätantike ein Dorn im Auge; sie verurteilte vor allem das gemeinsame Bad von Männern und Frauen. „Wer einmal in Christo gebadet worden ist, braucht kein anderes Bad mehr", erklärte der Hl. Hieronymus (Ep. 14 p. 10), und der Hl. Augustinus gestand den Nonnen einen einzigen Thermenbesuch im Monat zu (Ep. 211 p. 13). „Das Bad verweichlicht und erschlafft den Leib eines gesunden Mannes und entzündet seine Begierde", behauptet der Eremit Barsanuphius (Bibl., verlegt von Volo, 1970, S. 336). Doch die Römer verzichteten nicht gern auf die Annehmlichkeiten der Thermen. Kirchliche Verbote und Ermahnungen blieben lange Zeit wirkungslos. Selbst die Geistlichkeit scheint es in diesem Punkt nicht sehr genau genommen zu haben: Ende des 4. Jhs. antwortete der Bischof von Konstantinopel, Sisinnius, auf die Frage, wie es komme, dass er, ein Priester, täglich zwei Bäder nehme: „Für drei reicht meine Zeit nicht" (Sokrates, Hist. Eccl. VI, 22).

Nicht anders als heute können Sport und Körperbewusstsein jedoch auch übertrieben werden. Der Philosoph L. Annaeus Seneca macht sich in einer seiner *„Epistulae morales"* Gedanken über Fitnessdrang und Körperbewusstsein seiner Zeitgenossen und kommt zu dem Schluss, dass ein durchtrainierter und sportlicher Körper allein nicht genug sei, um wahrhaft „gesund" zu sein:

59 text

L. Annaeus Seneca, Epistulae morales ad Lucilium II, 15, 1–5

Wahre Gesundheit

SENECA LUCILIO SUO SALUTEM

1 Mos antiquis[1] fuit, usque ad meam servatus aetatem, primis epistulae verbis adicere: „Si vales bene est, ego valeo". Recte nos dicimus: „Si philosopharis, bene est". Valere enim hoc demum est. Sine hoc aeger est animus; corpus quoque, etiam si magnas habet vires, non aliter quam furiosi[2] aut frenetici[3] validum est.

2 Ergo hanc praecipue valetudinem cura, deinde et illam secundam! Quae non magno tibi constabit[4], si volueris bene valere[5]. Stulta est enim, mi Lucili, et minime conveniens litterato viro[6] occupatio exercendi lacertos et dilatandi cervicem[7] ac latera firmandi[8]; cum tibi feliciter sagina[9] cesserit[10] et tori[11] creverint, nec vires umquam opimi bovis nec pondus aequabis[12].

1 **1 mos antiquis fuit**: frühere Generationen hatten die Gewohnheit (dat. poss.) **2 furiosus** 3: rasend, tobsüchtig **3 freneticus** 3: wahnsinnig

2 **4 magno constare**: teuer kommen, aufwendig sein **5 bene valere**: in richtiger Weise gesund sein **6 litteratus vir**: Intellektueller, gebildeter Mensch **7 cervicem dilatare**: die Nackenmuskeln vergrößern **8 latera firmare**: die Bauchmuskeln stählen, festigen **9 sagina**, -ae f.: Mastkur **10 feliciter cedere**: erfolgreich verlaufen **11 torus**, -i m.: Muskelpolster **12 aequo** 1: erreichen

Adice nunc, quod maiore corporis sarcina[13] animus eliditur[14] et minus agilis est. Itaque quantum potes circumscribe corpus tuum et animo locum laxa[15]!

3 Multa sequuntur incommoda huic deditos[16] curae: primum exercitationes, quarum labor spiritum exhaurit[17] et inhabilem intentioni ac studiis acrioribus[18] reddit; deinde copia ciborum subtilitas[19] impeditur. Accedunt pessimae notae[20] mancipia in magisterium recepta[21], homines inter oleum et vinum occupati, quibus ad votum dies actus est, si bene desudaverunt, si in locum eius, quod effluxit[22], multum potionis altius in ieiuno iturae[23] regesserunt.

4 Bibere et sudare vita cardiaci[24] est. Sunt exercitationes et faciles et breves, quae corpus et sine mora lassent[25] et tempori parcant, cuius praecipua ratio habenda est[26]: cursus et cum aliquo pondere manus motae et saltus – vel ille, qui corpus in altum levat, vel ille, qui in longum mittit vel ille, ut ita dicam, saliaris aut, ut contumeliosius dicam, fullonius: quoslibet[27] ex his elige, usum rudem, facilem[28].

5 Quidquid facies, cito redi a corpore ad animum; illum noctibus ac diebus exerce. Labore modico alitur ille; hanc exercitationem non frigus, non aestus impediet, ne senectus quidem. Id bonum cura, quod vetustate fit melius!

13 corporis sarcina, -ae f.: Körpermasse **14 elido** 3: einengen **15 locum laxare**: Raum freimachen, schaffen

3 **16 deditus** 3 + dat.: konzentriert auf, intensiv beschäftigt mit **17 exhaurio** 4: erschöpfen **18 studia acriora**: intensivere geistige Tätigkeiten **19 subtilitas**, -atis f.: Exaktheit, Scharfsinn **20 pessimae notae** (gen. qual.): übelster Art **21 in magisterium recipere**: als Trainer beschäftigen **22 quod effluxit**: was sie an Flüssigkeit verloren haben **23 multum potionis altius ieunio iturae**: viel an Getränk (gen. part.), das bei einem nicht an Alkoholgenuss Gewöhnten noch stärker wirken würde (iturae = part. fut. akt.)

4 **24 cardiacus**, -i m.: Magenkranker **25 sunt ... , quae lassent** (konsekutiver Relativsatz): es gibt Übungen, die müde machen **26 praecipuam rationem habere**: besondere Bedeutung beimessen **27 quoslibet elige**: wähl dir eine beliebige von diesen Sprungtechniken **28 usus facilis et rudis**: ein einfaches und unaufwendiges Trainingsprogramm

Abb. 29: Athlet, *Porträt aus Fayum*

59 Kommentar

L. Annaeus Seneca, Epistulae morales ad Lucilium II, 15, 1–5

1 **si tu vales bene est, ego valeo**: An der Spitze jedes Briefs werden Absender und Adressat in Verbindung mit feststehenden, oft abgekürzten Gruß- und Einleitungsformeln genannt, z. B. s. t. v. b. e. e. v.

valere hoc demum est: Seneca, ein stoischer Philosoph, definiert menschenwürdiges Leben als vernunftgemäßes, verstandesorientiertes Leben. Anstrengungen, die nur zum Zweck der Verbesserung des Äußeren erfolgen, sind seiner Meinung nach wenig sinnvoll.

furiosi, frenetici: Psychische Krankheiten wurden in der Antike bereits vielfach als solche erkannt. Zur Behandlung setzte man teils Dunkelhaft und Schockmethoden ein. Bedeutende Ärzte wie Asklepiades und Soran empfahlen aber geradezu moderne therapeutische Maßnahmen; Asklepiades eine „Diät" aus Wein und Arbeit, Unterhaltung, Reisen etc. und Soran Ablenkung durch Vorlesen, Diskussionen, Gespräche mit freundlich gesinnten Menschen, Theaterbesuche etc.

3 **mancipia pessimae notae**: Als Trainer und Sparringpartner wurden in der Regel Sklaven oder Freigelassene eingesetzt, dabei waren Bildung, Kultiviertheit und guter Ruf keine ausdrücklichen Anstellungserfordernisse.

inter oleum et vinum occupati: *Oleum*, das Salböl, mit dem die Sportler ihre Körper einrieben, steht hier metaphorisch für Sport, *vinum* für unernste, niveaulose Lebensgestaltung.

4 **saltus saliaris**: Die Salier, ein Priesterkollegium in Latium und Rom, hielten im März und Oktober, also vor und nach der Feldzugszeit, in altrömischer Kriegstracht Umzüge mit kultischen Tänzen zu Ehren von Mars bzw. von Quirinius ab, in deren Rahmen man auch auf eine charakteristische Weise senkrecht in die Höhe sprang.

saltus fullonius: *Fullones*, Walker, stellten Tuche her und reinigten und färbten Gewänder. Der Walker stand in einem großen Bottich, stützte sich mit den Armen auf den Rändern ab und walkte das Tuch durch Stampfen und Hüpfen.

ut contumeliosius dicam: Die Arbeit der Walker – meist Sklaven – war wenig angesehen, da man als Walkflüssigkeit zum Verfilzen des Gewebes Urin verwendete. Die Betreiber der *fullonicae* stellten mit Genehmigung der lokalen Behörden an öffentlichen Orten Sammelbehälter auf.

59 Vertiefung

1 **a** Hält es Seneca grundsätzlich für sinnvoll, sich sportlich zu betätigen?

b Wofür soll Sport dienen und in welchem Umfang soll er betrieben werden?

c Ist Sport nur etwas für jüngere Menschen?

2 **a** Was bemängelt Seneca in seiner ironischen Darstellung vom Bodybuildern und ihren Trainern?

b Wie wirkt sich seiner Meinung nach Leistungssport auf die Denkfähigkeit und die Konzentration aus?

3 Versuche nachzuvollziehen, wie Seneca diesen Text aufbaut, um den bzw. die Adressaten dazu zu motivieren, das von ihm vorgeschlagene Konzept zu übernehmen.

4 Welche Motive bewegen deiner Meinung nach Menschen von heute dazu, Bodybuilding oder eine beliebige andere Art von Leistungssport zu betreiben?

5 Vergleiche Senecas Grundgedanken mit folgendem Text:

Männer wollen Muskeln

Frauen werden im Sport mehr nach ihrer Erscheinung als nach ihrer Leistung beurteilt. Darauf hat eine britische Psychologin jetzt hingewiesen. Wie die Wissenschaftlerin auf dem diesjährigen Wissenschaftsfestival der British Association sagte, würden muskulöse Frauen immer noch als unweiblich angesehen. Muskulöse Männer dagegen würden ihrer Geschlechterrolle entsprechen. Diese Rollen würden von Männern und Frauen gleichermaßen akzeptiert. In Sachen Schönheitsobsession holen deshalb Männer den Vorsprung der Frauen zunehmend auf. Nach Essstörungen und Penisoperationen gibt nun eine krankhafte Muskelsucht oder muskuläre Dysmorphie Anlass zur Sorge. In Anlehnung an die Essstörung Anorexie macht sogar schon die Bezeichnung „Biggerexie" die Runde. Amerikanische Psychologen haben sich jetzt diesem Sehnen gewidmet. Zunächst vermaßen sie die Körper von 200 Probanden. Dann legten die Forscher den Männern eine „somatomorphe Matrix" vor – einen computergestützten Test, der Körperdarstellungen mit unterschiedlichen Fett- beziehungsweise Muskelanteilen zur Auswahl anbietet. Die Männer wählten aus den Bildern diejenigen aus, die ihrer Ansicht nach ihren eigenen Körper, ihren Wunschkörper, den durchschnittlichen Männerkörper und den männlichen Traumkörper aus Frauensicht darstellten. Auf der „Fettachse" waren die Unterschiede zwischen Realität und Einschätzung beziehungsweise Wunsch nur mäßig. Auf der „Muskelachse" jedoch hatten die Wunschkörper der Männer durchschnittlich 13 Kilogramm mehr Muskelmasse als ihre wirklichen Körper. Bei den vermeintlichen Wunschkörpern der Frauen waren es sogar 14 Kilogramm. Nach Ansicht der Psychologen können die Ergebnisse zumindest teilweise erklären, warum Krankheiten wie muskuläre Dysmorphie und der Gebrauch von Anabolika immer mehr um sich greifen.

„American Journal of Psychiatry" 157: 1297–1301, August 2000

Die Beliebtheit des Bades als Freizeitvergnügen ging sehr rasch über die rein hygienische Funktion hinaus: Man kam, um das Unterhaltungs- und Kommunikationsangebot der Bäder zu nützen. Unter dem steigenden Konkurrenzdruck wurden die Badeanlagen immer aufwendiger und luxuriöser gestaltet. Zum Standard gehörten ein Auskleideraum (*apodyterium*), ein Kaltbad (*frigidarium*), ein Becken mit lauwarmem Wasser (*tepidarium*) und das Heißbad (*caldarium*) mit einer oder mehreren Wannen mit heißem Wasser. Auch Schwitzbäder (*laconica oder sudatoria*), Räume für gymnastische Übungen und ein Schwimmbecken waren in einem römischen Bad vorhanden.

Abb. 30: Wasserhähne

Ein besonders beliebter Zeitvertreib war das Ballspiel (*harpastum*), das man nicht nur in den Thermen vor dem Bad, sondern auch außerhalb als eine unterhaltsame Methode des Stressabbaus betrachtete. Es gab mindestens fünf bis sechs unterschiedliche Balltypen, die sich durch Größe und Gewicht unterschieden. Der kleinste war die *pila*, ein fester, mit Haaren oder Federn gestopfter, mit farbigen Lappen benähter Ball, der größte der mit Luft gefüllte, weiche *follis*, der aus einer aufgeblasenen Schweins- oder Rindsblase bestand. Es gab unterschiedliche Spielformen, die vom Einzel- bis zum Mannschaftsspiel reichten. Die beliebteste Variante des *harpastum* war eine Art Neckballspiel, bei dem es auf das Täuschen des Gegners beim Zuwerfen ankam. Bei einer Abwandlung davon musste ein Spieler in der Mitte des Kreises stehen und versuchen, den Ball abzufangen, was manchmal recht anstrengend werden konnte, wie C. Sollius Apollinaris Sidonius, ein christlicher Dichter und Schriftsteller des 5. Jhs., beschreibt:

60 text

C. Sollius Apollinaris Sidonius, Epistulae V, 17, 6 f.

Mangelnde Kondition

17,6 Mox, ut erat aetas, his pila, his tabula[1] profertur. Sphaerae[2] primus ego signifer[3] fui, quae mihi, ut no(vi)sti, non minus libro comes habetur[4]. Cum caterva scholasticorum[5] lusimus, quantum membra torpore statarii[6] laboris hebetata[7] cursu salubri vegetarentur[8]. Hic vir illustris Philomathius „ausus et ipse manu iuvenum temptare laborem" (ut est illud Mantuani poetae) sphaeristarum[9] se turmalibus[10] constanter immiscuit. Pulchre enim hoc fecerat, sed cum adhuc essent anni minores[11].

7 Qui cum frequenter de loco stantium impulsu[12] medii currentis summoveretur[13], nunc quoque acceptus in aream tramitem[14] tam pilae praetervolantis[15] quam superiectae[16] nec interciperet[17] nec caveret ac per catastropham[18] saepe pronatus[19] aegre de ruinoso[20] flexu se recolligeret, primus ab accentu[21] ludi sese removit suspiriosus[22] extis incalescentibus[23].

17,6 **1 tabula**, -ae f.: Spielbrett **2 sphaera**, -ae f. = pila: Ball **3 signifer**, -i m.: Spielführer **4 non minus libro comes habetur**: mir nicht weniger ein vertrauter Gefährte war als meine Bücher **5 scholasticus**, -i m.: Student **6 statarius** 3: stehend, ruhig **7 hebeto** 1: abschwächen **8 quantum vegetarentur** (finaler Relativsatz): damit sie ein wenig belebt werden **9 sphaerista**, -ae m.: Ballspieler **10 turmale**, -is n.: Mannschaft **11 cum essent adhuc anni minores**: in jüngeren Jahren

7 **12 impulsus**, -us m.: Wurf **13 summoveo** 2: herausjagen **14 trames**, -itis m.: Bahn, Flug **15 praetervolo** 1: vorbeifliegen **16 supericio** 3M, -ieci, -iectum: über den Kopf hinweg schießen **17 intercipio** 3M + gen.: abfangen **18 catastropha**, -ae f.: Wendung **19 pronatus** 3: vorgeneigt **20 ruinosus** 3: vom Sturz bedroht **21 accentus**, -us m.: Steigerung **22 suspiriosus** 3: voll Stöhnen **23 extis incalescentibus**: da die Eingeweide brennen

60 kommentar

C. Sollius Apollinaris Sidonius, Epistulae V, 17, 6 f.

17,6 poeta Mantuanus = Vergil, 70–19 v. Chr., geboren in Mantua. Sein Hauptwerk, das Epos *„Aeneis"*, das die Abenteuer des Aeneas von seiner Flucht aus dem brennenden Troja bis zur Ansiedlung in Latium behandelt und einerseits die politischen Ziele des Augustus mitträgt, andererseits die Selbstwahrnehmung der Römer als von den Göttern auserwähltes Herrschervolk bestätigt, war ungeheuer beliebt und wurde daher bei jeder möglichen Gelegenheit zitiert.

Philomathius: Schon der Name des neuen Mitspielers lässt darauf schließen, wie gelehrsam dieser ist: *philos* = griech. Freund, *mathein*, *manthanein* = griech. lernen.

60 vertiefung

1 **a** Aus welchem Grund spielt die Gruppe überhaupt Ball? Welche Rolle spielt der Ich-Erzähler?

b Warum schaltet sich Philomathius ein und zu welcher Erkenntnis muss er sich letztendlich durchringen?

2 Aus welcher inneren Haltung heraus wird das Schicksal des Philomathius erzählt? Wird er bedauert oder belächelt?

3 Ist dir das Phänomen, dass sich Untrainierte gelegentlich zu viel zumuten, auch aus anderem Zusammenhang bekannt? Welche Motive könnten dazu veranlassen?

Abb. 31: Junge Frauen beim Sport mit Sprunggewichten

Es war den Römern durchaus bewusst, dass der Einzelne durch Bewegung und maßvolle Lebensführung einen Beitrag zur Erhaltung der körperlichen Gesundheit leisten kann und dass auch der Geist Training benötigt, um seine Leistungsfähigkeit nicht zu verlieren. Dass allerdings nur in einem gesunden Körper ein gesunder Verstand möglich sei, entspricht nicht antiken Vorstellungen; das oft bemühte *mens sana in corpore sano* ist ein unvollständig wiedergegebenes Zitat des Dichters Juvenal (*Satura* X 356), wo dieser unsinnige Wünsche und Gebete der Menschen behandelt und die Mahnung anschließt: Man überlasse den Göttern selbst, uns das wahrhaft Ersprießliche zu gewähren, und bitte sie nur um körperliche Gesundheit und gesunden Menschenverstand *(orandum est, ut sit mens sana in corpore sano).*

Den Höhepunkt der Beliebtheit der Badekultur als Freizeitvergnügen markiert die Entstehung palastartiger und mit allem Prunk versehener Thermenanlagen, die einige Kaiser in Rom errichten ließen. Die großen Thermen waren nur am Nachmittag geöffnet und wurden bei Einbruch der Dunkelheit geschlossen. Der vornehme Römer badete zwischen Mittagspause und Hauptmahlzeit *(cena)* am Nachmittag. Grundsätzlich gab es getrennte Baderäume für Frauen und Männer, doch hielt man sich in vielen Fällen nicht an die Geschlechtertrennung. Weder in privaten Bädern noch in öffentlichen Thermen war es üblich, Badekleidung zu tragen. Man legte die Straßenkleidung beim Eintritt in die Badeanstalt im *apodyterium* ab und behielt allenfalls eine Tunica an, wenn man sich zunächst noch mit Ballspiel beschäftigen wollte. Gebadet wurde also in der Regel nackt. Wer das nicht tat, fiel auf und musste mit allerlei bösartigen Mutmaßungen und Spott rechnen:

61 text

M. Valerius Martialis,
Epigrammata XI, 75

Eifersucht?

Theca tectus ahenea[1] lavatur
tecum, Caelia, servus; ut[2] quid[3], oro,
non sit cum citharoedus[4] aut choraules[5]?
Non vis, ut puto, mentulam[6] videre.
Quare cum populo lavaris ergo?
Omnes an tibi nos sumus spadones[7]
Ergo, ne videaris invidere[8],
servo, Caelia, fibulam remitte[9]!

1 **1 theca ahenea**: Penishülse aus Bronze **2 ut**: da ja, wo doch **3 quid**: warum? **4 citharoedus**, -i m: Kitharöde, Sänger, der sich selbst auf der Kithara begleitet **5 choraules**, -is m.: Flötenspieler **6 mentula**, -ae f.: umgangssprachlich für Penis, etwa: Schwanz 6 **7 spado**, -onis m.: Eunuch **8 invideo** 2: (den Badenden) etw. missgönnen **9 fibulam remittere**: die Hülse abnehmen

61 kommentar

M. Valerius Martialis,
Epigrammata XI, 75

1 **theca ahenea, fibula**: offenbar gleichbedeutend. Die auffällige Bedeckung des Penis lässt auf eine Infibulation (Einheftelung der Vorhaut) schließen. Man meinte, Geschlechtsverkehr sei der Stimme von Künstlern abträglich und versuchte daher auf diesem Weg eine Erektion zu vermeiden.
1 f. **servus tecum lavatur**: Reichere Leute nahmen ihre persönlichen Sklaven in die Thermen mit, um sich von ihnen epilieren, einölen oder massieren zu lassen, obwohl man in den Badeanstalten Haarzupfer, Kosmetiker, Friseure oder Masseure mieten konnte.

61 vertiefung

1 Welche Dinge werden Caelia hier, ausgehend von der Beobachtung, dass sie mit einem „bekleideten" Sklaven in die Thermen gekommen ist, latent unterstellt?

2 Was macht die poetische Attacke des Dichters für die betroffene Dame besonders peinlich?

Der Besucher verbrachte im Durchschnitt mehrere Stunden im Bad und nützte das reiche Freizeit- und Unterhaltungsangebot. Zum Bad gehörte mehr oder minder intensive Körperpflege, die man mit heutigen Wellness-Angeboten vergleichen könnte: Salben, Massieren, Enthaaren, aber auch Schminken und Frisieren. Die Thermenanlagen dürften stets gut besucht gewesen sein und das Treiben im Bad war laut und turbulent, wie Seneca in einem seiner Briefe aus leidvoller eigener Erfahrung berichtet:

L. Annaeus Seneca, Epistulae morales ad Lucilium VI, 56, 1–2

Keine Ruhe für den Philosophen

1 Peream[1] si est tam necessarium, quam videtur, silentium in studia seposito[2]. Ecce undique me varius clamor circumsonat: Supra ipsum balneum habito. Propone nunc tibi omnia genera vocum, quae in odium possunt aures adducere[3]: Cum fortiores[4] exercentur et manus plumbo graves iactant, cum aut laborant[5] aut laborantem imitantur, gemitus audio, quotiens retentum spiritum remiserunt, sibilos[6] et acerbissimas respirationes[7]; cum in aliquem inertem et hac plebeia unctione[8] contentum incidi, audio crepitum illisae manus umeris[9], quae prout[10] plana pervenit aut concava, ita sonum mutat. Si vero pilicrepus[11] supervenit et numerare coepit pilas, actum est.

2 Adice nunc scordalum[12] et furem deprensum et illum, cui vox sua in balineo placet, adice nunc eos qui in piscinam cum ingenti impulsae aquae sono[13] saliunt. Praeter istos quorum, si nihil aliud, rectae[14] voces sunt, alipilum[15] cogita tenuem et stridulam[16] vocem, quo sit notabilior, subinde exprimentem[17] nec umquam tacentem, nisi dum vellit alas[18] et alium pro se clamare cogit; iam biberari[19] varias exclamationes et botularium[20] et crustularium[21] et omnes popinarum institores[22] mercem[23] sua quadam et insignita modulatione[24] vendentes.

1 **1 peream**: ich will zugrunde gehen **2 sepositus** 3: vertieft, konzentriert **3 aures in odium adducere**: die eigenen Ohren verhasst machen **4 fortis**, -e: hier: kräftig **5 laboro** 1: sich anstrengen **6 sibilus**, -i m.: Zischen **7 acerbissimae respirationes**: sehr kräftiges Atemholen **8 plebeia unctio**: primitive Einsalberei **9 crepitus illisae manus umeris**: das klatschende Geräusch der im Bereich der Schultern aufschlagenden Hand **10 prout**: je nachdem, ob **11 pilicrepus**, -i m.: Ballspieler

2 **12 scordalus**, -i m.: Streithammel, Raufbold **13 sonus**, -i m.: Platschen **14 rectus** 3: unverstellt, natürlich **15 alipilus**, -i m.: Haarentferner **16 stridulus** 3: fistelnd, hoch **17 exprimo** 3: erheben, herauspressen **18 alas vellere**: Achselhöhlen enthaaren **19 biberarius**, -i m.: Getränkeverkäufer **20 botularius**, -i m: Wurstmacher, Wursthändler **21 crustularius**, -i m.: Zuckerbäcker **22 institor**, -oris m.: Bauchladenverkäufer **23 merx**, -cis f.: Ware **24 insignita modulatio**: individuelle, markante Tonlage

Abb. 32: Therme mit Badegästen

62 Kommentar

L. Annaeus Seneca, Epistulae morales ad Lucilium VI, 56, 1–2

1 **manus plumbo graves**: Beim Boxen wurden die Hände und Unterarme der Kontrahenten mit Lederbandagen *(caesti)* geschützt, die es jedoch gestatteten, Finger und Daumen zur Faust zu ballen. Um die Schlagkraft zu erhöhen, wurden auch Eisenknöpfe eingenäht.

unctio: Man rieb sich vor allem vor sportlichen Aktivitäten mit Öl ein und entfernte danach die Schmutzschicht aus Staub, Schweiß und Öl mit einer Art Schaber (*strigilis*). Salb- und Parfumöl wurde aber auch zur Hautpflege verwendet. In größeren Thermenanlagen gab es eigene Räume, wo man sich massieren und salben lassen konnte (*unctuaria*). Für alle Dienstleistungen im Bereich Körperpflege konnten Bedienstete der Badeanstalt gemietet werden. Reichere brachten ihre eigenen Sklaven mit.

2 **piscina**: Die Thermen enthielten in der Regel ein Freibad, *piscina* oder *natatio*. Schwimmen scheint sich in Rom so großer Beliebtheit erfreut zu haben, dass man es als (vielleicht den einzigen) Breitensport bezeichnen kann.

alipilus: Barthaare wurden vom Barbier (*tonsor*) mit dem Rasiermesser entfernt, Körperhaare mit einer Art Enthaarungspaste (*dropax*) oder mit Harzpflastern oder sie wurden mit einer gekrümmten Pinzette (*forcipes aduncae*) ausgezupft. Zum Glätten der epilierten Haut verwendete man Bimsstein.

62 Vertiefung

1 Teile die Geräusche, die Seneca bei der Arbeit stören, und die mit ihnen verbundenen Tätigkeiten den Bereichen Sport, Freizeitspaß, Körperpflege, Sozialkontakte und Geschäftsleben zu!

2 Sammle Adjektiva und Substantiva, mit der Seneca seine Geräuschkulisse illustriert!

3 Was an dieser Schilderung trägt besonders dazu bei, ihr einen so anschaulichen, realistischen und doch leicht ironischen Charakter zu geben?

Wohlhabende Römer mussten sich dem Trubel in den öffentlichen Bädern nicht aussetzen, sie hatten ihre eigenen privaten *balnea*, deren einzige Gemeinsamkeit mit den ungemütlichen Urformen nur mehr der Name war. Ansonsten verfügten sie über alle Einrichtungen und Annehmlichkeiten der öffentlichen Thermenanlagen und waren in vielen Fällen sogar noch schöner und kunstvoller ausgestattet. **M. Valerius Martialis** beschreibt in einem Epigramm (VI, 42) ein solches privates Luxusbad:

> Wenn du nicht in den Thermen von Etruscus badest, / wirst du, Oppianus, einmal sterben, ohne je ein Bad genommen zu haben, keine Wellen werden dir so schmeicheln, / nicht die Aponusquellen (heiße Schwefelquellen), von Mädchen gemieden, / nicht das milde Sinuessa [Thermalkurort in Latium] und die heißen / Fluten des Passer [heiße Quellen in Etrurien] oder das stolze Anxur [Thermalbad in Etrurien], / nicht des Phöbus Wasser noch Bajae, die fürstliche [besonders elegantes Thermalbad in Kampanien]. / Nirgendwo öffnet sich so strahlend der heitere Himmel: / Dort bleibt es länger hell, und der Tag / zieht sich von keinem Orte später zurück./ Dort leuchtet grün der Marmor des Taygetos [Gebirge bei Sparta auf der Peloponnes], /und es wetteifern in bunter Pracht die Steine, / die der Phryger und der Libyer aus größerer Tiefe schnitten. / Fettig glänzender Alabaster haucht trockene Hitze aus,/und von feinem Feuer glühen die Ophiten [gesprenkelter Serpentin]:/ Gefallen dir die Bräuche der Spartaner, / kannst du, zufrieden gestellt durch ein heißes Dampfbad, / in die frische Virgo oder Marcia [röm. Wasserleitungen] tauchen; /

so hell, so heiter leuchtet sie, / dass du dort überhaupt kein Wasser vermutest / und meinst, es glänze im leerem Becken der Lygdos [blendendweißer Marmor von der griech. Insel Paros]. / Du achtest nicht auf meine Worte und hörst mit halbem Ohr / schon lange mir zu, als ob es dir gleichgültig wäre; / Ohne je ein Bad genommen zu haben, wirst du einmal sterben, Oppianus!

M. Valerius Martialis, Epigrammata VI, 42, übers. von P. Barié u. W. Schindler

Abb. 33: Therme schematisch

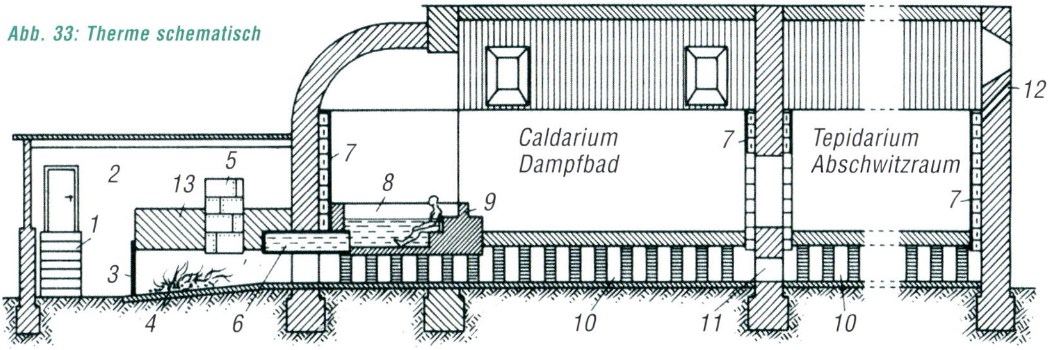

1 Treppe	4 Praefurnium	7 Tubulator	10 Hypokaustum	12 Schornstein
2 Heizraum	5 Kessel	8 Wanne	11 Durchlass für Abhitze	13 Auftritt für Bedienung des Kessels
3 Klappe	6 Testudo alvei	9 Pluteus		

Ein ähnliches Bild von einer privaten Luxustherme zeichnet **John Maddox Roberts** in seinem Roman **„Mord am Vesuv“**, in dem er seinen kriminalistisch interessierten Helden Decius Caecilius Metellus in Begleitung seiner Frau Julia, einer Nichte Caesars, in einer feudalen Villa in Baiae Quartier nehmen lässt, um dort sein Amtsjahr als *Prätor peregrinus* anzutreten:

Die Außenanlagen und Gärten waren so prächtig, dass ich mir nicht vorstellen konnte, das Innere des Hauses könne diese Schönheit übertreffen, doch ich hatte mich geirrt. […] Doch all dieser unglaubliche Luxus verblasste, als wir die Bäder zu sehen bekamen. Nicht einmal die vornehmsten öffentlichen Thermen Roms waren derart prachtvoll und geräumig. In den größeren Becken hätte man ohne weiteres eine Triere zu Wasser lassen können. Das Wasser in den warmen Bädern stammte aus Baiaes berühmten heißen Quellen und wurde über viele Meilen hinweg durch unterirdische Aquädukte geleitet, bei deren Errichtung keine Kosten gescheut worden waren. Nicht nur das heiße Quellwasser war sehr gesundheitsfördernd, auch die Luft war hervorragend und wurde nicht, wie sonst in unseren Bädern üblich, von einer Wolke aus Holzfeuerqualm verunreinigt. Beim Bau dieser Bäder hatte man ausschließlich Marmor verwendet, abgesehen von den Juwelen und Korallen natürlich, mit denen die Böden der verschiedenen Becken verziert waren. Sämtliche Becken waren von jenen kunstvollen Statuen gesäumt, die Hortalus so emsig und unermüdlich gesammelt hatte.

Ich will nicht behaupten, dass Hortalus' Anwesen das prachtvollste war, das ich je gesehen hatte. Schließlich hatte ich in Alexandria ein paar Monate im Palast des Ptolemaios gelebt. Aber für ein privates Haus war es ohne jeden Zweifel äußerst komfortabel. Lucullus und Philippus und ein paar andere reiche Römer besaßen zwar noch pompösere Güter, aber dafür verfügte Quintus Hortensius Hortalus gleich über mehrere Anwesen im Stil der Villa Hortensia. Und das, obwohl er freiwillig und aus eigenen Stücken auf das Amt eines Propraetors oder Prokonsuls verzichtet und somit nie über eine Provinz verfügt hatte, die er hätte ausbeuten können. Das zeigt nur einmal mehr, welch glanzvolle Karriere die Rechtswissenschaft zu bieten hat.

„Ich weiß schon jetzt, wie gut es mir hier gefallen wird!“, rief Julia, als wir unseren Rundgang beendet hatten. Bei mir hingegen machten sich Zweifel breit; vielleicht sollte ich mir das alles doch noch einmal überlegen. „Vergiss nicht, meine Liebe, was du hier siehst, sind die Früchte eines Lebens, das geprägt war von Verschwörung, politischer Korruption, Bestechung – ich könnte die Aufzählung ewig fortsetzen. Irgendwie habe ich das ungute Gefühl, dass die Unterhaltung dieses Anwesens ohne das exorbitante Einkommen eines Hortalus kaum zu bewältigen ist.“

„Unsinn. Bleib einfach auf Caesars Seite, und wir werden nie Geldprobleme haben.“ Dies sagte sie, wie das meiste, mit großer Entschiedenheit.

John Maddox Roberts, Mord am Vesuv, übers. von B. u. V. Arnold, München: Goldmann 2001, S. 23 f.

Teil VII

Feiertage ohne Ende? – Die *ludi publici*

Einen nicht wegzudenkenden Teil der Freizeitunterhaltung aller Gesellschaftsschichten bildete der Besuch der so genannten *ludi publici* (öffentliche Spiele). Man verstand darunter die *munera* (Gladiatorenkämpfe), zu denen auch die *venationes* (Tierhetzen) gehörten, die *ludi circenses* (Circusspiele) und die *ludi scaenici* (Bühnenaufführungen). Welche Bedeutung diese Form der Freizeitgestaltung hatte, zeigt die Tatsache, dass man in Rom sogar dem offiziellen Fest-Kalender entnehmen konnte, wann die Spiele stattfanden. Für das Jahr 354 n. Chr. verzeichnete dieser 176 Spieltage. Das Gros davon, nämlich 102, entfiel auf Bühnenaufführungen, an 64 Tagen standen Wagenrennen auf dem Programm und an nur 10 Tagen konnte man Gladiatorenkämpfe und Tierhetzen im Amphitheater sehen. Der Ursprung aller drei Gattungen der *ludi publici* wurzelte im Kult.

1. UNGLEICHE CHANCEN ALS PRINZIP – „GLADIATORENSPIELE“

Wenn auch die Zahl der *munera* im Vergleich mit den anderen Gattungen der *ludi publici* gering ist, so waren sie doch eine sehr beliebte Unterhaltungsform. Ursprünglich wurden Gladiatorenkämpfe nur im Rahmen der Begräbnisfeierlichkeiten für eine hoch gestellte Persönlichkeit veranstaltet und dienten dazu, die Seele des Verstorbenen mit Hilfe eines Ersatz-Menschenopfers mit den Lebenden zu versöhnen. Das erste *munus* dürfte im Jahr 264 v. Chr. in Rom stattgefunden haben. Spätestens im 2. Jh. v. Chr. entwickelte sich das „Gladiatorenspiel“ jedoch weg von seiner kultischen Aufgabe hin zu einer nicht mehr wegzudenkenden Säule des römischen Unterhaltungsprogramms mit politischer Bedeutung; denn die Veranstaltung von *munera* war für einen aufstrebenden Politiker durchaus popularitätsfördernd. Juvenal prägte für diese antike Form der Wahlwerbung die berühmte Formel *„panem et circenses“*.

Die Nachricht von der Veranstaltung eines *munus* verbreitete sich selbstverständlich via Mundpropaganda wie ein Lauffeuer. Doch auch schriftliche Ankündigungen in Form von so genannten *dipinti* (Mauerinschriften) sind aus Pompeji erhalten. Sie zeigen uns, mit welchen Attraktionen man versuchte, die Zuschauer ins Amphitheater zu locken.

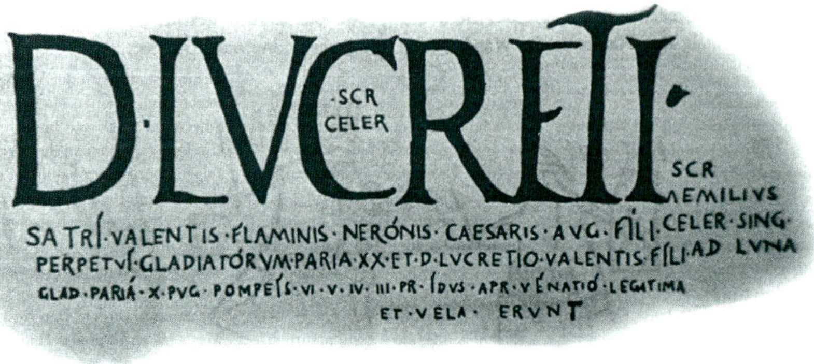

Abb. 34: Dipinto, Ankündigung einer Veranstaltung

63 text

CIL IV, 3884

Dipinto aus Pompeji – Einladung ins Amphitheater

D. Lucreti Satri Valentis, flaminis[1] Neronis Caesaris, Aug(usti) Fili(i), perpetui[2], gladiatorum paria[3] XX et D. Lucretio[4] Valentis fili(i) glad(iatorum) paria[3] X pugn(abunt) Pompeis VI, V, IV, III, pr(idie) Idus Apr(iles)[5]. Venatio[6] legitima[7] et vela[8] erunt. Scr(ipsit) Aemilius Celer sing(ulus) ad luna(m).

1 flamen, -inis n: Flamen, Priester; bekleidete sein Amt ein Leben lang **2 perpetuus** 3: ständig **3 par**, -ris n: Kämpferpaar **4 Lucretio**: Schreibfehler, für Lucretii **5 VI, V, IV, III, pr(idie) Idus Apr(iles)**: am 8., 9., 10., 11. und 12. April **6 venatio**, -onis f.: Tierhetze **7 legitimus** 3: ordentlich **8 velum**, -i n.: Sonnensegel, Sonnendach

63 kommentar

CIL IV, 3884

D. Lucretius Sater Valens und D. Lucretius: *lanistae*, Besitzer bzw. Trainer der Gladiatorentruppen, die bei den angekündigten Spielen gegeneinander kämpfen sollen.

Nero Caesar Augusti Filius: Gemeint ist Tiberius. Er wird immer wieder als (Claudius) Nero bezeichnet, weil er aus der Familie der Claudier stammte und mit seiner Adoption durch Augustus in die Familie der Julier aufgenommen wurde (vgl. julisch-claudische Dynastie).

VI, V, IV, III, pr(idie) Idus Apr(iles): eigentlich: 5, 4, 3, 2 und 1 Tag(e) vor dem 13. April. Die Römer orientierten ihre Datumszählung an Fixtagen; den Kalenden am Monatsbeginn, den Iden = dem 13. bzw. 15. des Monats, und den Nonen = dem 7. bzw. 9. Tag. Von diesen Fixtagen aus wurde nach vor gerechnet, der erste und der letzte Tag wurden immer mitgezählt.

legitimus: h: „ordentlich“ im umgangssprachlichen Sinn, d. h. die *venatio* wird keine Wünsche offen lassen.

63 vertiefung

1 Was erfahren wir darüber, wann und von wem dieser Text verfasst wurde?

2 Mit welchen besonderen Anreizen versucht der Verfasser Menschen ins Amphitheater zu locken?

Der normale „Spiel-Tag“ in der Arena war dreigeteilt. Am Vormittag gab es üblicherweise *venationes* zu sehen, bei denen wilde und zahme Tiere in den unterschiedlichsten und ungleichsten Kombinationen aufeinandergehetzt wurden. Zur Deckung des ständigen Bedarfs an möglichst exotischen Tieren durchzogen Jägergruppen die Provinzen des Reiches, um Löwen, Tiger, Panther, Stiere, Nilpferde, Nashörner und Elefanten zu fangen. Die Zahl des auf diese Weise erbeuteten Wildes war so groß, dass die Existenz mancher Arten bedroht war.

Calpurnius Siculus, ein Dichter aus dem 1. Jh. nach Christus, schildert in seinen Eklogen, welche Tiere in der Arena vorgeführt wurden:

Ich sah jede Gattung von Tieren, / hier schneeweiße Hasen und Keiler mit mächtigen Hauern / auch den Elch, der selbst in den Wäldern, in denen er lebt, nur selten vorkommt, / wir sahen wilde Stiere, in deren hohem Nacken bei den Schultern noch ein hässlicher Fettpolster emporragt, / oder solche, um deren Hals eine zottige Mähne schwingt, an deren Kehle / ein struppiger Bart ruht und deren Wammen von biegsamen Borsten starren. / Aber es war uns nicht nur gegönnt, Ungeheuer aus den Wäldern zu sehen. Ich sah auch Seerobben gemeinsam mit kämpfenden Bären und ein hässliches Tier, das nur den Namen Pferd trägt und in dem Fluss lebt, der mit seinen Fruchtbarkeit bringenden Wassern die Saaten an den Ufern tränkt.

Calpurnius Siculus, Eclogae VII, 57–68, Übers. d. Hrsg.

Eine nüchterne Bilanz, wie viele Menschen und Tiere durchschnittlich in der Arena den Tod fanden, liefert eine Textstelle aus den *„Res gestae"* des Augustus:

64 text

Augustus, Res gestae 22

Die „Schauspielbilanz" des Augustus

22 Ter[1] munus gladiatorium[2] dedi meo nomine et quinquiens[3] filiorum meorum aut nepotum nomine, quibus muneribus depugnaverunt hominum circiter decem millia. Bis[4] athletarum undique accitorum[5] spectaculum populo praebui meo nomine et tertium[6] nepotis mei nomine. Ludos feci meo nomine quater[7], aliorum autem magistratuum vicem[8] ter et viciens[9]. Pro conlegio[10] XV virorum magister conlegii[11] collega M. Agrippa ludos saeclares[12] C. Furnio C. Silano consulibus feci. Consul XIII ludos Martiales primus feci, quos post id tempus deinceps[13] insequentibus annis senatus consulto[14] et lege fecerunt consules. Venationes[15] bestiarum Africanarum meo nomine aut filiorum meorum et nepotum in circo aut in foro aut in amphitheatris populo dedi sexiens et viciens[16], quibus confecta[17] sunt bestiarum circiter tria millia et quingentae.

22 **1 ter**: dreimal **2 munus gladiatorium**: Gladiatorenspiele **3 quinquies**: 15-mal **4 bis**: zweimal **5 accieo** 2 accivi, accitum: herbeischaffen **6 tertium**: ein drittes Mal **7 quater**: viermal **8 vicem**: stellvertretend für **9 ter et viciens**: 23-mal **10 conlegium** = collegium, -i n.: Kollegium, Komitee **11 magister conlegii**: Vorsitzender, Oberhaupt **12 ludi saeclares** = saeculares, Säkularfeiern, Feiern zum Beginn einer neuen Epoche **13 deinceps**: in der Folge **14 senatus consultum**: Senatsbeschluss **15 venatio**, -onis f.: Tierhetze **16 sexies et viciens**: 26-mal **17 conficio** 3M: -feci, -fectum: töten

Abb. 35: Gladiatoren in typischer Bewaffnung

64 Kommentar

Augustus, Res gestae 22

22 collegium XV virorum: Kultverein, bestehend aus 15 Männern, mit öffentlich-rechtlichem Charakter

M. Vipsanius Agrippa: 63–12 v. Chr., Freund und Schwiegersohn des Augustus

ludi saeculares: 249 v. Chr. auf Geheiß der Sibyllinischen Bücher eingerichtetes Sühnefest, das alle 100 Jahre wiederholt werden sollte. 17 v. Chr. nahm Augustus das Erscheinen eines Kometen zum Anlass, mit einem Säkularfest ein neues Zeitalter einzuleiten, das seiner Ideologie zufolge eine Epoche des Friedens werden sollte.

ludi Martiales: wurden zur Erinnerung an die Einweihung des von Augustus nach der Schlacht bei Philippi gegen die Caesar-Mörder gelobten Mars-Ultor-Tempels im Jahre 2 v. Chr. erstmals begangen und sollten die Reinigung Roms von der Bürgerkriegsschuld zum Ausdruck bringen.

64 Vertiefung

1 **a** In wessen Namen veranstaltete Augustus seinen eigenen Angaben nach immer wieder Spiele und für welche Zielgruppe?

b Welchen positiven Effekt sollten die Spiele, die Augustus ausrichtete, wohl für die genannten Persönlichkeiten haben?

c Wodurch bringt Augustus zum Ausdruck, dass seine Spiele außergewöhnlich waren?

2 Welche möglichen Anlässe zur Veranstaltung von Spielen nennt Augustus?

Nach den *venationes* wurden in der Mittagszeit zum Tode verurteilte Verbrecher hingerichtet, häufig indem sie gegen Tiere antreten mussten. Aber auch Kriegsgefangene wurden gezwungen, in der Arena als Gladiatoren zu kämpfen:

65 Text

M. Fabius Quintilianus,
Declamationes maiores IX, 5 f.

Gladiator wider Willen

5 Audite, audite, iudices, novam captivi querelam[1]: Iam miser apud piratas non eram; alebat devotum[2] corpus gravior omni fame[3] sagina[4], et inter dedita noxae[5] mancipia[6] contemptissimus tiro[7] gladiator, ut novissime perderem calamitatis[8] meae innocentiam, discebam cotidie scelus. Haec tamen omnia sustinui, tuli; adeo difficile est etiam sua causa[9] mori.

6 Et iam dies aderat, iamque ad spectaculum supplicii nostri populus convenerat, iam ostentata[10] per harenam perituro-

5 **1 querela**, -ae f.: Klage **2 devotus** 3: zum Tode bestimmt **3 gravior fame**: noch schwerer verdaulich als Hunger **4 sagina**, -ae f.: Kost, Futter **5 deditus noxae**: der Bestrafung überantwortet **6 mancipium**, -n.: Sklave **7 tiro**, -onis m.: Anfänger, Neuling **8 calamitas**, -atis f.: Unglück **9 sua causa**: im eigenen Interesse, zum eigenen Wohl

6 **10 ostento** 1: zur Schau stellen

rum corpora mortis suae pompam duxerant[11]. Sedebat sanguine nostro favorabilis[12] dominus, cum me, cuius, ut interiecto mari[13], non fortunam quisquam nosse, non natales[14], non patrem poterat, una tamen res faceret apud quosdam miserabilem[15], quod videbar inique comparatus[16]; certa enim harenae[17] destinabar[18] victima[19], nemo munerario[20] vilius steterat[21]. Fremebant[22] ubique omnia apparatu[23] mortis: Hic ferrum acuebat, ille accendebat ignibus laminas[24], hinc virgae[25], inde flagella[26] adferebantur.

Homines piratas putares. Sonabant clangore ferali[27] tubae, illatisque Libitinae toris[28] ducebatur funus[29] ante mortem. Ubique vulnera, gemitus[30], cruor; totum in oculis periculum.

11 pompam ducere: Festzug führen **12 favorabilis**, -e: begeistert für **13 interiecto mari**: da ja das Meer dazwischen lag (zwischen meiner Heimat und dem Ort des Geschehens) **14 natales**, -ium m.: Geburtstag **15 miserabilis**, -e: bedauernswert **16 inique comparatus**: nicht angemessen vorbereitet **17 harena**, -ae f.: Sand; gemeint ist die Arena **18 destino** 1: bestimmen **19 victima**, -ae f.: Opfer **20 munerarius**, -i m.: Veranstalter des Spiels **21 vilius stare**: weniger wert sein **22 fremo** 3: toben, außer sich sein **23 apparatus**, -us m.: Pomp, Prunk, Schauspiel **24 lamina**, -ae f.: Brandeisen **25 virga**, -ae f.: Rute **26 flagellum**, -i n.: Peitsche **27 clangor feralis**: Tod verheißendes Getöse **28 torus**, -i m.: Bahre **29 funus**, -eris n.: Bestattungsfeierlichkeit **30 gemitus**, -us m.: Klagegeschrei

65 Kommentar

M. Fabius Quintilianus, Declamationes maiores IX, 5 f.

Es handelt sich bei diesem Text um eine Übungsrede mit folgender Themenvorgabe: Zwei Söhne verfeindeter Nachbarn, der eine aus reichem, der andere aus armem Haus, freunden sich an. Der reiche Jüngling gerät in die Gefangenschaft der Piraten und wird an einen Gladiatorentrainer verkauft. Sein Freund zieht aus, um ihn zu retten, findet ihn an dem Tag, an dem er den ersten Kampf austragen soll, und rettet ihn, indem er aushandelt, er selbst werde an der Stelle des Freundes kämpfen. Der arme Jüngling wird in der Arena getötet, der reiche überlebt und kann seine Erfahrungen als Gladiator schildern.

6 Libitina: Leichengöttin, in deren Tempel man die Bestattungsgeräte aufbewahrte und die Totenlisten führte

laminae, flagellae: Feige Gladiatoren wurden mit glühenden Eisen und Peitschenhieben in den Kampf zurückgetrieben. Tote Kämpfer bekamen ein Brandmal, um zu verhindern, dass sich jemand nur tot stellte, um sich zu retten.

65 Vertiefung

1 Was erfährt der Leser über das Trainingsprogramm, den Ausbildungsstand und die Bewaffnung des jungen Gladiators? Welche Wirkung dieser Schilderung strebt der Redner bei seinen Zuhörern an?

2 **a** Wie beschreibt der junge Mann die Stimmung im Publikum und die Erwartungshaltung des Kaisers?

b Was will er durch den Vergleich zwischen dem Publikum und den Piraten verdeutlichen?

c An welchen Stellen und mit welcher Absicht setzt der Redner das Bild vom Begräbniszug ein?

3 Skizziere den Ablauf der dargestellten Spiele und stelle fest, ob er der „Norm“ entspricht.

Vgl. dazu **H. Sienkiewicz, „Quo vadis":** Der Autor erzählt vor dem Hintergrund der Christenverfolgung durch Nero eine Liebesgeschichte zwischen einer Christin und einem römischen Offizier. In seiner Darstellung der Hinrichtung der Christen orientiert er sich an Tacitus, Ann. XV, 44 f.:

> Da ertönten Trompetenstöße zum Zeichen, dass die Pause beendet sei. Alles begab sich auf die angewiesenen Plätze, und plötzlich verstummte auch die Unterhaltung. In der Arena wurden Leute sichtbar, die die letzten Reste des Kampfes beseitigten und die Blutspuren mit Sand bestreuten. Nun sollten die Christen an die Reihe kommen. Alles war aufs Äußerste gespannt, denn die meisten hatten keine Ahnung davon, wie das Schauspiel weiter abrollen sollte. Der Stadtpräfekt gab ein Zeichen. Alsbald erschien ein Greis in Gestalt eines Charon, derselbe, der auch die Gladiatoren zum Kampfe rief, schritt schnell über die Arena und schlug dreimal mit dem Hammer gegen die Tür. Durch das ganze Amphitheater ging ein Gemurmel: „Die Christen! Die Christen!" Da knarrte das Eisengitter. Die Geißler stießen den üblichen Ruf aus: „In den Sand hinaus!" und im Nu bevölkerte sich die Arena mit den in Tierfelle eingenähten Gestalten, die einer Schar Waldgeister glichen. Alle liefen schnell, etwas fieberhaft bis in die Mitte des riesigen Kreises. Dort sanken sie sämtlich in die Knie und hoben die Hände in die Höhe. Das Volk, in der Meinung, dass sie um Gnade flehten, war wütend über solche Feigheit; es tobte, es brüllte: „Die Tiere, die Tiere!" Da aber ereignete sich etwas Unerwartetes. Aus der Mitte der zottigen Schar erklangen nämlich singende Stimmen; zum ersten Male hörte man in einem römischen Zirkus das Lied: „Christus regnat!" Das Volk staunte. Die dem Tode Geweihten aber sangen weiter, mit zum Zeltdach emporgerichteten Blicken. Man sah blasse, aber begeisterte Gesichter, und man wusste jetzt, dass sie nicht um Gnade flehten. Sie schienen weder den Zirkus noch das Volk, weder den Kaiser noch den Senat zu sehen; von ihren Lippen erscholl es nur immer lauter: „Christus regnat!" Das Volk machte erstaunte Gesichter und konnte sich dieses Betragen nicht erklären. „Wer ist Christus?" fragte ein jeder. Da wurde wieder ein Gitter geöffnet, und ganze Herden von Hunden sprangen laut bellend in die Arena. Es waren fahlgelbe, riesige Molosse aus dem Peloponnes, hyänenartig gestreifte Hunde aus den Pyrenäen, ausgehungerte Wolfshunde und hibernische Schäferhunde mit blutunterlaufenen Augen. Ihr Geheul und Gewinsel erfüllten die Luft des Amphitheaters. Die Christen hatten ihren Gesang beendet, knieten unbeweglich und riefen wie aus einem Munde: „Pro Christo! Pro Christo!" Die Hunde, über die Regungslosigkeit der vermummten Gestalten verwundert, zögerten anfangs, sich auf sie zu stürzen. Einige strichen die Mauer entlang, als ob sie sich unter den Zuschauern ein Opfer wählen wollten; andere umkreisten kläffend die Arena und schienen einem ungesehenen Tiere nachzujagen. Das Volk geriet darüber in Wut und begann, die Bestien in allen Sprachen aufzuhetzen; sie ahmten das Heulen und Bellen der Tiere nach, bis das Amphitheater unter dem wüsten Lärm erdröhnte. Da stürzte einer der Molosse auf eine in den ersten Reihen kniende Frau und riss sie unter sich; das war ein Zeichen für die übrigen Bestien. Die ganze Meute stürzte auf die Knienden. Das Volk verstummte und blickte mit angestrengter Aufmerksamkeit in die Arena, wo sich bald Knäuel von Menschen- und Tierleibern bildeten. Das Blut floss in Strömen aus den zerfleischten Leibern. In dem Geheule und Gekläffe vernahm man noch klagende weibliche und männliche wehmütige Stimmen: „Pro Christo!" Die Hunde rissen sich um die blutenden Körperteile, der Blutgeruch und der Dunst der zerrissenen inneren Teile erfüllte die Luft des ganzen Zirkus. Man sah nur noch wenige Kniende, und auch diese wurden bald niedergerissen.
>
> *Henryk Sienkiewicz, Quo vadis. Wien: Gutenberg o. J., S. 282–284*

Den Höhepunkt der Vorstellungen in der Arena bildeten die nachmittäglichen *munera*. Nach dem feierlichen Einzug der Gladiatoren erfolgte gleichsam zum „Aufwärmen" ein Scheinkampf mit stumpfen Waffen, genannt *prolusio*. Ein Trompetenstoß war das Signal zum Beginn der eigentlichen Kämpfe, die von Live-Musik begleitet wurden. Unterschiedlich bewaffnete Gladiatoren traten in Einzel- oder Gruppenkämpfen gegeneinander an, wobei sie von Schiedsrichtern beaufsichtigt und vom Publikum frenetisch angefeuert wurden. Unterlag ein Gladiator im Kampf, so konnte er sich unterwerfen und Gnade erbitten, indem er seinen Schild zu Boden legte und mit einer speziellen Geste mit dem Finger dem Schiedsrichter seine Niederlage bekannt gab. Die endgültige Entscheidung, ob der unterlegene Gladiator begnadigt werden sollte oder nicht, oblag dem *editor*, dem Veranstalter der Spiele. Die Zuschauer versuchten diese durch Zurufe wie *„mitte!"* (entlasse ihn) und die bekannten Zeichen mit dem Daumen (*pollice verso*) zu beeinflussen. Fiel die Entscheidung auf den Tod, so kniete sich der Unterlegene, einem Zeremoniell folgend, vor den Sieger, der ihm sein Schwert in den Nacken stieß. Der siegreiche Gladiator erhielt vom *editor* einen Palmenzweig, verschiedene Geschenke und eine Summe Geldes.

66 text

C. Valerius Martialis, de spectaculis 7

„Mythische" Hinrichtung

Qualiter in Scythica religatus[1] rupe[2] Prometheus
adsiduam[3] nimio[4] pectore pavit[5] avem,
nuda Caledonio sic viscera[6] praebuit urso[7]
non falsa pendens in cruce Laureolus.
Vivebant laceri[8] membris stillantibus[9] artus[10]
inque omni nusquam corpore corpus erat.
Denique supplicium[11] dignum tulit: Ille parentis
vel domini iugulum foderat[12] ense[13] nocens,
templa vel arcano[14] demens spoliaverat auro,
subdiderat saevas vel tibi, Roma, faces[15].
Vicerat antiquae sceleratus crimina famae,
in quo, quae fuerat fabula, poena fuit.

1 **1 religo** 1 + abl.: fesseln an **2 rupes**, -is f.: Felswand **3 adsiduus** 3: unermüdlich **4 nimius** 3: überheblich **5 pavesco** 3, pavi: fürchten **6 viscera**, -erum n: Eingeweide **7 ursus**, -i m.: Bär
5 **8 lacer**, -era, -erum: zerfleischt **9 stillo** 1: (vom Blut) triefen **10 artus**, -us m.: Glieder **11 supplicium**, -i n.: Strafe **12 fodio** 3M, fodi, fosum: durchschneiden **13 ensis**, -is m.: Schwert **14 arcanus** 3: geheim, versteckt
10 **15 fax**, -cis f.: Brandfackeln, Feuer

66 kommentar

C. Valerius Martialis, de spectaculis 7

1 **Prometheus**: Sohn des Titanen Iapetos, Förderer und Wohltäter der Menschheit. Er rät den Menschen, den Göttern nur Fett und Knochen zu opfern und das Fleisch selbst zu essen. Als Zeus die Menschen dafür straft, indem er ihnen das Feuer vorenthält, stiehlt Prometheus dieses und rettet so die Menschen. Er selbst wird von Zeus zur Strafe an eine Felswand im Kaukasusgebirge geschmiedet, wo ein Adler täglich die immer wieder nachwachsende Leber des Unglücklichen zerfleischt.
Scythica rupes: Kaukasus-Gebirge
3 **Caledonius 3**: aus dem Norden Britanniens, dem heutigen Schottland
4 **Laureolus**: ein bekannter Räuber. Seine Kreuzigung, die schon in einem *mimus* (komisches Theaterstück) auf die Bühne gebracht worden war, wird hier im Amphitheater nachgestellt.
12 **quae fuerat fabula**: was einst nur ein Mythos gewesen war. Zur Unterhaltung des Publikums wurden im Amphitheater auch (Mord-) Szenen aus dem Mythos nachgestellt.

66 vertiefung

1 **a** Welcher Verbrechen hat sich der zum Tode Verurteilte schuldig gemacht?
b Welche Faktoren nennt Martial, die sich strafverschärfend auswirken müssen?

2 Welche Strafe muss er erleiden und mit welchen sprachlichen Mitteln wird die Härte der Bestrafung illustriert?

3 **a** Erscheint das Strafausmaß dem Dichter angemessen? Wie hätte er – wäre er Richter gewesen – wohl diese Form der Bestrafung und ihr Ausmaß begründet?
b Wie angemessen oder sinnvoll erscheint dir diese Form der Bestrafung?

67 text

C. Valerius Martialis, de spectaculis 29

Ein gleichwertiges Gladiatorenpaar

Cum traheret[1] Priscus, traheret certamina Verus,
esset et aequalis[2] Mars[3] utriusque diu,
missio[4] saepe viris magno clamore petita est;
sed Caesar legi paruit ipse suae –
lex erat, ad digitum[5] posita concurrere parma[6]:
– quod licuit, lances[7] donaque saepe dedit.
Inventus tamen est finis discriminis aequi:
pugnavere[8] pares, subcubuere[9] pares.
Misit utrique rudes[10] et palmas[11] Caesar utrique:
hoc pretium virtus ingeniosa tulit.
Contigit hoc nullo nisi te sub principe, Caesar:
cum duo pugnarent, victor uterque fuit.

1 **1 (certamina) trahere**: in die Länge ziehen **2 aequalis**, -e: ausgeglichen **3 Mars**, -tis m.: hier als Metapher für den Kampf **4 missio**, -onis f.: Begnadigung
5 **5 ad digitum**: bis einer ein Fingerzeichen gibt **6 parma**, -ae f.: Schild **7 lanx**, -cis f.: Schüssel **8 pugnavere**: historische Kurzform für pugnaverunt **9 subcumbo** 3, -bui: den Kampf beenden, unterliegen **10 rudis**, -is f.: Fechtstab **11 palma**, -ae f.: Siegeszeichen

67 kommentar

C. Valerius Martialis, de spectaculis 29

1 Priscus, Verus: zwei Gladiatoren
3 missio: Freistellung eines Gladiators von Kämpfen für einen Tag
4 Caesar: Gemeint ist Kaiser Titus, der anlässlich der Eröffnung des Kolosseums (eigentlich *amphitheatrum Flavianum*) 100-tägige Spiele veranstaltete. Ihm widmet der Dichter Martial den „*Liber spectaculorum*".
5 lex: Der Kaiser konnte „Spielregeln" vorgeben.
ad digitum: Durch das Heben eines Fingers signalisierte der Gladiator seine Bitte um Gnade (durch den Kaiser).
6 lances: besonders wertvolle Schüsseln aus Edelmetall, eventuell mit Goldstücken gefüllt, die erfolgreichen Kämpfern geschenkt wurden
8 rudes: wurden ausgedienten Gladiatoren als Zeichen der ehrenvollen *missio* (Freilassung) überreicht

67 vertiefung

1 **a** Wem zollt Martial in diesem Text Bewunderung?
b Was bzw. welche Leistungen lobt er?

2 Mit welchen sprachlichen Mitteln macht der Dichter deutlich, dass die beiden Kämpfer einander ebenbürtig sind?

Besonders tapfer und gut kämpfende Gladiatoren konnten eine hohe Beliebtheit beim Publikum erlangen. Sie wurden zu richtiggehenden „Stars der Arena", denen die Bewunderung der männlichen und weiblichen Zuschauer galt.

Abb. 36: Tierkämpfer

68 text

C. Valerius Martialis,
de spectaculis 15

Der siegreiche Gladiator – gefeiert wie ein Gott

Summa tuae, Meleagre, fuit quae gloria famae[1],
quantast[2] Carpophori portio[3], fusus[4] aper[5]!
Ille et praecipiti[6] venabula condidit[7] urso[8],
primus in Arctoi qui fuit arce poli[9],
stravit[10] et ignota spectandum[11] mole[12] leonem,
Herculeas potuit qui decuisse[13] manus,
et volucrem[14] longo[15] porrexit vulnere pardum[16].
Praemia cum tandem ferret, adhuc poterat.

1 **1 quae summa tuae gloriae fuit**: was der Gipfel deines Ruhmes war **2,3 quantast portio** = quanta est portio: ein wie kleiner Teil (des Ruhmes) ist **4 fundo** 3, fudi, fusum: niederstrecken, erjagen **5 aper**, -pri m.: Eber **6 praeceps**, -cipitis: heranstürmend **7 venabula condere**, condidi: Jagdspieße hineinstoßen **8 ursus**, -i m.: Bär **9 polus**, -i m.: Himmelsgewölbe
5 **10 sterno** 3, stravi, stratum: erlegen **11 spectandus** 3: ansehnlich **12 moles**, -is f.: Größe **13 decet**, -uit: ehren, zieren **14 volucris**, -e: springend, im Sprunge **15 longus** 3: aus weiter Distanz **16 pardus**, -i m.: Panther

68 kommentar

C. Valerius Martialis,
de spectaculis 15

1 **Meleager**: Sohn des Königs Oineus und der Althaia, der auf der Kalydonischen Jagd den riesigen, von Artemis geschickten, Eber erlegte
2 **Carpophorus**: Tierkämpfer und Gladiator
4 **Arctous polus**: nördlicher Sternenhimmel; gemeint sind der große und der kleine Bär. Der Bär ist die von Hera aus Eifersucht in eine Bärin verwandelte Kallisto, die Jupiter in die Sterne versetzte, um sie vor ihrem eigenen Sohn Arkas zu schützen, der ihr als Jäger nachstellt, ohne sie zu erkennen.

6 Herculeas manus: die Hände des Herakles. Herakles, Sohn des Zeus und der Alkmene, erledigt auf Weisung seines Halbbruders zwölf fast übermenschliche Aufträge, unter anderem tötet er den gewaltigen Löwen von Nemea, dessen Fell er in der Folge als Umhang trägt.

68 Vertiefung

1 **a** Wie zeigt sich die Überlegenheit des Carpophorus gegenüber den mythischen Gestalten?

b Warum wählt der Dichter gerade Meleager und Herakles als Kontrastfolie zu Carpophorus?

Auf Ablehnung stießen die „Gladiatorenspiele" bei den Theoretikern des Frühchristentums, die diese Art von Volksbelustigung als mit dem christlichen Glauben unvereinbar erachteten. Am 1. Oktober 325 n. Chr. veröffentlichte Kaiser Konstantin einen Erlass, der die „Gladiatorenspiele" endgültig verbieten sollte und bestimmte, dass Verbrecher statt zum *ludus* zur Bergwerksarbeit verurteilt werden sollten. Dieses Gesetz galt jedoch nur für den Osten des Reiches und wurde selbst dort nicht eingehalten. In Italien lebten die „Gladiatorenspiele" bis ins 5. und 6. Jh. n. Chr. weiter.

69 text

Q. Septimius Florus Tertullianus,
Liber de spectaculis 19

Aug' um Auge – Zahn um Zahn?

19,1 Exspectabimus nunc, ut et amphitheatri repudium[1] de scripturis[2] petamus? Si saevitiam[3], si impietatem, si feritatem[4] permissam nobis contendere[5] possumus, eamus in amphitheatrum! Si tales[6] sumus, quales dicimur[7], delectemur sanguine humano!

2 „Bonum est, cum puniuntur nocentes." Quis hoc nisi nocens negabit? Et tamen innocentes de supplicio[8] alterius laetari non oportet, cum magis competat[9] innocenti dolere[10], quod homo, par eius, tam nocens factus est, ut tam crudeliter impendatur[11].

3 Quis autem mihi sponsor[12] est, nocentes semper vel ad bestias vel ad quodcumque supplicium[13] decerni[14], ut non innocentiae quoque inferatur[15] aut ultione[16] iudicantis aut infirmitate defensionis[17] aut instantia[18] quaestionis[19]? Quam melius ergo est nescire, cum mali puniuntur, ne sciam et[20] cum boni pereunt, si tamen bonum sapiunt[21].

19,1 **1 repudium**, -i n.: Zurückweisung, Ablehnung **2 scriptura**, -ae f.: heilige Schriften **3 saevitia**, -ae f.: Grausamkeit **4 feritas**, -atis f.: Bestialität **5 contendo** 3: behaupten **6 talis**, -e: so **7 quales dicimur**: wie man von uns behauptet, wie man uns vorwirft

2 **8 supplicium**, -i n.: Hinrichtung **9 competit** 3: es ist angemessen, passend **10 dolere alicui**: um jemandes willen traurig sein **11 impendo** 3: h. bestrafen

3 **12 sponsor**, -oris m.: Garant **13 quodcumque supplicium**: zu einer beliebigen Form der Todesstrafe **14 decerno** 3: bestimmen **15 infero** 3: etwas antun, zuleide tun **16 ultio**, -onis f.: Rachsucht **17 defensio**, -onis f.: die Verteidigung bzw. der Verteidiger **18 instantia**, -ae f.: Hartnäckigkeit **19 quaestio**, -onis f.: Untersuchung, Verhör **20 et** = etiam **21 si bonum sapiunt**: wenn der Begriff „gut" auf sie zutrifft

4 Certe quidem gladiatores innocentes in ludum veneunt[22], ut publicae voluptatis hostiae[23] fiant. Etiam qui damnantur in ludum[24], quale est[25], ut de leviore delicto in homicidas[26] emendatione[27] proficiant[28]?

5 Sed haec ethnicis[29] respondi. Ceterum absit[30], ut de istius spectaculi aversione[31] diutius discat Christianus! Quamquam nemo haec omnia plenius[32] exprimere potest, nisi qui adhuc spectat[33]. Malo non implere[34] quam meminisse.

4 **22 veneo**, -is, -ire: verkauft werden, zum Verkauf kommen **23 hostia**, -ae f.: Opfer **24 in ludum damnari**: zum (Tod im) Amphitheater verurteilt werden **25 quale est**: was ist das für eine Absurdität **26 homicida**, -ae m.: Mörder **27 emendatio**, -onis f.: Besserung, das Verbüßen der Schuld **28 proficio** 3M, -feci, -fectum: sich weiterentwickeln zu

5 **29 ethnicus**, -i m.: Nicht-Christ, Heide **30 absit**: es soll mir fern liegen **31 aversio**, -onis f.: Abscheu vor etw. **32 plenius**: deutlicher, vollständiger **33 nisi qui adhuc spectat**: außer einem, der sie immer noch anschaut **34 non implere**: unvollständig berichten

69 Kommentar

Q. Septimius Florus Tertullianus,
Liber de spectaculis 19

19,1 quales dicimur: Tertullian bezieht sich auf die Vorwürfe, die immer wieder von außen an die Christen herangetragen wurden, sie würden Menschenfleisch essen und Blut trinken.

69 Vertiefung

1 **a** Welche Haltung gegenüber den Circusspielen ist laut Tertullian einem Christen angemessen?

b Welche Haltung gegenüber einem verurteilten Verbrecher empfiehlt er den Christen?

2 **a** Welche Gegenargumente liefert er gegen das von ihm selbst vorgebrachte Argument, dass Schuldige bestraft werden müssen?

b Welche weiteren Argumente gegen die Todesstrafe könntest du beibringen?

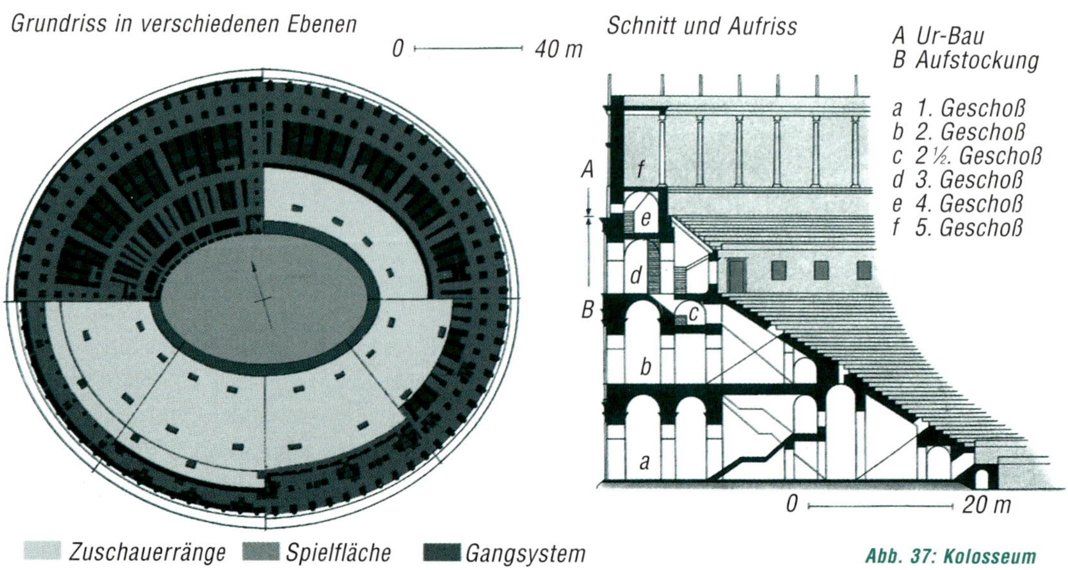

Abb. 37: Kolosseum

2. PALMENZWEIG UND LORBEERKRANZ – CIRCUSSPIELE

Ebenso beliebt beim römischen Publikum wie die Gladiatorenkämpfe waren die *ludi circenses*, die Circusspiele, die in erster Linie aus Wagenrennen bestanden. Den Namen erhielten sie von der im Tal zwischen zwei der sieben Hügel Roms, dem Palatin und dem Aventin, gelegenen ringförmigen Rennbahn (*circus*). Aus den ersten relativ einfachen Anlagen der Frühzeit entstand der Prachtbau des Circus Maximus, der heute noch zu den berühmtesten Sehenswürdigkeiten Roms zählt. Er maß in der Gesamtlänge 600 m und in der Breite 150 m. Er fasste in augusteischer Zeit etwa 60.000 Zuseher, nach einem späteren Umbau sogar 185.000. In seiner Geschichte Roms *„Ab urbe condita"* schildert der Historiker Titus Livius die Entstehung dieses ältesten und größten Circusbaus Roms:

70 text

Titus Livius,
Ab urbe condita I, 35, 7–9

Die Entstehung des Circus Maximus

35,7 (Tarquinius Priscus) bellum primum cum Latinis gessit et oppidum ibi Apiolas vi cepit; praedaque inde maiore quam quanta belli fama fuerat[1], revecta ludos opulentius[2] instructiusque[3] quam priores reges fecit.

8 Tum primum circo, qui nunc maximus dicitur, designatus[4] locus est. Loca divisa patribus equitibusque, ubi spectacula[5] sibi quisque facerent; fori[6] appellati;

9 spectavere[7] furcis duodenos ab terra spectacula alta sustinentibus[8] pedes. Ludicrum[9] fuit equi pugilesque[10] ex Etruria maxime acciti[11]. Sollemnes[12] deinde annui[13] mansere[14] ludi, Romani magnique varie[15] appellati.

35,7 **1 quam quanta belli fama fuerat**: als der Ruhm gewesen war, den der Krieg gebracht hatte **2 opulentius** (comp.): reicher **3 instructius** (comp.): besser ausgestattet, prächtiger

8 **4 designo** 1: bestimmen **5 spectaculum**, -i n.: Tribünen **6 forus**, -i m.: Theatersitz, Abteil

9 **7 spectavere**: histor. Kurzform für spectaverunt **8 furcis sustinentibus** … (abl. abs.): wobei die Tribünen auf 12 Fuß hohen gabelförmigen Stützen ruhten **9 ludicrum**, -i n.: die Tribüne, 12 Fuß hoch **10 pugil**, -ilis m.: Faustkämpfer **11 accio** 4: herbeiholen **12 solemnes mansere**: die Feier wurde üblich **13 annuus** 3: alljährlich **14 mansere** = manserunt **15 varie**: abwechselnd, gleichermaßen

70 kommentar

Titus Livius,
Ab urbe condita I, 35, 7–9

35,7 Tarquinius Priscus: Sohn des Korinthers Demaratos, sein ursprünglicher Name war Lucumo. Er zog mit seiner Frau Tanaquil nach Rom und wurde dort zum fünften König gewählt. Er initiierte einige für Roms religiöses und politisches Leben charakteristische Zeremonien, so z. B. den Triumphzug und die Opferrituale. Er soll auch die Circusspiele eingeführt haben, allerdings sind die Traditionen divergent.

Latiner: Sammelname für die Bewohner von Latium, der Landschaft an der Westküste Italiens zwischen Tiberumland, Sabiner-, Aequer- und Hernikerbergen. Die Bevölkerung war von uneinheitlicher Herkunft, die Sprache von vielerlei Einflüssen geprägt.

Apiolae: westlich der Albanerberge gelegene latinische Stadt

9 **spectavere furcis spectacula sustinentibus**: Offenbar wurden die erhöhten Sitzreihen jeweils nur für die Dauer der Spiele aufgestellt.

ex Etruria acciti: Römische Bürger nahmen an den Wettkämpfen nicht teil; auch die Spiele als solche sollen nach etruskischem Vorbild gestaltet worden sein.

ludi Romani, ludi magni: angeblich seit 366 v. Chr. alljährlich zu Ehren des Jupiter Optimus Maximus gefeiert

70 Vertiefung

1 **a** Aus welchen Arten von Darbietungen bestehen die Spiele, die Tarquinius veranstaltet?

b In welcher Formulierung ist der religiöse Charakter der Spiele erkennbar?

Das Programm im Circus war bis zur Zeit Kaiser Konstantins zweigeteilt. Der erste Teil bestand aus einem Festzug, der *pompa*, der einerseits auf den ursprünglich kultischen Charakter der Spiele verweist, andererseits auch eindeutig Züge einer militärischen Siegesfeier in Form eines Triumphzuges trägt. **Dionysios von Halikarnassos,** ein griechischer Historiker und Rhetoriklehrer, der 30 v. Chr. nach Rom übersiedelte, beschreibt in seiner auf Griechisch verfassten Geschichte Roms sehr ausführlich einen solchen Festzug zur Eröffnung der Circusspiele:

> Ehe die Kampfspiele begannen, hielten die angesehensten Männer den Göttern einen Festzug, vom Capitol über den Markt bis zur großen Rennbahn. An der Spitze des Zuges ritten zuerst ihre Söhne, die in dem Alter waren, um daran teilzunehmen. Danach folgten die Söhne der Ritter zu Fuß […]. Diesen folgten die Wagenlenker mit Viergespannen, Zweigespannen und Einspännern und nach diesen die Kämpfer in den leichten und schweren Kampfspielen, ganz nackt, nur die Schamteile verhüllt […]. Den Wettkämpfern folgten Chöre von Tänzern in drei Abteilungen, zuerst von Männern, dann von Jünglingen, zuletzt von Knaben. Hinter ihnen gingen Flötenspieler […] und Citherspieler, siebensaitige Leiern von Elfenbein und das sogenannte Barbiton schlagend […]. Die Kleidung der Tänzer bestand aus purpurnen Unterkleidern, die von kupfernen Gürteln zusammengehalten wurden, und Schwertern, die an der Seite hingen, und Lanzen, die ziemlich kurz waren, bei den Männern auch noch aus kupfernen Helmen, die mit prächtigen Rossschweifen und Federbüschen geschmückt waren. Vor jedem Chore ging ein Mann, der zuerst den anderen die Wendungen des Tanzes angab […]. Nach den bewaffneten Chören folgten im Festzuge die Chöre der Satyristen […]. Ihr Anzug bestand bei denen, die Silene darstellten, in langhaarigen Unterkleidern […] und Mänteln von allerlei Blumen. Die, die Satyrn vorstellten, trugen Schürzen und Bocksfelle, und emporstehendes, langes Haar auf dem Kopf und dergleichen. Diese verspotteten durch Nachäffung die feierlichen Bewegungen, sie ins Lächerliche verzerrend […]. Nach diesen Chören kamen zahlreiche Citherspieler und viele Flötenbläser, und nach ihnen diejenigen, die die Rauchfässer trugen, mit denen mit wohlriechenden Kräutern und Weihrauch auf dem ganzen Wege geräuchert wurde. Danach folgten diejenigen, welche zum Gottesdienst oder zum Staatsschatz gehörende Prunkgeräte aus Silber und Gold trugen. Die allerletzten im Festzuge waren die Bilder der Götter, von Männern auf den Schultern getragen […].
>
> *Dionysios von Halikarnassos, Romaike Archaiologia, VII, 72, übers. von E. Cary*

Am Ende der *pompa* brachte man ein Opfer dar und legte die im Zug mitgeführten Götterbilder auf der *spina* nieder. Danach war der sakrale Teil des Programms beendet, und der Spielgeber (*editor spectaculorum*) gab das Startzeichen zum Rennen, indem er ein weißes Tuch (*mappa*) von seiner Loge herab in die Bahn warf. Ursprünglich wurde nur ein Quadrigenrennen (*quadriga* = Viergespann) an einem Tag abgehalten. Erst später traten die Konkurrenzen mit *bigae* (Zweigespannen) und *trigae* (Dreigespannen) hinzu. Das Rennen begann auf der rechten Seite der *spina* und beschrieb bei den Wendesäulen eine Linkskurve. Die Gesamtstrecke musste nicht ganz sieben Mal durchfahren werden, da Start und Ziellinie nicht zusammenfielen.

Vier nach Farben benannte Rennställe (*factiones*) konkurrierten miteinander: die weiße (*alba*), die rote (*russata*), die grüne (*prasina*) und die blaue (*veneta*) Partei. Sie waren für zahllose Römer Identifikationsobjekte ersten Ranges. Besonders beliebt bei den rennbegeisterten Römern war die grüne Partei. Die Niederlage „seiner“ *factio* kam für den Fan einer Katastrophe gleich, wie D. Iunius Iuvenalis in einer seiner Satiren schildert:

71 text

D. Iunius Iuvenalis, Saturae XI, 193–201

Sieg der grünen Partei

Interea Megalesiacae spectacula[1] mappae
Idaeum sollemne[2] colunt, similisque triumpho[3]
praeda caballorum[4] praetor sedet ac, mihi pace[5]
inmensae[6] nimiaeque[7], licet si dicere, plebis,
totam hodie Romam circus capit, et fragor aurem
percutit[8], eventum[9] viridis quo colligo[10] panni[11].
Nam si deficeret[12], maestam attonitamque[13] videres
hanc urbem veluti Cannarum in pulvere victis
consulibus.

193 1 spectaculum, -i n.: h. Zuschauer, Publikum **2 solemne Megalesiacae mappae**: das Fest, das zu Ehren der Magna Mater gestartet wird **3 similis triumpho** = similis triumphanti
195 4 praeda caballorum: eigentl. die Beute der Pferde; der Prätor verausgabt sich, um als Veranstalter der Rennen vertragsgemäß die Rennteams zu bezahlen und die Sieger zu belohnen **5 pace**: ohne zu kränken, mit Erlaubnis **6 inmensus** 3: unzählbar **7 nimius** 3: unermesslich **8 fragor aurem percutit**: das Getöse schlägt auf das Ohr **9 eventus**, -us m.: Erfolg **10 quo colligo**: woraus ich erschließe **11 pannus**, -i m.: eigentl. Renndress, auch Rennteam **12 deficio** 3M, -feci, -fectum: unterliegen **13 attonitus** 3: bestürzt

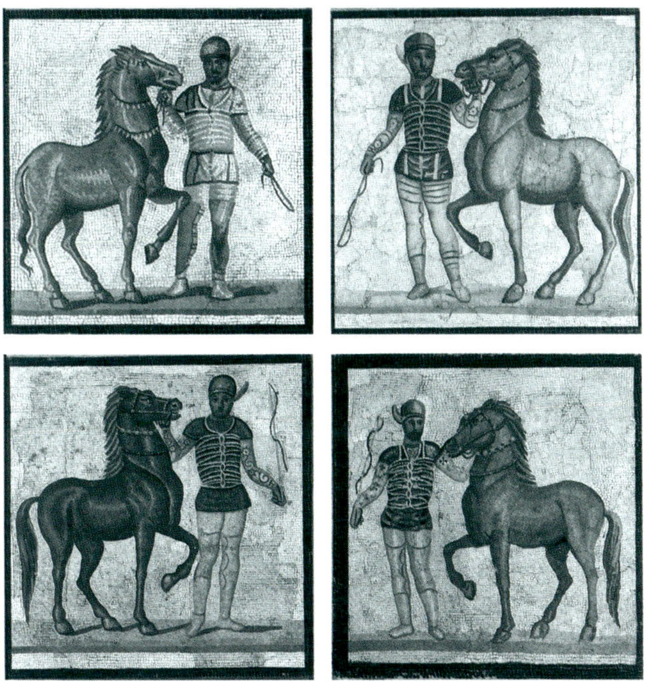

Abb. 38: Wagenlenker in den vier Rennfarben *(weiß, rot, grün, blau)*

71 kommentar

D. Iunius Iuvenalis, Saturae XI, 193–201

193 Megalesiaca spectacula: Spiele zu Ehren der *Magna Mater* oder *Kybele* (griech. *megále méter*) am 4. und 10. April, die Rennen fanden am 10. statt. Die *Magna Mater*, eine altanatolische Muttergottheit, wurde seit 205/04 v. Chr. in Gestalt eines Meteorsteins in Rom verehrt.

194 Idaeus 3: idäisch, d. h. aus dem Idagebirge in Kleinasien stammend (Zentrum d. Kybelekults)

195 caballus: umgangssprachlicher Ausdruck für Pferd, wird in den romanischen Sprachen standardsprachlich, vgl. span. *caballo*, it. *cavallo*, franz. *cheval*

196 inmensae, nimiae: Die Römer waren stolz darauf, in einer so bevölkerungsreichen Stadt zu leben. Deshalb entschuldigt sich Juvenal fast dafür, dass er die schier unendliche Menge gleichsam limitiert, wenn er sagt, der Circus fasse ganz Rom.

200 Cannae: 216 v. Chr. erlitten die Römer bei Cannae eine vernichtende Niederlage gegen den punischen Feldherrn Hannibal.

71 vertiefung

1 Um vor dem geistigen Auge seines Publikums die Atmosphäre im überfüllten Circus entstehen zu lassen, bedient sich der Autor auch der Lautmalerei. Versuche herauszufinden, was z.B. durch die s-Alliteration nachvollziehbar gemacht werden soll.

2 **a** Woraus erschließt der Dichter, dass die von der Bevölkerung Roms favorisierten Grünen gewonnen haben? Welche Phänomene einer Massenhysterie lassen sich in diesem Text beobachten?

b Mit welchem drastischen Bild verdeutlicht er die Bedeutung, die der Rennerfolg für die Bürger hat?

c Ist der Dichter selbst Fan der Grünen und Zeuge des Wagenrennens?

Die tollkühnen Wagenlenker wurden selbstverständlich nicht nur vom männlichen Publikum bewundert. Auch unter den Frauen Roms gab es eingefleischte Anhängerinnen des einen oder anderen Rennstalls. Wenn auch der Circus dem frisch verliebten Mann die beste Möglichkeit bot, mit seiner Angebeteten zu flirten – schließlich konnte man ungestört und dicht aneinandergedrängt auf der Zuschauertribüne sitzen – so empfahl es sich doch, sich zuerst nach der von der Dame favorisierten Partei zu erkundigen, um nicht etwa dem falschen Gespann zuzujubeln.

72 text

P. Ovidius Naso, Amores III, 2

Rendezvous beim Wagenrennen

„Non ego nobilium sedeo studiosus[1] equorum;
    cui tamen ipsa faves[2], vincat ut ille, precor.
Ut loquerer tecum, veni, tecumque sederem,
    ne tibi non notus[3], quem facis, esset amor.

1 **1 studiosus** 3: begeistert für **2 faveo** 2: anfeuern **3 ne non notus esset** (Alliteration und Litotes ➤ S. VIII): damit dir nicht verborgen bleibt

Tu cursus spectas, ego te. Spectemus uterque
quod iuvat[4], atque oculos pascat[5] uterque suos!
O, cuicumque faves[2], felix agitator equorum!
Ergo illi curae contigit esse tuae[6]?
Hoc mihi contingat! Sacro de carcere missis
insistam[7] forti mente vehendus[8] equis
et modo lora dabo, modo verbere terga notabo[9],
nunc stringam[10] metas interiore rota.
Si mihi currenti fueris conspecta[11], morabor,
deque meis manibus lora remissa[12] fluent.
At quam paene Pelops Pisaea concidit hasta[13],
dum spectat vultus, Hippodamia, tuos!
Nempe[14] favore suae vicit tamen ille puellae.
Vincamus dominae quisque favore suae!
Quid frustra refugis? Cogit nos linea[15] iungi[16].
Haec in lege loci commoda circus habet.
Tu tamen a dextra, quicumque es, parce[17] puellae;
contactu lateris[18] laeditur ista tui.
Tu quoque, qui spectas post nos, tua contrahe crura,
si pudor[19] est, rigido nec preme terga genu!
Sed nimium demissa[20] iacent tibi pallia[21] terra.
collige — vel digitis en[22] ego tollo meis!
Invida vestis eras, quae tam bona crura tegebas;
quoque magis[23] spectes — invida vestis eras!
Talia Milanion Atalantes crura fugacis
optavit manibus sustinuisse[24] suis.
Talia pinguntur[25] succinctae[26] crura Dianae
cum sequitur fortes, fortior ipsa, feras.
His ego non visis arsi[27]. Quid fiet ab ipsis[28]?
In flammam flammas, in mare fundis aquas!
Suspicor[29] ex istis et cetera posse placere,
quae bene sub tenui[30] condita veste latent.
Vis tamen interea faciles[31] arcessere[32] ventos?
Quos faciet nostra mota tabella[33] manu.
An magis hic meus est animi, non aeris aestus[34],
captaque femineus pectora torret[35] amor?
Dum loquor, alba levi sparsa est tibi pulvere vestis.
sordide de niveo corpore pulvis abi!
Sed iam pompa venit — linguis animisque favete[36]!
Tempus adest plausus — aurea pompa venit.
Prima loco fertur passis[37] Victoria pennis –
Huc ades et meus hic fac, dea, vincat amor!
Plaudite Neptuno, nimium qui creditis undis!
Nil mihi cum pelago[38]; me mea terra capit.

4 iuvat: es macht Freude **5 pasco** 3: weiden **6 tuae curae esse**: dir am Herzen zu liegen

7 insisto 3 + dat.: antreiben **8 vehendus**: eigentl. als einer, der befördert werden muss; um dahinzurasen **9 terga verbere notare**: die Rücken peitschen **10 stringo** 3: streifen **11 si mihi currenti conspecta fueris**: wenn ich dich mitten im Rennen erblicke **12 remissus** 3: locker

13 Pisaea hasta: durch die Lanze des Königs von Pisa **14 nempe**: allerdings, freilich **15 linea**, -ae f.: Gang zwischen den Sektoren **16 iungor** 3: zusammenkommen

17 parco 3: Rücksicht nehmen **18 latus**, -eris n.: Seite **19 pudor**, -oris m.: Anstand

20 demissus 3: hinuntergeglitten **21 pallium**, -i n.: Mantel **22 en**: schau, siehst du **23 quoque magis**: und je mehr

24 sustineo 2: emporheben **25 pingo** 3: malen, in Gemälden darstellen **26 succinctus** 3: mit hochgeschürztem Gewand **27 ardeo** 2, arsi, arsurus: vor Liebe brennen, verliebt sein **28 ab ipsis**: von ihrem Anblick

29 suspicor 1: ahnen **30 tenuis**, -e: zart **31 faciles ventos**: ein leichtes Lüftchen **32 arcesso** 3: herbeifächeln **33 tabella**, -ae f.: Schreibtäfelchen **34 aestus**, -us m.: Hitze

35 torreo 2: versengen **36 favete linguis**: hütet die Zungen

37 passus 3: ausgebreitet **38 nil mihi cum pelago**: mich kümmert das Meer nicht

Plaude tuo Marti, miles! nos odimus arma;
pax iuvat et media pace repertus amor.
Auguribus[39] Phoebus, Phoebe venantibus adsit!
Artifices[40] in te verte, Minerva, manus!
Ruricolae, Cereri teneroque[41] adsurgite[42] Baccho!
Pollucem pugiles[43], Castora placet[44] eques!
Nos tibi, blanda Venus, puerisque potentibus arcu[45]
plaudimus; inceptis adnue[46], diva, meis
daque novae mentem dominae! Patiatur amari!
Adnuit et motu signa secunda[47] dedit.
Quod dea promisit, promittas ipsa, rogamus;
pace[48] loquar Veneris, tu dea maior eris.
Per tibi tot iuro testes[49] pompamque deorum,
te dominam nobis tempus in omne peti!
Sed pendent[50] tibi crura. Potes, si forte iuvabit,
cancellis[51] primos inseruisse[52] pedes[53].
Maxima iam vacuo praetor spectacula circo
quadriiugos aequo carcere[54] misit equos.
Cui studeas, video. Vincet, cuicumque favebis[2].
Quid cupias, ipsi scire videntur equi.
Me miserum, metam spatioso[55] circuit orbe!
Quid facis? Admoto proxumus axe[56] subit[57].
Quid facis, infelix? Perdis[58] bona vota puellae.
Tende, precor, valida lora[59] sinistra manu!
Favimus[2] ignavo – sed enim revocate[60], Quirites,
et date iactatis undique signa togis!
En, revocant! – ac ne turbet toga mota capillos,
in nostros abdas te licet[61] usque sinus[62].
Iamque patent iterum reserato[63] carcere postes[64];
evolat admissis[65] discolor[66] agmen equis.
Nunc saltem[67] supera spatioque insurge[68] patenti!
sint mea, sint dominae fac rata[69] vota meae!
Sunt dominae rata[69] vota meae, mea vota supersunt.
Ille tenet palmam[70]; palma petenda mea est."
Risit et argutis quiddam promisit ocellis[71].
Hoc satis hic; alio cetera redde loco!

39 augur, -uris m.: Seher, Augur **40 artifex**, -icis: kunstfertig **41 tener** 3: jugendlich **42 adsurgo** 3 + dat.: jem. Respekt erweisen **43 pugil**, -ilis m.: Faustkämpfer **44 placo** 1: sich geneigt machen **45 potens arcu**: bogenmächtig, treffsicher **46 adnuo** 3: zunicken, gewogen sein **47 secundus** 3: günstig **48 pace**: mit Billigung, mit Verständnis **49 testis**, -is m.: Zeuge **50 pendeo** 2: pendeln, nicht bis zum Boden reichen **51 cancelli**, -orum m.: Gitter, Schranke **52 insero** 3, -ui: eigentl.: hineinstecken, abstützen **53 primi pedes**: Fußspitzen **54 aequo carcere**: gleichzeitig aus den Startboxen **55 spatiosus** 3: weit **56 admoto axe**: eigentl. abl. abs.; mit herangeführter Achse; er hat seinen Wagen schon an deinen herangeführt **57 subeo**, -is, -ire: verfolgen, von hinten bedrängen **58 perdo** 3: zunichte machen, verspielen **59 tende valida lora sinistra manu**: zieh auf der linken Seite die Zügel mit starker Hand **60 revoco** 1: einen Neustart forden **61 licet abdas**: du darfst verbergen **62 sinus**, -us m.: Gewand **63 resero** 1: neuerlich öffnen **64 postis**, -is f.: Schranke **65 admissus** 3: angetrieben, gepeitscht **66 discolor**, -oris: bunt **67 saltem**: wenigstens **68 insurge spatio patenti**: gewinne den offenen Raum, nütze die freie Bahn **69 ratus** 3: erfüllt, wahr **70 palma**, -ae f.: Siegespreis **71 ocellus**, -i m.: Auge

P. Ovidius Naso,
Amores III, 2

72 kommentar

In diesem Gedicht, einer Elegie, werden die Vorführungen und die Stimmung im Circus aus der Sicht des Zuschauers geschildert. Die literarische Tradition, in der diese Form der Darstellung steht, beginnt mit der „Ilias", wo die schöne Helena von der Mauer Trojas dem greisen König Priamos die griechischen Helden zeigt, die sich vor den Mauern im Kampf tummeln, u. a. auch ihren rechtmäßigen Ehemann Menelaos (3.146 ff.). Ovid zitiert sich selbst mit demselben Motiv in seiner *„Ars amatoria"* 1, 135–164.

1 **equi nobiles**: Rassepferde mit langen Stammbäumen

9 **sacro de carcere**: Hier klingt der ursprünglich kultische Charakter der Spiele an.

12 **stringam interiore rota**: Alle Wagenlenker bemühten sich, die *meta* in möglichst engem Radius zu umfahren, sodass es an den Wendemarken öfter zu Karambolagen und Unfällen kam. Die *meta* im weiten Abstand zu umfahren, zeugte von Ungeschicklichkeit oder Feigheit (vgl. *spatioso orbe*, 69).

15–17 **Pelops, Hippodamia/Hippodameia**: Pelops, der Sohn des Tantalos, hält um Hippodameia, die Tochter des Königs Oinomaos von Pisa in Elis, an. Dieser will sie aber nur mit einem Helden verheiraten, der ihn selbst im Wagenrennen besiegen kann. In der Regel gibt Oinomaos dem Brautwerber einen gewissen Vorsprung und tötet ihn mit seiner Lanze, sobald er ihn eingeholt hat. Hippodameia verliebt sich in Pelops und bittet den Wagenlenker ihres Vaters, ihrem Freier durch eine Manipulation am Wagen des Königs zum Sieg zu verhelfen. Oinomaos kommt infolge dieser Manipulation zu Sturz und verunglückt tödlich.

19 **linea**: Die Sitzbänke waren im Circus durch Gänge (*linea*) in Sektoren geteilt. War also eine Dame, um Abstand zu halten, bis zu einer *linea* gerutscht, dann blieb ihr nur mehr die Wahl zwischen Nachgeben oder Wechsel in einen anderen Sektor.

29 **Atalante**: war von ihrem Vater Jasos, der sich einen Sohn gewünscht hatte, ausgesetzt, von einer Bärin gesäugt und letztlich von Jägern gerettet worden. Ganz auf die Jagd und das freie Leben in den Wäldern fixiert, erklärte sie nach ihrer Rückkehr in ihr Elternhaus, sie werde nur einen Mann heiraten, der sie im Wettlauf besiegen könne. Erst Milanion besiegte sie mit Hilfe der Aphrodite, indem er ihr immer dann, wenn sie zum Überholen ansetzte, einen goldenen Apfel hinwarf, den ihm die Göttin zu diesem Zweck gegeben hatte.

31 **succincta Diana**: Artemis/Diana, die Göttin der Tiere, der Jagd, des Mondes und der Frauen, und alle Jägerinnen schürzen die langen Frauenkleider hoch, um sich in der freien Natur ungestört bewegen zu können.

34 **tabella**: Notiztäfelchen, wohl um die Gespanne und ihre Lenker zu notieren

36 **tenuis vestis**: Elegante römische Damen bevorzugten der Mode entsprechend zarte, fast durchscheinende Kleider aus Seide oder anderen wertvollen Materialien.

43 **pompa venit**: Der Festzug mit den Götterstatuen kam vom Kapitol und wurde durch den Circus geführt.

43 **favete linguis**: Die Teilnehmer an kultischen Handlungen sind angehalten zu schweigen. Übles Gerede könnte die Gottheit beleidigen, willkürliche und unwillkürliche Geräusche das Gelingen der religiösen Handlung vereiteln.

45 **Victoria/Nike**: Siegesgöttin mit sehr schwach personalem Charakter, oft geflügelt dargestellt

47 **Neptunus/Poseidon**: Bruder des Jupiter/Zeus und des Pluto/Hades; Gott des Meeres

49 **Mars/Ares**: Sohn des Jupiter/Zeus und der Juno/Hera, Kriegsgott; in Rom wird Mars auch als Ahn- und Schutzherr des Volkes verehrt.

51 **Phoebus/Phoebe**: Die Zwillinge Apollo/Apollon und Diana/Artemis sind Kinder des Jupiter/Zeus und der Latona/Leto. Apollon ist der Gott des Orakels, der Musik und der Künste, der Heilkunst, des Maßes und des Lichts. Artemis ist die Herrin der Tiere, Göttin der Jagd, des Mondes und der Frauen.

52 **Minerva/Pallas Athene**: Tochter des Jupiter/Zeus, ursprünglich Göttin der weiblichen Handarbeit, dann der Weisheit und der Geschicklichkeit (vor allem im Krieg) und der Kunst

53 **Ceres/Demeter**: Schwester des Jupiter/Zeus, Göttin der Feldfrüchte

53 **Bacchus/Dionysos**: Sohn des Jupiter/Zeus und der Semele, Gott der tierischen und pflanzlichen Fruchtbarkeit, auch des Weines

54 **Castor** und **Pollux/Polydeukes**: Zwillingssöhne des Jupiter/Zeus und der Leda und damit Brüder der schönen Helena. Beide werden in Krisensituationen aller Art – z. B. in Seenot – zu Hilfe gerufen. Pollux schützt die Faustkämpfer, Castor ist der Schutzherr der Reiter.
55 **Venus/Aphrodite**: ursprünglich orientalische Gottheit der Liebe und der Sexualität, als Mutter des Aeneas in Rom auch als Ahnherrin und Schützerin des römischen Volkes verehrt
55 **pueri arcu potentes**: Eros, die uralte und mächtige die Menschen und Götter bezwingende Gottheit, wird in der erotischen Dichtung zum geflügelten Lausbuben, dem ungezogenen Sohn der Venus; das Konzept vervielfältigt sich schließlich in den pausbäckigen kleinen Liebesgöttern, die oft in der bildenden Kunst dargestellt wurden.
64 **cancelli**: vermutlich niedrige Abgrenzungen zwischen den Sitzreihen
65 **praetor misit equos**: Der Praetor hat den Vorsitz über die Spiele und gibt das Zeichen zum ersten Start.
73 **revocate**: Das Publikum kann den Abbruch und Neustart verlangen, wenn zu wenig ambitioniert gefahren wird.
78 **discolor**: bunt; gemeint sind die vier Farben der Rennparteien.

72 Vertiefung

1 **a** Stelle fest, welche Gründe der Ich-Erzähler für seinen Circusbesuch anführt und was er an diesem Ort tatsächlich sehen will.

b Interessiert sich der Erzähler auch für das Renngeschehen, ist er ein Fan einer der vier Rennparteien? Verwendet er *termini technici*, Begriffe aus der Fachsprache des Wagenrennens?

2 **a** Welche Details zum Ablauf der Circusspiele nennt der Ich-Erzähler?

b Warum versetzt er sich im Geist in die Rolle des Wagenlenkers?

c Wann bzw. an welcher Stelle im Gedicht beginnen die Spiele?

3 **a** Der Ich-Erzähler wechselt ständig zwischen einer Art innerem Monolog, in dem er seine Gedanken und seine Befindlichkeit darstellt, und einem lockeren, sprunghaften Geplauder mit seinen Sitznachbarn, vor allem mit der Dame seines Herzens. Welche Aussagen bzw. Gedanken sind wohl nicht für das Ohr seiner Begleiterin bestimmt?

b Ist die Frau an seiner Seite an ihm interessiert? Welche Maßnahmen und Strategien setzt der Erzähler, um ihre Aufmerksamkeit zu gewinnen und ihr nahe sein zu können? Ist sein Bemühen im Endeffekt erfolgreich?

c Was an der Dame gefällt dem Ich-Erzähler besonders und mit welchen sprachlichen Mitteln bringt er seine Leidenschaft zum Ausdruck? Gibt es Anzeichen von Eifersucht?

4 Ist der Grundton dieser Verse ernsthaft? Zielt der Ich-Erzähler auf eine dauerhafte Beziehung ab?

Die Begeisterung für Wagenrennen und Circusspiele war nicht allein bei der breiten Masse anzutreffen. Kaiser Nero, ein Liebhaber der Massenunterhaltung jeglicher Art, war seit seiner Kindheit ein fanatischer Anhänger der grünen Partei. Ihm genügte es bald nicht mehr, den Rennen von der Tribüne aus zuzusehen, er musste sich selbst als Wagenlenker versuchen:

73 text

C. Suetonius Tranquillus,
Nero 22, 1 f.

Nero als Wagenlenker

22,1 Equorum studio vel praecipue ab ineunte aetate[1] flagravit[2] plurimusque illi sermo[3], quamquam vetaretur, de circensibus erat. Et quondam tractum[4] prasinum agitatorem[5] inter condiscipulos querens, obiurgante paedagogo, de Hectore se loqui ementitus est. Sed cum inter initia[6] imperii eburneis quadrigis cotidie in abaco[7] luderet, ad omnes etiam minimos circenses e secessu[8] commeabat, primo clam, deinde propalam, ut nemini dubium esset eo die utique affuturum[9].

2 Neque dissimulabat velle se palmarum[10] numerum ampliari. Quare spectaculum multiplicatis missibus[11] in serum[12] protrahebatur, ne dominis quidem iam factionum dignantibus[13] nisi ad totius diei cursum[14] greges ducere[15]. Mox et ipse aurigare[16] atque etiam spectari saepius voluit positoque in hortis inter servitia et sordidam plebem rudimento[17] universorum se oculis in Circo Maximo praebuit, aliquo liberto mittente mappam[18] unde magistratus solent.

22,1 **1 ab ineunte aetate**: von frühester Jugend an **2 studio flagrare**: ein begeisterter Fan sein **3 plurimus illi sermo erat de**: er redete sehr viel von **4 tractum**: erg. esse; traho: h. mitschleifen **5 agitator prasinus**: der Wagenlenker der Grünen **6 inter initia imperii**: am Beginn seiner Herrschaft **7 abacus**, -i m.: Spielbrett, Tisch **8 e secessu**: auch aus den entlegensten Gegenden **9 eo die affuturum**: erg. eum affuturum esse

2 **10 palma**, -ae f.: Siegespreis **11 missus**, -us m.: Rennen, Renndurchgang **12 in serum**: bis in den Abend hinein **13 ne dominis dignantibus**: wobei nicht einmal die Besitzer geneigt waren **14 nisi ad totius diei cursum**: nur zu Renngeschehen, die den ganzen Tag dauerten **15 greges ducere**: ihre Mannschaft hinzuführen **16 aurigo** 1: Rennen fahren **17 posito rudimento**: nachdem er erste Versuche unternommen hatte **18 mappam mittere**: das Startzeichen geben

73 kommentar

C. Suetonius Tranquillus,
Nero 22, 1 f.

22, 1 Hector: tapferster Kämpfer der Trojaner. Nachdem er Patroklos, den Freund des Achilleus, im Kampf getötet hat, verfolgt ihn Achilleus, tötet ihn und schleift, maßlos in Trauer und Zorn, seine Leiche mit dem Streitwagen immer wieder um die Stadt.

73 vertiefung

1 **a** In welchen verschiedenen Phasen der Leben bzw. der Karriere Neros schildert Sueton dessen Begeisterung für Wagenrennen? Woraus wird deutlich, dass die Rennen für Nero immer größere Bedeutung bekommen?

b Bis zu welchem Zeitpunkt bzw. bis zu welchem Lebensabschnitt scheint seine Begeisterung der eines durchschnittlichen Fans zu entsprechen, was wirkt übersteigert?

c Wo und wie bringt Sueton zum Ausdruck, dass Nero sich nicht mehr seinem Rang entsprechend benimmt?

Wenn in Rom Circusspiele stattfanden, war die Stadt beinahe ausgestorben. Nur einige wenige, unter ihnen auch der Schriftsteller Plinius der Jüngere, ließen sich nicht von der Sportbegeisterung anstecken. Plinius fand die Wagenrennen nur insoweit begrüßenswert, als sie den Großstadtlärm verstummen ließen und ihm endlich die nötige Ruhe zum Arbeiten verschafften:

74 text

C. Plinius Caecilius Secundus, Epistulae IX, 6

Rom ist menschenleer

C. PLINIUS CALVISIO SUO S.

1 Omne hoc tempus inter pugillares[1] ac libellos[2] iucundissima quiete transmisi[3]. „Quemadmodum," inquis, „in urbe potuisti?" Circenses erant, quo genere spectaculi ne levissime quidem[4] teneor. Nihil novum, nihil varium[5], nihil quod non semel spectasse sufficiat[6].

2 Quo magis miror tot milia virorum tam pueriliter identidem cupere currentes equos, insistentes[7] curribus homines videre. Si tamen aut velocitate equorum aut hominum arte traherentur, esset ratio non nulla[8]; nunc favent[9] panno[10], pannum amant, et si in ipso cursu medioque certamine hic color illuc ille huc transferatur, studium favorque transibit, et repente agitatores[11] illos equos illos, quos procul noscitant[12], quorum clamitant nomina relinquent[13].

3 Tanta gratia[14], tanta auctoritas in una vilissima[15] tunica, mitto[16] apud vulgus, quod vilius[15] tunica, sed apud quosdam graves homines[17]; quos ego cum recordor[18], in re inani, frigida[19] assidua[20], tam insatiabiliter[21] desidere[22], capio aliquam voluptatem, quod hac voluptate non capior.

4 Ac per hos dies libentissime[23] otium meum in litteris colloco[24], quos alii otiosissimis occupationibus perdunt. Vale.

---

1 **1 pugillares**, -ium m.: Schreibtäfelchen **2 libellus** = liber **3 tempus transmittere**: Zeit (mit etw.) zubringen **4 ne levissime quidem**: nicht im Geringsten, überhaupt nicht **5 varius** 3: abwechslungsreich, amüsant **6 sufficit** (impers.): es genügt

2 **7 insisto** 3 + dat.: stehen auf **8 esset ratio non nulla**: hätte das noch einen Sinn **9 faveo** 2: zujubeln, sich begeistern für **10 pannus**, -i m.: Farbe, Dress **11 agitator**, -oris m.: Wagenlenker **12 noscito** 1: erkennen **13 relinquo** 3: h. aufgeben, im Stich lassen

3 **14 gratia**, -ae f.: Beliebtheit, Wertschätzung **15 vilis**, -e: billig, wertlos **16 mitto** 3: ich kritisiere das nicht **17 graves homines**: Menschen von Bedeutung, angesehene Bürger **18 recordor** 1 + AcI: daran denken, dass **19 frigidus** 3: unbedeutend **20 assiduus** 3: eintönig, fad **21 insatiabilis**, -e: unersättlich **22 desideo** 2: müßig dasitzen

4 **23 libens**: gern **24 otium collocare**: die Freizeit verwenden für etw.

74 Kommentar

C. Plinius Caecilius Secundus, Epistulae IX, 6

1 **C. Calvisius Rufus**: ein Freund und Landsmann des Plinius

2 **si in ipso cursu transferatur**: Plinius nimmt – als Gedankenspiel – an, die Wagenlenker könnten während des Rennen die Dressen und damit ihre Farben tauschen.

4 **otiosissimis occupationibus**: Oxymoron (➤ S. IX) als wirkungsvolle Schlusspointe

74 Vertiefung

1 Was und wen kritisiert Plinius? Stelle die Hauptpunkte seiner Kritik zusammen!

2 Welche Freizeitaktivitäten sind seiner Meinung nach für Gebildete und Kultivierte angemessen? Kannst du der Ansicht des Plinius zustimmen?

3 Hat deiner Meinung nach die Farbe auch im heutigen Sportgeschehen eine ähnliche Bedeutung, wie Plinius sie ihr zuschreibt?

4 Fallen dir ähnliche Fälle von Massenbegeisterung im Zusammenhang mit aktuellen sportlichen Ereignissen ein? Vergleiche mit folgendem Text!

Maranello (dpa) – Mit seinem sechsten WM-Triumph hat Michael Schumacher die Ferrari-Fans in Italien in einen spontanen Freudentaumel gestürzt. „Grande Schumi, du bist der Größte", jubelten zehntausende Fans, die neben dem Deutschen „den besten Ferrari aller Zeiten" feierten. Allein in der Ferrari-Hauptstadt in Maranello bejubelten tausende „Ferraristi" den WM-Triumph. Die rot gekleideten Fans zogen mit Ferrari-Fahnen durch den Ort zum Ferrari-Werk und zum Kirchplatz, wo Pfarrer Don Bernasconi zum Zeichen des Sieges die Kirchenglocken läutete. „Schumi, jetzt bist du eine Legende", bejubelten die Fans den Deutschen, der die „Rote Göttin" zum WM-Sieg gesteuert hat. In den Metropolen wie Rom, Mailand, Neapel und Turin feierten die Tifosi mit hupenden Autocorsi den Sieg. Mit Ferrari-Fahnen, Fanfaren und Trillerpfeifen zogen sie durch die Straßen auf die großen Plätze. An den Urlaubsstränden Italiens stiegen hunderte von spontanen Ferrari-Partys. Überall hatten die Strandbars Fernseher aufgestellt, um die sich die Sonnenanbeter scharten.

Abb. 39: Mosaik, das ein Wagenrennen zeigt

So langweilig wie Plinius es beschreibt, war der Rennverlauf nun freilich keineswegs. Wenn der Spielgeber durch Fallenlassen der *mappa* das Startsignal für das Rennen gegeben hatte, verwandelte sich der Circus in einen Hexenkessel. Da hielt es kaum noch jemand auf den Sitzen. Die Wagenlenker der „eigenen“ Partei wurden angefeuert, gelobt oder beschimpft, je nach Stand des Rennens. Die unterschiedlichsten Emotionen wurden ausgelebt, von Aufregung und Anspannung über Angst und Hoffnung bis zu Jubel und Niedergeschlagenheit. Was sich während des Rennens im Circus abspielte, verdammten christliche Kritiker dieser Form von Unterhaltung schlichtweg als *furor circi* (Raserei des Circus):

75 text

L. Caecilius Firmianus Lactantius,
Divinae Institutiones VI, 20, 32–34

Unchristliche Raserei

20,32 Circensium quoque ludorum ratio[1] quid aliud habet nisi levitatem, vanitatem, insaniam? Tanto namque impetu concitantur animi in furorem, quanto illic impetu curritur[2], ut iam plus spectaculi exhibeant[3], qui spectandi gratia[4] veniunt, cum exclamare et efferri[5] et exsilire coeperint.

33 Vitanda ergo spectacula omnia, non solum ne quid vitiorum pectoribus insidat[6], quae sedata[7] et pacifica[8] esse debent, sed ne cuius nos voluptatis consuetudo deleniat[9] et a deo atque a bonis operibus avertat. Nam ludorum celebrationes deorum festa sunt, siquidem ob natales[10] eorum vel templorum novorum dedicationes[11] sunt constituti[12]. Et primitus[13] quidem venationes[14], quae vocantur munera[15], Saturno sunt attributae[16], ludi autem scaenici[17] Libero, circenses vero Neptuno. Paulatim tamen et ceteris diis idem honos tribui coepit singulique ludi nominibus eorum consecrati sunt[18], sicut Sinnius Capito in libris spectaculorum docet.

34 Si quis igitur spectaculis interest[19], ad quae religionis gratia[4] convenitur[20], discessit a Dei cultu et ad deos se contulit, quorum natales[10] et festa celebravit.

20,32 **1 ratio**, -onis f.: System **2 tanto impetu … concitantur, quanto … curritur**: ebenso viel Energie wird aufgewendet, um die Gemüter zur Raserei zu treiben, wie um dort zu fahren **3 plus spectaculi exhibere**: ein größeres, sehenswerteres Schauspiel bieten **4 spectandi gratia** = spectandi causa **5 efferor**: sich hinreißen lassen

33 **6 insido** 3: Fuß fassen **7 sedatus** 3: ruhig **8 pacificus** 3: friedlich **9 ne cuius nos voluptatis consuetudo deleniat**: damit wir uns nicht an irgendein Vergnügen gewöhnen und uns ködern lassen **10 natalis** (dies): Geburtstag **11 dedicatio**, -onis f.: Einweihung **12 constituo** 3: veranstalten **13 primitus**: von Alters her **14 venatio**, -onis f.: Tierhetze **15 munera**, -um n.: Spiele **16 attribuo** 3, -ui, -utum: widmen **17 ludi scaenici**: Theateraufführungen **18 consecro** 1: weihen, widmen

34 **19 intersum**: beiwohnen **20 convenitur**: man versammelt sich

Abb. 40: Relief: Gesamtansicht des Circus Maximus

75 Kommentar

L. Caecilius Firmianus Lactantius,
Divinae Institutiones VI, 20, 32–34

33 Saturnus: altrömischer Gott der Saaten und des Ackerbaus, mit dem griechischen Kronos gleichgesetzt. Analog zur griechischen Mythologie wird er von Jupiter vom Thron vertrieben; mit seinem Sturz geht die paradiesische Epoche des Goldenen Zeitalters zu Ende. In seinem Tempel am Forum wurde die Staatskasse aufbewahrt; sein Hauptfest, die Saturnalien, bei dem man u. a. Geschenke verteilte und den Sklaven alle Freiheiten im Haus zugestand, wurde Ende Dezember gefeiert.

Liber: altitalischer Gott der Fruchtbarkeit, oft mit Dionysos gleichgesetzt und als Gott des Weines verehrt

Neptunus: römischer Gott der Gewässer, früh mit Poseidon gleichgesetzt und wegen der besonderen Beziehung dieses Gottes zum Pferd auch als Schützer der Rennbahnen verehrt

Sinnius Capito: römischer Redner aus augusteischer Zeit, verfasste Fachschriften zu verschiedenen Themen

75 Vertiefung

1 Welche Grundhaltung des Wesens ist einem Christen nach Laktanz angemessen? Was soll er tun, um sich diese zu erwerben bzw. sie zu erhalten? Womit soll er sich beschäftigen?

2 **a** Inwiefern wirken sich Rennen und Spiele im Allgemeinen auf den Charakter aus?

b Welche Emotionen erregen die Massenspektakel, mit welchem Stilmittel (➤ S. VIII f.) gibt Laktanz seiner Meinung Nachdruck?

3 Welche Gefahr für das Seelenheil der Christen sieht Laktanz, wenn diese an Spielen teilnehmen? Scheint die hier formulierte Sorge in Anbetracht der in anderen Textstellen geschilderten Stimmung bei den Spielen begründet?

Die mahnenden Worte der christlichen Kritiker waren aber in vielen Fällen wohl vergessen, wenn das Wagenrennen seinen Lauf nahm. Denn auf der zurückzulegenden Strecke von ca. 8,5 km gab es nicht nur spannende Kopf-an-Kopf-Rennen zu sehen, sondern es kam auch häufig zu Achsbrüchen, Unfällen und Karambolagen. Berüchtigte Gefahrenpunkte waren die Linkskurven um die Wendemarken (*metae*); Fahrer, die sie zu eng nahmen und mit dem Wagen touchierten, wurden in hohem Bogen auf die Rennbahn geschleudert. Schwere Verletzungen und Todesstürze waren nicht selten. Der Tod eines beliebten Wagenlenkers wurde von seinen Fans zutiefst betrauert, wie ein Epigramm des Dichters M. Valerius Martialis beweist:

76 text

M. Valerius Martialis,
Epigrammata X, 50

Trauer um den Tod des Scorpus

Frangat[1] Idumenaeas tristis Victoria palmas!
Plange[2], Favor, saeva pectora nuda manu!
Mutet[3] Honor cultus[4], et iniquis[5] munera flammis
mitte coronatas[6], Gloria maesta[7], comas[8].
Heu, facinus! Prima fraudatus[9], Scorpe, iuventa[10],
occidis et nigros tam cito iungis equos.
curribus illa tuis semper properata[11] brevisque
cur fuit et vitae tam prope meta tuae[12]?

1 **1 frango** 3: zerbrechen **2 plango** 3: (als Zeichen der Trauer) schlagen **3 muto** 1: eintauschen gegen **4 cultus**, -us m.: Schmuck **5 iniquus** 3: ungerecht **6 coronatus** 3: bekränzt **7 maestus** 3: traurig **8 comae**, -arum f.: Haar
5 **9 fraudo** 1 + abl.: berauben **10 iuventa**, -ae f.: Jugend **11 curribus tuis properata**: die von deinen Gespannen so schnell umfahrene Wendemarke **12 cur fuit illa** [tuis curribus semper properata] **meta vitae tuae tam prope?**: Warum hast du die Ziellinie deines Lebens so schnell überfahren?

76 kommentar

M. Valerius Martialis,
Epigrammata X, 50

1 frangat, plange, mutet cultus: typische Trauergesten. Man zerriss die Kleider, schlug sich an Brust und Arme, raufte sich die Haare etc.
1 ff. Victoria, Favor, Honor, Gloria: Sieg, Gunst, Ehre, Ruhm; Personifikationen, deren Trauergesten den Verlust deutlich machen, den Rom mit Scorpus erlitten hat
Idumenaeas palmas: Idumäa, Landschaft südlich von Judäa, die berühmt war für ihre Palmen
4 mitte comas iniquis flammis: Als weitere Geste der Trauer soll die Allegorie des Ruhmes ihre Haare im Scheiterhaufen des Verstorbenen mitverbrennen.
6 equos nigros iungere: Metapher für den Tod
9 meta: Metapher für den endgültigen Wendepunkt vom Leben zum Tod

76 vertiefung

1 Mit welchen sprachlichen Mitteln (➤ S. VIII f.) bringt Martial seine Trauer und die der sportbegeisterten Welt zum Ausdruck?

2 **a** Wen spricht Martial in diesem Gedicht persönlich an? Steigert sich durch diese Anreden die Emotion im Verlaufe des Gedichts?

b Analysiere die Vokale. Welche Klangfarben dominieren?

Das Berufsrisiko der Wagenlenker war hoch, doch ebenso hoch waren die Gagen und Preisgelder, die man bei diesem „Geschäft" verdienen konnte. Die „Stars der römischen Formel Eins" waren mehrfache Millionäre, die hart um ihre Prämien pokerten und sich, wenn ein besseres Angebot lockte, ohne Skrupel von einem anderen Rennstall anwerben ließen. Eine kaiserzeitliche Grabinschrift des Wagenlenkers Polynices legt von Verdienstmöglichkeiten und Parteienwechsel Zeugnis ab:

77 text

CIL VI, 10049a = ILS 5286,1

Grabinschrift des Wagenlenkers Polynices

M(arcus) Aur(elius) Polynices nat(ione) verna[1], qui vixit ann(is) XXIX, mens(ibus) IX, diebus V, qui vicit palmas n(umero) DCCXXXIX sic: in russeo[2] n(umero) DCLV, in prasino LV, in veneto XII, in albo n(umero) XVII; praemia (sestertium) XXXX (milium) n(umero) III, (sestertium) XXX (milium) XXVI, pura[3] n(umero) XI, octoiug(e)[4] n(umero) VIII, dec(emiuge)[5] n(umero) VIIII, seiug(e)[6] n(umero) III.

1 verna, -ae f.: eigentl. Haussklave, h. aus Rom **2 russeus** 3: rot **3 purus** 3: netto **4 octoiugis**, -e: achtspännig **5 decemiugis**, -e: zehnspännig **6 seiugis**, -e: sechsspännig

77 kommentar

CIL VI, 10049a = ILS 5286,1

Polynices: Der verstorbene Wagenlenker hat einen sprechenden Namen: *póly* = viel, *níke* = Sieg.
palmas DCCXXXIX: 739 Siege sind zwar eine gewaltige Anzahl, es scheint aber Wagenlenker gegeben zu haben, die die Tausendermarke überschritten und vom Publikum ehrenvoll als *milarii* bezeichnet wurden.

77 vertiefung

1 Für welche Partei errang Polynices die meisten Siege? Wie viel hat er nach dieser Inschrift verdient?

Sieger eines *missus* war derjenige Wagenlenker, der als erster die weiße Ziellinie (*calx oder creta*) überfuhr. Er erhielt vom *editor spectaculorum* den Siegespreis, Palmenzweig und Lorbeerkranz. Danach zog der Sieger unter dem Jubel seiner Fans eine Ehrenrunde im Circus.

Der amerikanische Autor **Lewis Wallace** (1827–1905) hat in seinem 1880 erschienenen weltberühmten Roman **„Ben Hur – A Tale of the Christ"** ein römisches Wagenrennen sehr detailliert und ausführlich beschrieben. Die Geschichte des jüdischen Prinzen Judah Ben Hur und seines römischen Gegenspielers Messala, seines früheren Freundes aus Kindheitstagen, spielt im Zeitraum zwischen Christi Geburt und Kreuzigung in der römischen Provinz Judäa und in Rom. 1959 wurde der Roman von MGM mit Charlton Heston in der Rolle des Judah Ben Hur verfilmt. Das rund viertelstündige Wagenrennen gilt bis heute als eine der spannendsten und berühmtesten Sequenzen der Filmgeschichte. Der folgende Textausschnitt enthält die wichtigsten Ausschnitte des Wagenrennens, an dem – anders als vorher beschrieben – nicht Fahrer verschiedener Parteien, sondern verschiedener Herkunftsorte gegeneinander antreten:

Ein kurzer, schriller Trompetenstoß erschallte, und die Aufseher – einer für jeden Wagen –, die hinter den Säulen gestanden waren, sprangen herbei, bereit, Hilfe zu leisten, falls eines der Gespanne ihrer bedürfen sollte. Noch ein Trompetenstoß, und die Torhüter eröffneten gleichzeitig die Tore der Carceres. Die berittenen Begleiter der Wagenlenker erschienen. Das bekreidete Seil wurde niedergelassen, damit sie vorüber konnten, und dann sofort wieder aufgezogen. Sie waren vorzüglich beritten, wurden aber trotzdem wenig beachtet; denn von den Carceres erschallten das Stampfen der Pferde und die Stimmen der Lenker.

Als das Seil wieder fiel, sausten die sechs Gespanne wie ein Sturmwind aus den Carceres. Die ungeheure Zuschauermenge erhob sich, sprang auf die Bänke und erfüllte den Zirkus mit Beifallsrufen und Geschrei. Darauf hatten sie so ungeduldig gewartet! […] Die Bewerber waren nun von allen Teilen des Zirkus aus sichtbar, das Rennen hatte aber noch nicht begonnen. Das Seil war zu dem Zweck ausgespannt, um einen gleichmäßigen Start zu erzielen. Lief das Gespann in das noch nicht ganz niedergelassene Seil hinein, so konnte das für Lenker und Pferde verhängnisvoll werden; wenn der Lenker aber zaghaft war, so blieb er schon am Beginne des Rennens zurück, und das hieß, auf den großen, von allen Lenkern erstrebten Vorteil, den Platz an der inneren Seite der Bahn zunächst der Mauer, zu verzichten. Bis zur Schranke waren ungefähr zweihundertundfünfzig Fuß zurückzulegen. Ein klarer Blick, eine sichere Hand und ruhige Überlegung waren notwendig. Die Gespanne näherten sich dem Seile zu gleicher Zeit, da blies der Trompeter ein kräftiges Signal. Die Diener senkten das Seil; und keinen Augenblick zu früh, denn schon hatte der Huf eines der Pferde Messalas das fallende Seil berührt. Messala schwang seine lange Peitsche, ließ die Zügel schießen, beugte sich nach vorn und eroberte mit einem Triumphrufe die Bahn an der Mauer. „Jupiter mit uns, Jupiter mit uns!", schrieen die Römer in ihrem Begeisterungstaumel. Als Messala die Wendung nach innen machte, erfasste der bronzene Löwenkopf am Ende seiner Achse das Vorderbein des rechten Außenpferdes des Atheners und warf das Tier gegen seinen Jochgenossen. Beide Pferde wankten, sträubten sich und blieben zurück.

„Jupiter mit uns!", schrie Drusus.

„Er gewinnt! Jupiter mit uns!", antworteten seine Gefährten, da sie Messala vorwärts eilen sahen. Nachdem Messala vorangekommen war, blieb der Korinthier als einziger Rivale zur Rechten des Atheners und nach dieser Seite suchte er sein wieder beruhigtes Gespann zu lenken. Da wollte es das Unglück, dass das Rad des Byzantiners zu seiner Linken seinen Wagen traf. Ein Krachen, ein Wutgeschrei, und der unglückliche Kleanthes fiel unter die Hufe seiner eigenen Pferde. […]

Und jetzt näherten sich beide [Messala und Ben Hur], Seite an Seite dahinfahrend und nur durch einen kleinen Zwischenraum getrennt, dem zweiten Ziele. Der Unterbau, auf dem die drei Säulen ruhten, war eine halbkreisförmige Steinmauer, um die die Bahn herumbog. Erst da bemerkte Messala Ben Hur, seine Verwegenheit flammte auf: „Nieder mit Eros, hoch Mars!", rief er, die Peitsche schwingend. „Nieder mit Eros, hoch Mars!", wiederholte er und versetzte den braven Arabern Ben Hurs einen Hieb, wie sie ihn wohl noch nie empfangen hatten. Das Erstaunen über Messalas Tat war allgemein. Die Stille nahm zu; alle hielten den Atem an, den Ausgang erwartend. Doch schon im nächsten Augenblick brach im Zuschauerraum ein Entrüstungssturm los. Das Gespann Ben Hurs tat erschreckt einen Sprung vorwärts. Noch nie hatte sie eine Hand anders als in Liebe berührt. Was konnten sie bei so schmählicher Behandlung anders als entsetzt beiseite springen. Vor sausten sie wie mit einem Sturme und vorwärts schoss der Wagen. […] Er behauptete seinen Platz, ließ den Pferden die Zügel und rief ihnen liebevolle Worte zu, darauf bedacht, sie um die gefährliche Biegung herumzulenken. Bald hatte er sie wieder völlig in seiner Gewalt. Und nicht nur das; als er sich dem ersten Ziele näherte, befand er sich abermals neben Messala und hatte die Bewunderung jedes Nichtrömers auf seiner Seite. So deutlich zeigten sich diese Gefühle, dass Messala es nicht geraten fand, den vorigen Streich zu wiederholen.

Jetzt stieg ein Mann auf das Gesims am westlichen Ende der Zwischenmauer und nahm eine der hölzernen Kugeln herab. Gleichzeitig wurde auch ein Delphin am östlichen Ende der Mauer fortgenommen. Das wiederholte sich auch nach der zweiten und der dritten Runde. [...]

Eine Kugel und ein Delphin blieben noch auf dem Gesimse. Alle Zuschauer holten tief Atem, denn der Anfang des Endes war da. Der Sidonier gab seinem Gespanne die Peitsche und es schoss in verzweifelter Anstrengung vorwärts. Eine kurze Zeit schien es, als werde es vorankommen; aber die Erwartung wurde nicht erfüllt. Dann machten mit gleichem Erfolg der Byzantiner und der Korinthier denselben Versuch. Sie kamen beim Rennen in Wirklichkeit nicht mehr in Betracht. Nun hofften alle mit Ausnahme der Römer auf Ben Hur. „Ben Hur, Ben Hur!“, riefen sie, und der Schall der tausend und abertausend Stimmen dröhnte. Von den Bänken, an denen er vorüberkam, erschallten ungestüme Aufforderungen: „Beeile dich!“ – „Jetzt nimm die Mauer!“ – „Nur zu! Lass' deine Araber los! Gib ihnen Zügel und Peitsche!“ Sie beugten sich weit über die Brustwehr vor und streckten wie beschwörend die Hände gegen ihn aus.

Entweder hörte er sie nicht, oder er konnte nicht anders, denn schon hatten sie die Bahn halb durchmessen, und noch immer fuhr er hinterher. Sie kamen zum zweiten Ziel und noch keine Änderung! Um die Biegung zu machen, begann Messala die Pferde einwärts zu lenken, was notwendigerweise ihre Schnelligkeit verminderte. Er befand sich in gehobener Stimmung; noch behauptete der römische Geist die Oberhand. Nur sechshundert Fuß von den drei Säulen dort winkten ihm Ruhm, Reichtum, Beförderung und durch Hass unaussprechlich versüßter Triumph! In diesem Augenblick sah Malluch von der Galerie aus, wie sich Ben Hur über seine Araber beugte und ihnen die Zügel ließ. In weitem Bogen flog die Peitsche hinaus und zischte und wand sich über den Rücken der Tiere, doch berührte diese nicht. Augenblicklich schossen sie, alle vier wie eins, vorwärts und waren mit einem Sprunge an der Seite des Wagens des Römers. Messala hörte sie wohl, wagte sich aber an der gefährlichen Biegung des Zieles nicht umzublicken. [...]

Ben Hur hatte zum Ansturm angesetzt, als Messala um das Ziel lenkte. Um an ihm vorbeizukommen, musste er die Bahn mit einem engen Kreise kreuzen. Die Tausenden auf den Bänken begriffen es; sie sahen ihn das Zeichen geben; sie beobachteten, wie das Gespann hart am äußeren Rade Messalas vorbeisauste, während das innere Rad von Ben Hurs Wagen sich hinter dem Wagen seines Gegners befand. Dann hörten sie einen lauten Krach. Der Wagen des Römers senkte sich auf die rechte Seite, die Achse stieß auf den Boden und der Wagen ging in Trümmer. Messala stürzte, in die Zügel verwickelt, kopfüber nach vorn. Das Schreckliche des Anblicks wurde noch dadurch vermehrt, dass der Sidonier, der unmittelbar hinter Messala an der Mauer fuhr, sein Gespann weder aufhalten noch zur Seite lenken konnte. Mit voller Schnelligkeit fuhr er in die Trümmer, über den Römer und in sein wild gewordenes Gespann hinein. Bald arbeitete er sich aus dem Getümmel der sich sträubenden und stampfenden Pferde und einer finsteren Wolke von Sand und Staub heraus und sah gerade noch, wie der Korinthier und der Byzantiner hinter Ben Hur, der keinen Augenblick aufgehalten worden war, die Bahn hinabstürmten. Die Zuschauer erhoben sich, sprangen auf die Bänke, schrieen und lärmten. Messala lag unbeweglich unter dem herrenlosen Wagen; man hielt ihn für tot. Alle Blicke folgten Ben Hur. Kein Mensch hatte das leichte Anziehen der Zügel bemerkt, wodurch er das Gespann nach links lenkte und mit der eisenbeschlagenen Spitze seiner Wagenachse an Messalas Rad stieß und es zertrümmerte. Nur die Veränderung in seinem Wesen war aufgefallen. Die kühne Entschlossenheit, den wilden Ungestüm, die er durch Worte, Blicke und Gebärden seinen Arabern einflößte. Das war ein Rennen! Das Gespann schien zu fliegen. Der Byzantiner und der Korinthier hatten die Bahn erst zur Hälfte zurückgelegt, da hatte Ben Hur bereits das Ziel erreicht. Der Konsul erhob sich. Die Volksmenge schrie sich heiser. Der Leiter der Spiele kam von seinem Sitz herab und krönte die Sieger [...].

Lewis Wallace, Ben Hur, übers. von H. Burg, Klagenfurt: Kaiser o. J., S. 236–244

3. FRIVOLER AUGENSCHMAUS – THEATER

Die Bühnenaufführungen (*ludi scaenici*) waren die dritte und am häufigsten stattfindende Form der *ludi publici*. Die Römer übernahmen die Kunst des Theaterspielens aus Griechenland, von wo in römischer Zeit auch die besten Schauspieler kamen. Plautus und Terenz, die klassischen Komödiendichter Roms, orientierten sich an der griechischen Bühnenliteratur. Daher waren die auftretenden Schauspieler ausschließlich Männer, die ihren Rollen entsprechende Masken aus gesteiftem Leinen trugen. Während sich jedoch in Griechenland literarisch-intellektuelles Theater auf hohem Niveau als Massenunterhaltung etablieren konnte, war der Geschmack des römischen Publikums in der Wahl der Stoffe weniger anspruchsvoll. Schon in augusteischer Zeit klagt Q. Horatius Flaccus, ein bedeutender römischer Literaturwissenschafter, Lyriker und Satiriker, dass sich der Publikumsgeschmack weg von den traditionellen Komödien und Tragödien hin zu Ausstattungsstücken entwickle. Deren primärer Zweck war es, die Zuseher durch immer neue und noch spektakulärere Effekte in Atem zu halten, ähnlich wie es die bühnen- und lichttechnisch durchgestylten Musical-Aufführungen heute tun.

Die Gattung der *ludi scaenici*, die beim römischen Publikum am meisten Gefallen fand, war der *mimus*. Es handelte sich dabei um eine derbe, burleske Komödie griechischen Ursprungs, die im Wesentlichen nach dem „sex-and-crime"-Prinzip heutiger Fernseh- und Kinofilme aufgebaut war. Der *mimus* hatte vier Hauptdarsteller und einige Nebenrollen. Die Handlung der Stücke spielte meist im Alltag: Ehebruchsgeschichten erfreuten sich besonderer Beliebtheit, daneben waren Liebschaften, sexuelle Verirrungen, Schiffbruch, Giftmord und Betrug häufige Sujets. Geschrei, Ohrfeigen, Fußtritte und Nacktauftritte der – hier vorhandenen – weiblichen Ensemblemitglieder würzten die Vorstellung. Im Gegensatz zu den klassischen Theaterformen trugen die Schauspieler beim *mimus* keine Masken, was dem beim Publikum beliebten Grimassenschneiden Tür und Tor öffnete:

78 text

M. Fabius Quintilianus,
De institutione oratoria VI, 3, 29

Meidet Theaterdonner, ihr Redner!

3,29 Oratori minime convenit[1] distortus vultus[2] gestusque, quae in mimis rideri solent. Dicacitas[3] etiam scurrilis et scaenica[4] huic personae alienissima[5] est: Obscenitas[6] vero non a verbis tantum abesse debet, sed etiam a significatione[7]. Nam si quando obici[8] potest, non in ioco[9] exprobranda[10] est.

3,29 **1 convenit**: es ist passend, angemessen **2 distortus vultus**: Grimassenschneiderei **3 dicacitas**, -atis f.: Witzelei, Geschwätz **4 scaenicus** 3: Bühnen-, wie man sie auf der Bühne sieht **5 alienus** 3: unpassend **6 obscenitas**, -atis f.: Obszönitäten, Unmoralisches **7 significatio**, -onis f.: Andeutung **8 obicio** 3M, -ieci, -iectum: Kritik üben **9 iocus**, -i m.: Scherz **10 exprobo** 1: Vorwürfe machen, kritisieren

78 Kommentar

M. Fabius Quintilianus,
De institutione oratoria VI, 3, 29

Das Ideal, das Rhetorikprofessor Quintilian in seiner *„Institutio oratoria"* vorgibt, ist der rhetorische Stil Ciceros. Demnach muss sich ein Redner u. a. darum bemühen, das seiner Rede entsprechende Stilniveau (*elocutio*) zu treffen. Dabei kann die Stilart je nach Redeabsicht im Verlauf einer Rede wechseln; z. B. empfiehlt sich schlichter Stil (*genus subtile*) in einer *narratio* (Sachverhaltsdarstellung) und ein eher pathetischer Stil (*genus grande*) in einer *peroratio* (Schlussplädoyer). Außerdem wird die Qualität einer Rede auch aus dem harmonischen Miteinander von Gestik und Sprache deutlich. Jede Übertreibung im Ausdruck ist aber kontraproduktiv und macht den Effekt der Rede zunichte.

78 Vertiefung

1 Kann sich Quintilian selbst über die Darbietungen der *mimus*-Schauspieler amüsieren?

2 **a** Aus welchen Formulierungen ist zu erkennen, dass er Schauspielerei und Rhetorik für gänzlich verschiedene Metiers hält? Welche Grundhaltung für Rhetorik fordert er?

b Welche drei Phänomene im Bühnengeschehen erregen seine Kritik am meisten?

Abb. 41: Rekonstruktion eines Theaters

Der gesprochene Text des *mimus* wurde von den Schauspielern in vielen Fällen improvisiert. So besaß der *mimus* neben seiner Unterhaltungsfunktion tagespolitische Bedeutung, indem die extemporierten Texte auf aktuelle Themen Bezug nahmen und so die Volksstimmung widerspiegelten. Auch unverhohlene Kritik an den Herrschenden war im *mimus* üblich und erlaubt, wie C. Suetonius Tranquillus in seinen Kaiserbiografien (*vitae caesarium*) beschreibt:

79 text

C. Suetonius Tranquillus, Vespasian 19

Vespasian – sparsam bis in den Tod

19,1 Ludis, per quos scaena Marcelliani theatri restituta[1] dedicabatur[2], vetera quoque acroamata[3] revocaverat. Apollinari tragoedo[4] quadringenta, Terpno Diodoroque citharoedis[5] ducena, nonnullis centena, quibus minimum[6], quadragena sestertia insuper plurimas coronas aureas[7] dedit. Sed et convivabatur[8] assidue, ac saepius recta et dapsile[9], ut macellarios[10] adiuvaret. Dabat sicut Saturnalibus viris apophoreta[11], ita per Kal. Mart. feminis. Et tamen ne sic quidem pristina cupiditatis[12] infamia[13] caruit.

2 Alexandrini Cybiosacten eum vocare perseveraverunt[14], cognomine unius e regibus suis turpissimarum sordium[15], Sed et in funere[16] Favor archimimus[17] personam[18] eius ferens imitansque, ut est mos, facta ac dicta vivi, interrogatis palam procuratoribus[19], quanti funus[16] et pompa[20] constaret[21], ut audi(v)it, sestertio centiens, exclamavit, centum[22] sibi sestertia darent, ac se vel[23] in Tiberim proicerent.

19,1 **1 restituo** 3, -ui, -utum: renovieren **2 dedico** 1: einweihen, eröffnen **3 acroama**, -atis n.: Star, Vortragender, Künstler **4 tragoedus**, -i m.: Tragödienschauspieler **5 citharoedus**, -i m.: Sänger (zur Kithara) **6 quibus minimum**, erg. dedit: denen er am wenigsten gab; als Minimum **7 corona aurea**: Ehrenkränze aus Gold **8 convivor** 1: Parties, Tischgesellschaften veranstalten **9 dapsilis**, -e: reichlich **10 macellarius**, -i m: Fleischer **11 apophoreta**, -orum n.: Gastgeschenke **12 cupiditas**, -atis f.: Habgier **13 infamia**, -ae f.: üble Nachrede

2 **14 persevero** 1: nicht davon ablassen, nicht damit aufhören **15 turpissimarum sordium**: von äußerst schändlichem und unehrenhaftem Lebenswandel **16 funus**, -eris n.: Bestattung **17 archimimus**, -i m.: Obermime **18 persona**, -ae f.: Maske **19 procurator**, -oris m.: Verantwortlicher, Prokurator **20 pompa**, -ae f.: Trauerfeierlichkeit **21 quanti constat** (gen. pretii): wie viel kostet **22 centies centum**: hunderttausend **23 vel**: eben, ruhig

79 kommentar

C. Suetonius Tranquillus, Vespasian 19

19, 1 Marcellianum theatrum: Der Theaterbau war von Caesar geplant und von Augustus realisiert worden. Dieser hatte das fertige Theater nach seinem früh verstorbenen Neffen Marcellus benannt. Während der kriegerischen Auseinandersetzungen um die Nachfolge Neros 69 n. Chr. war es wie die Bauten auf dem nahe gelegenen Kapitol zerstört worden.

Apollinaris: vermutlich alter, angesehener Schauspieler, dessen Glanzzeit unter Kaiser Caligula (37–41 n. Chr.) anzusetzen ist

Terpnus und Diodorus: Gesangsstars aus der Zeit Neros. Terpnus soll den Kaiser in Gesang unterrichtet haben. Beide durften Nero auf seiner Konzerttournee nach Griechenland begleiten.

Saturnalia: ausgelassenes Fest zu Ehren des Saatengottes Saturn, in dessen Verlauf man sich gegenseitig Geschenke machte, gemeinsam Gelage feierte und den Sklaven große Macht im Haus einräumte

per Kalendas Martias: Am 1. März wurde das Fest der Matronalien gefeiert; gleichzeitig beging man den Stiftungstag des Tempels der Juno Lucina, der Geburtsgöttin. Frauen beteten zu ihr um den Bestand der Ehen und um glückliche Geburten. An diesem Tag war es auch üblich, dass Männer ihre Frauen beschenkten.

cupiditas: Vespasian unternahm große Anstrengungen, die von Nero völlig geplünderten Staatsfinanzen zu sanieren; bekannt ist sein Ausspruch anlässlich der Einführung einer Pissoirsteuer: *„Pecunia non olet."*

2 **Alexandrini**: die Bewohner von Alexandria in Ägypten

Cybiosactes: Pökelfischhändler; gemeint ist: Kleinkrämer, Knauserer. Die Alexandriner hatten erwartet, von Vespasian reich beschenkt zu werden, wurden aber enttäuscht, da der Kaiser leere Staatskassen aufzufüllen hatte.

Favor: „Gunst", beliebter Künstlername

ut est mos: Es war bei römischen Trauerfeierlichkeiten üblich, Leute im Trauerzug mitzuführen, die die Masken des Verstorbenen und seiner Vorfahren trugen. Bei der Leichenrede konnten dann – in der Regel vom ältesten Sohn des Verstorbenen – dessen Verdienste und die Leistungen der Familie ganz anschaulich gewürdigt werden, indem man „den Verstorbenen" vorführte.

79 Vertiefung

1 Mit welchen Maßnahmen versucht der Kaiser, die Volksgunst zu gewinnen? Ist er damit erfolgreich?

2 Mit welcher Aktion geht der Schauspieler Favor wohl über die Gepflogenheiten bei Trauerfeierlichkeiten hinaus? Wie dürften die Zuschauer darauf reagiert haben?

Gebildete Zeitgenossen klagten häufig über die Obszönitäten und die ungehobelte Sprache des *mimus*. Kein Witz war den Schauspielern zu billig, keine Geste zu ordinär, um das Publikum, zu dem selbstverständlich auch Frauen und Kinder gehörten, zum Lachen zu bringen:

80 Text

P. Ovidius Naso,
Tristia 497–512

Schlechte Witze und Ehebruch

His ego deceptus[1] non tristia carmina feci,
sed tristis nostros poena secuta[2] iocos.
Denique nec video tot de scribentibus unum,
quem sua perdiderit[3] Musa, repertus[4] ego.
Quid, si scripsissem mimos obscena iocantes[5],
qui semper vetiti crimen amoris habent:
In quibus assidue cultus[6] procedit adulter[7],
verbaque dat stulto callida[8] nupta[9] viro?
Nubilis[10] hos virgo matronaque virque puerque
spectat, et ex magna parte senatus adest.
Nec satis incestis[11] temerari[12] vocibus aures;
adsuescunt[13] oculi multa pudenda[14] pati:
Cumque fefellit amans aliqua novitate[15] maritum
plauditur et magno palma[16] favore[17] datur;
quoque minus prodest, scaena est lucrosa[18] poetae,
tantaque non parvo[19] crimina praetor emit.

497 **1 deceptus** 3: betrogen **2 secuta**, erg. est: folgen auf
500 **3 perdo** 3, perdidi, -tum: zugrunde richten **4 repertus**, erg. sum: mich hat es erwischt **5 obscena iocantes**: obszöne Scherze auf die Bühnen bringen **6 cultus** 3: geschniegelt, herausgeputzt **7 adulter**, -i m.: Ehebrecher, Schürzenjäger **8 callidus** 3: listig, schlau **9 nupta**, -ae f.: Ehefrau
505 **10 nubilis**, -e: heiratsfähig **11 incestus** 3: schmutzig, unanständig **12 temerarius** 3: unvorbereitet, unbedacht **13 adsuesco** 3: sich gewöhnen **14 pudenda**, n. pl.: Peinlichkeiten, Schändliches **15 novitas**, -atis f.: überraschende, ungewöhnliche Idee
510 **16 palma**, -ae f.: Siegespreis **17 favor**, -oris m.: Begeisterung, Gunst **18 lucrosus** 3: einträglich **19 non parvo emere**: nicht billig kaufen, teuer kaufen

80 Kommentar

P. Ovidius Naso,
Tristia 497–512

498 tristis poena secuta: Ovid, hochtalentierter und lebenslustiger Dichter der augusteischen Zeit, hatte sich – wie er selbst sagt – durch ein *carmen*, ein Gedicht, und einen *error*, Irrtum oder Missverständnis, den Groll des Kaisers zugezogen. Er wurde nach Tomis ans Schwarze Meer verbannt und bis zu seinem Tod nicht mehr begnadigt.
497 tristia carmina: Die vorliegende Elegie gehört zu den „Tristien“, Klageliedern, die er aus der Fremde nach Rom schickt.
500 Musa: Dichtkunst; die Musen sind Töchter des Jupiter/Zeus und der Mnemosyne; sie geben dem Dichter die zu seinem Schaffen nötige Inspiration, Begeisterung und auch die erforderlichen Detailkenntnisse. Seit der „Ilias“ und der „Odyssee“ ist es üblich, im Proömium eines Werkes die Musen anzurufen und um ihren Beistand zu bitten.
512 Praetor non parvo emit: Der Prätor, der die Aufführung veranstaltet, muss für die horrenden Honorare der Schauspieler und den Luxus der Aufführung aufkommen.

80 Vertiefung

1 Worüber klagt der verbannte Dichter in dieser Sequenz? Was trifft ihn besonders hart?

2 Was sagt Ovid über sein Werk, was könnte er meinen, wenn er von *non tristia carmina* spricht?

3 Welches Publikum kommt laut Ovid zum *mimus*? Was erscheint Ovid daran bedenklich?

4 Was wird im *mimus* dargestellt? An welche Formate der modernen Unterhaltungsindustrie fühlt man sich dabei erinnert?

Die Bühne übte nicht nur auf die breite Masse eine große Faszination aus. Verschiedene römische Kaiser waren begeisterte Förderer des Theaters. Eine besondere – wenn auch etwas abwegige – Vorliebe für Gesang, Tanz und Schauspielkunst besaß der geistig sehr labile Kaiser Caligula:

81 Text

C. Suetonius Tranquillus,
Caligula 54

Tanz um Mitternacht

54,1 Sed et aliorum generum artes[1] studiosissime et diversissimas[2] exercuit. Thra[e]x et auriga[3], idem cantor atque saltator, battuebat pugnatoriis armis[4], aurigabat exstructo plurifariam[5] circo. Canendi ac saltandi voluptate ita efferebatur[6], ut ne publicis quidem spectaculis temperaret[7], quo minus et tragoedo pronuntianti concineret[8] et gestum histrionis quasi laudans vel corrigens palam effingeret[9].

54,1 **1 aliorum generum artes**: Künstler anderer Art **2 diversus** 3: gegensätzlich **3 auriga**, -ae m.: Wagenlenker **4 pugnatoriis armis battuare**: mit scharfen Waffen kämpfen **5 plurifariam**: an vielen Orten **6 efferor** 3: sich hinreißen lassen **7 tempero quominus**: darauf verzichten, dass **8 concino** 3 + dat.: mit jem. mitsingen **9 gestum histrionis effingere**: die Gesten des Schauspielers nachahmen

2 Nec alia de causa videtur eo die, quo periit, pervigilium[10] indixisse, quam ut initium in scaenam prodeundi[11] licentia temporis[12] auspicaretur. Saltabat autem nonnumquam etiam noctu; et quondam tres consulares secunda vigilia in Palatium accitos[13] multaque et extrema[14] metuentes super pulpitum[15] conlocavit, deinde repente magno tibiarum[16] et scabellorum crepitu[17] cum palla[18] tunicaque talari[19] prosiluit ac desaltato cantico[20] abiit.

2 **10 pervigilium**, -i n.: Nachtwache, nächtliche Feierlichkeit **11 initium in scaenam prodeundi auspicari**: sein Debüt als Schauspieler geben **12 licentia temporis**: die Gunst der Stunde **13 accio** 4, -ivi, -itum: herbeizitieren, kommen lassen **14 extrema**, n. pl.: das Schlimmste, das Äußerste **15 pulpitum**, -i n.: improvisierte Bühne, Brettergerüst (wie es beim mimus verwendet wurde) **16 tibia**, -ae f.: Flöte **17 crepitus**, -us m.: Lärm **18 palla**, -ae f.: Mantel **19 tunica talaris**: knöchellange Tunica **20 canticum**, -i n.: Gesangspartie (etwa in einer Komödie)

81 Kommentar

C. Suetonius Tranquillus, Caligula 54

54,1 Threax: Gladiator in thrakischer Rüstung (Helm, Rundschild, Kurzschwert)
pugnatoriis armis battuare: Zu Trainingszwecken kämpften Gladiatoren und auch alle Sportbegeisterten nicht mit scharfen Waffen, sondern mit Holzschwertern etc.
2 pervigilium: kultische Feierlichkeit während der Nacht
secunda vigilia: also zwischen 21 und 24 Uhr
scabellum: Instrument, bestehend aus zwei spitzwinkelig zusammengesetzten Holz- bzw. Metallplatten, das getreten wurde, um das Zeichen zum Spielbeginn oder zum Aufziehen oder Herablassen des Vorhangs bzw. den Takt anzugeben
palla, tunica talaris: Schauspielerkleidung

81 Vertiefung

1 Mit welchen sprachlichen Signalen macht Sueton deutlich, dass er die Begeisterung des Kaisers für ungewöhnlich oder vielmehr übertrieben hält?

2 **a** Mit welchen Gefühlen kommen die in der Nacht in den Palast beorderten Konsularen dem Auftrag des Kaisers nach?
b Welches Bild von Caligulas Regierungsstil und von seiner seelischen Verfassung zeichnet Sueton durch diese Anekdote?

3 Versetze dich in die Rolle eines Journalisten und gestalte einen Bericht über die Sport- und Theaterleidenschaft des Caligula bzw. ein Interview mit dem Kaiser für die Gesellschaftsspalte einer Zeitschrift!

Die zweite beim römischen Publikum äußerst beliebte Gattung der *ludi scaenici* waren der *pantomimus* oder die sogenannten *salticae fabulae* (getanzte Geschichten). Seit augusteischer Zeit hatte sich diese neue Form des Theaterspiels fest etabliert. Chor, Orchester und Nebenakteure arbeiteten gewissermaßen dem Solotänzer oder der Solotänzerin zu, die die unumstrittenen Protagonisten der Handlung waren. Ihre Stoffe fanden die *salticae fabulae* zum einen im Mythos, zum anderen in der Geschichte sowie im Milieu der Großen und Edlen, nach dem Muster von Hollywoods „Historienschinken".

Die Lieder (*cantica*), die der Chor im Lauf der Handlung intonierte, wurden vielfach zu richtigen „Schlagern“, die in ihrer textlichen Anspruchslosigkeit den heutigen Hits um nichts nachstehen würden.

Die Historikerin **Danila Montanari** veranschaulicht die Künste einer *mimula* und deren Wirkung auf ihr Publikum in einem ihrer Kriminalromane, **„Tod eines Gladiators“**. Ihr Ermittler, der Senator P. Aurelius, hat alle Hände voll damit zu tun, seinem theaterbegeisterten Freund vor den Künsten einer Schauspielerin zu bewahren:

Die Vorstellung im Pompeius-Theater war ein voller Erfolg. Nach der Pantomime strömten die Besucher in kleinen Grüppchen aus dem Tor und summten die Melodien nach, die sie gerade erst von den Flöten- und Harfenspielern gehört hatten. Einige blieben noch unter den Statuen der großen Schauspielerinnen stehen, die Atticus persönlich für Pompeius Magnus ausgewählt hatte, als jener sich entschlossen hatte, den Römern das erste feste Theaterhaus zu schenken. Niemand konnte angesichts der in Marmor gehauenen Formen der Diven vergangener Zeiten umhin, sie mit jenen der schönen Nissa zu vergleichen, wobei Letztere eindeutig den Sieg davontrug.

Lang vergangen waren die Zeiten, als Frauen auf der Bühne noch Skandale hervorriefen. Obwohl die hoch bezahlten Diven, die die Bühnen bevölkerten, rein rechtlich noch als personae abiectae galten wie die Prostituierten, hob das Publikum sie auf die Altäre seiner Bewunderung, und schon so mancher Patrizier aus altem Adelsgeschlecht hatte sich ruiniert, indem er sein ererbtes Vermögen in die liebreizenden Hände einer mimula gelegt hatte. „Bist du sicher, dass sie uns empfangen wird?“, sorgte sich Servilius aufgeregt und schleifte Aurelius in Richtung der Garderobe. „Aber sicher. Ich habe ihr doch eine Nachricht zukommen lassen.“ „Wer weiß, wie viele sie noch bekommen hat!“, seufzte der Ritter, von Zweifeln geplagt. „Nicht allzu viele, die von einem Armband aus massivem Gold begleitet waren, schätze ich. Vertrau mir, mein Freund“, versicherte ihm Aurelius. „In Rom öffnet Geld sogar die Türen des Kaiserpalastes, und da sollte es uns nicht das Kämmerlein einer kleinen Schauspielerin auftun können? Ich bitte dich!“

Titus Servilius folgte ihm ungeduldig. Pausenlos fingerte er nervös an seinen grauen Haaren herum, in dem aussichtslosen Versuch, die allmählich kahl werdenden Stellen zu bedecken.

In der Tat hatte der Ritter allen Grund, etwas angespannt zu sein, denn Nissa hatte sich an diesem Abend wahrlich selbst übertroffen. In einer Sparte des Theaters, wo die ganze Ausdruckskraft der Körpersprache gefordert war, konnte niemand ihr das Wasser reichen, wenn sie das Publikum mit schamlosen Gesten und wolllüstigen Bewegungen in Wallung brachte. Ja, einige Male stand sogar zu befürchten, dass die aufgeheizten Zuschauer aus dem Parkett die Bühne stürmten oder irgendein übereifriger Magistrat in einem Anfall von Prüderie die Vorstellung unterbrechen lassen würde, weil sie ihm allzu gewagt erschien.

„Ach, die Episode mit Ares und Aphrodite: Nur sie konnte das so darstellen! Was für eine Klasse, was für ein Temperament! Und du meinst, wenn ich sie einladen würde …“, schwärmte der gute Ritter. „Du müsstest das natürlich mit deiner Frau absprechen“, ernüchterte ihn Aurelius mit übertriebenem Desinteresse an den Verführungskünsten der waghalsigen mimula.

Danila Comastri Montanari, Tod eines Gladiators, übers. von S. Zühlke, München: Goldmann: 2003, S. 54–56

Abb. 42: Theatermasken

Lucius Apuleius beschreibt in seinen *„Metamorphosen“* sehr ausführlich Ausstattungsluxus und Frivolität eines Pantomimus, der das „Parisurteil“ zum Inhalt hat. Der in einen Esel verwandelte Held beobachtet vom Eingang des Amphitheaters aus die Aufführungen einer jungen Tänzergruppe:

82 text

Lucius Apuleius,
Metamorphosae X, 29–32 und 34

Verführerisches Gesamtkunstwerk

29 Und wirklich, der festgesetzte Tag der Veranstaltung war da! Unter dem Geleit des Volkes, das den Aufzug mit Jubel begrüßt, werde ich zum Amphitheater geführt. Und während zu Beginn der Vorstellung Tanzspiele auf der Bühne angesetzt waren, stand ich mittlerweile vor dem Tor und futterte mit Vergnügen das üppige Gras, das mittlerweile am Zugang sprosste. Dabei gönnte ich bisweilen meinen Augen einen Blick durch das offene Tor auf das allerliebste Schauspiel: Jungen und Mädchen in blühend frischem Alter, schön gestaltet und hübsch gekleidet, fingen mit graziösen Schritten ein griechisches Ballett an: In bestimmten Anordnungen zeigten sie einen Wirbel reizender Tanzfiguren, bald zum kreisenden Rad geschwenkt, bald zur schrägen Kette verschränkt, dann im Keil zum offenen Viereck formiert, dann halb und halb auseinander gruppiert. Kaum aber hatte das Schlusssignal einer Trompete das Auf und Ab und Hin und Her und viel verschlungene Rundherum beendet, schließt man den Vorhang, zieht die Draperien ein und richtet die Bühne her.

30,1 Ein Berg stand da aus Holz, ein Abbild jenes berühmten Berges, den der Dichter Homer als Idagebirge besungen hat, von großen Könnern errichtet, bepflanzt mit Gebüsch und lebenden Bäumen. Seinem Gipfel oben entströmte durch eine künstliche Vorrichtung eine Quelle und ließ Flusswasser herabrinnen.

Übers. von E. Brondt und W. Ehlers

30,2 Capellae[1] pauculae[2] tondebant[3] herbu-
las et in modum Paridis, Phrygii pastoris,
barbaricis amiculis[4] umeris defluentibus[5],
pulchre indusiatus[6] simulabat magisteri-
3 um[7]. Adest luculentus[8] puer nudus, nisi
quod ephebica chlamida[9] sinistrum
tegebat umerum, flavis crinibus usque-
4 quaque[10] conspicuus, et inter comas eius
aureae pinnulae[11] colligatione simili so-
ciatae[12] prominebant; quem et virgula[13]
5 Mercurium indicabat[14], Is saltatorie[15] pro-
currens malumque bracteis inauratum[16]
dextra gerens (adulescentis), qui Paris vi-
debatur, porrigit, quid mandaret Iuppiter,
nutu[17] significans, et protinus gradum
scitule[18] referens et conspectu facessit[19].
6 Insequitur puella vultu honesta in deae
Iunonis speciem similis: Nam et caput
stringebat diadema candida, ferebat et
7 sceptrum. Inrupit alia, quam putares[20] Mi-
nervam, caput contecta fulgenti galea – et
oleaginea corona[21] tegebatur ipsa galea –

30,2 **1 capella**, -ae f.: Ziege **2 pauculus** 3: Deminuitiv zu pauci **3 tondeo** 2: grasen **4 amiculum**, -i n.: Umhang **5 defluo** 3: herabwallen **6 indusiatus** 3: bekleidet **7 magisterium**, -i n.: die Tätigkeit eines Hirten

3 **8 luculentus** 3: strahlend schön **9 ephebica chlamys**: Ephebenmäntelchen (die jungen Männer in Griechenland trugen ein bis zum halben Oberschenkel hinunterreichendes Mäntelchen) **10 usquequaque**: in jeder Hinsicht

4 **11 pinnula**, -ae f.: Flügel **12 colligatione simili sociatae**: in symmetrischer Anordnung zusammengefügt **13 virgula**, -ae f.: Stab **14 indico** 1: deutlich machen, kennzeichnen

5 **15 saltatorie** (adv.): im Tanzschritt **16 malum bracteis inauratum**: ein mit Blattgold vergoldeter Apfel **17 nutus**, -us m.: Zeichen, Wink **18 scitule** (adv.): gewandt **19 facesso** 3: verschwinden, von der Bühne abgehen

7 **20 putares** (coni. pot.): man hätte für M. halten können **21 oleaginea corona**: Kranz aus Ölzweigen

clypeum[22] attollens et hastam quatiens[23]
et qualis illa, cum pugnat.
31,1 Super has introcessit alia, visendo deco-
re praepollens[24], gratia coloris ambrosei[25]
designans Venerem, qualis fuit Venus,
cum fuit virgo, nudo et intecto corpore per-
fectam formositatem professa[26], nisi quod
tenui pallio bombycino[27] inumbrabat[28]
2 spectabilem[29] pubem. Quam quidem laci-
niam[30] curiosulus ventus satis amanter
nunc lasciviens[31] reflabat[32], ut dimota pate-
ret flos aetatulae[33], nunc luxurians[34] aspira-
bat, ut adhaerens pressule[35] membrorum
voluptatem[36] graphice liniaret[37]. Ipse au-
tem color deae diversus in speciem, corpus
candidum, quod caelo demeat[38], amictus
3 caerulus[39], quod mari remeat[38]. Iam singu-
las virgines, quae deae putabantur, (sui
tutabantur) comites, Iunonem quidem
Castor et Pollux, quorum capita cassides
ovatae[40] stellarum apicibus[41] insignes conte-
gebant, sed et isti Castores erant scaenici
4 pueri. Haec puella varios modulos[42] Iastia
concinente tibia[43] procedens quieta et
inadfectata gesticulatione[44] nutibus[17] ho-
nesti pastori pollicetur, si sibi praemium
decoris addixisset, sese regnum totius
5 Asiae tributuram. At illam, quam cultus
armorum Minervam fecerat[45], duo pueri
muniebant, proeliaris[46] deae comites armi-
geri[47], Terror et Metus, nudis insultantes[48]
gladiis. At pone tergum[49] tibicen Dorium
canebat bellicosum[50] et permiscens bom-
bis gravibus[51] tinnitus acutos in modum
tubae[52] saltationis agilis vigorem suscita-
6 bat[53]. Haec inquieto capite et oculis in
aspectum minacibus[54] citato et intorto ge-
nere gesticulationis[55] alacer demonstrabat
Paridi, si sibi formae victoriam tradidisset,
fortem tropaeisque bellorum inclitum[56]
suis adminiculis[57] futurum.
32,1 Venus ecce cum magno favore caveae[58]
in ipso meditullio[59] scaenae, circumfuso
populo[60] laetissimorum, dulce subridens
constitit amoene: Illos teretes et lacteos

22 clypeus, -i m.: Schild **23 quatio** 3M: schwingen

31,1 **24 decore praepollens**: überwältigend durch ihren Liebreiz **25 color ambroseus**: ambrosischer, göttlicher Teint **26 profiteor** 2, professus sum: zu erkennen geben **27 tenue pallium bombycinum**: ein zartes Seidentuch **28 inumbro** 1: leicht überschatten **29 spectabilis**: noch erkennbar

2 **30 lacinia**, -ae f.: Tuch **31 lasciviens**: neckisch **32 reflo** 1: wegwehen, anheben **33 flos aetatulae**: die Blüte ihrer jugendlichen Schönheit **34 luxurians**: spielerisch, übermütig **35 adhaerens pressule**: durch den Lufthauch anschmiegend **36 voluptas membrorum**: ihre reizvollen Glieder **37 graphice liniare**: abzeichnen **38 demeo** 1 herabsteigen, **remeo** 1: wieder heraussteigen **39 amictus caerul(e)us**: blauer Umhang

3 **40 cassis ovata**: ovaler Helm **41 apex stellarum**: Kometenschweif

4 **42 modulus**, -i m.: Melodie, Weise **43 Iastia tibia concinente**: unter der Begleitung der jonischen Flöte **44 inadfectata gesticulatio**: ungekünstelte, natürliche Geste

5 **45 quam cultus armorum Minervam fecerat**: die der Waffenschmuck zu M. gemacht hatte, als M. ausgewiesen hatte **46 proeliaris dea**: Kriegsgöttin **47 armiger** 3: Waffen tragend **48 insulto** 1: tanzen **49 pone tergum**: im Hintergrund **50 tibicen canebat Doricum bellicosum**: der Flötenspieler blies ein dorisches Kriegslied **51 bombus gravis**: dumpfer Klang **52 tinnitus acutus in modum tubae**: schrilles Geschmetter in der Art einer Trompete **53 vigorem saltationis agilis suscitare**: zu einem schwungvollen und lebhaften Tanz reizen

6 **54 oculi in aspectu minaces**: drohend blickende Augen **55 citato et intorto genere gesticulationis**: durch eine schnelle und hektisch bewegte Art der Gestik **56 inclitus** 3: ruhmreich **57 adminiculum**, -i n.: Hilfe, Unterstützung

32,1 **58 magno favore caveae**: unter großem Beifall des Publikums **59 in meditullio scaenae**: in der Bühnenmitte **60 circumfuso populo**: umgeben von einer Menge puellos[61] diceres[62] tu Cupidines veros de caelo vel mari commodum involasse[63]; nam et pinnulis[11] et sagittulis et habitu cetero formae praeclare congruebant[64] et velut nuptialis epulas obiturae[65] dominae

2 coruscis praelucebant[66] facibus. Et influunt innuptarum puellarum decorae suboles[67], hinc Gratiae gratissimae, inde Horae pulcherrimae, quae iaculis floris serti et soluti[68] deam suam propitiantes[69] scitissimum[70] construxerant chorum, dominae voluptatum veris coma blandientes[71]. Iam tibiae multiforabiles[72] cantus Lydios

3 dulciter consonant[73]. Quibus spectatorum pectora suae mulcentibus[74], longe suavior Venus placide commoveri cunctantique lente vestigio et leniter fluctuante spinula[75] et sensim adnutante[76] capite coepit incedere mollique tibiarum sono[77] delicatis respondere gestibus[78] et nunc mite coniventibus[79] nunc acre comminantibus[80] gestire pupulis[81] et nonnumquam saltare

4 solis oculis. Haec ut primum ante iudicis conspectum facta est, nisu bracchiorum[82] polliceri videbatur, si fuisset deabus ceteris antelata, daturam se nuptam Paridi forma praecipuam suique consimilem. Tunc animo volenti Phrygius iuvenis malum[16], quod tenebat, aureum velut victoriae calculum[83] puellae tradidit [...]

34,1 Postquam finitum est illud Paridis iudicium, Iuno quidem cum Minerva tristes et iratis similes e scaena redeunt, indignationem repulsae[84] gestibus professae[26], Venus vero gaudens et hilaris laetitiam suam saltando toto cum choro professa est.

2 Tunc de summo montis cacumine[85] per quandam latentem fistulam[86] in excelsum[87] prorumpit vino crocus diluta[88] sparsique deflens[89] pascentis circa capellas[1] odoro perpluit imbre[90], donec in meliorem maculatae[91] speciem canitiem propriam[92] luteo colore[93] mutarent. Iamque tota suae fraglante[94] cavea montem illum ligneum terrae vorago[95] decepit.[96]

61 tereti et lactei puelli: zarte und milchweiße Knäblein **62 dicere** (coni. pot.): man hätte nennen können **63 commodum involare**: gerade eben einfliegen **64 congruo** 3: zum Gesamtbild passen **65 dominae nuptialis epulas obiturae** (part. fut.): der Herrin, die im Begriff ist, zu einem Hochzeitsmahl zu gehen **66 praeluceo** 2: den Weg ausleuchten

2 **67 decorae suboles**: reizende Gefolgschaft **68 iaculis floris serti et soluti**: durch das Werfen von gebundenen und losen Blüten **69 propitio** 1: geneigt machen **70 scitus** 3: kundig, geschickt **71 veris coma blandiri**: mit Frühlingsblüten umschmeicheln **72 multiforabilis**, -e: aus vielen Löchern erschallend **73 cantus Lydios consonare**: lydische Melodien erklingen lassen

3 **74 mulceo** 2: in Entzücken versetzen **75 fluctuante spinula**: wobei sie sich in den Hüften wiegte **76 adnuto** 1: nicken **77 molli sono tibiarum**: zu weichen Flötenklängen **78 delicatis gestibus**: mit sanften, anmutigen Bewegungen **79 coniveo** 2: die Augen schließen **80 comminor** 1: drohen **81 pupillis gestire**: die Augen sprechen lassen

4 **82 nisu bracchiorum**: mit Hilfe ihrer Armbewegungen **83 calculus**, -i m.: Stimmstein für den Sieg

34,1 **84 repulsa**, -ae f.: Niederlage

2 **85 cacumen**, -inis n: Gipfel **86 fistula**, -ae f.: Rohr **87 in excelsum prorumpere**: hoch hinauf spritzen **88 crocus vino diluta**: Safran in Wein gelöst **89 defleo** 2: niedertropfen **90 imbre odoro perpluere**: benetzen mit wohlriechendem Regen **91 maculatus** 3: gesprenkelt **92 canities propria**: die ihnen eigene weiße Farbe **93 color luteus**: gelbliche Färbung **94 fraglo** 1: duften **95 vorago**, -inis f.: der geöffnete Boden **96 decipio** 3M, -cepi, -ceptum: verschwinden lassen

30,2 Paris: auch Alexander genannt, Sohn des Königs Priamos von Troja und der Hekabe. Er wurde wegen eines Albtraums seiner schwangeren Mutter auf Rat der Priester ausgesetzt, von einer Bärin gesäugt, von Hirten gefunden und aufgezogen. Seine Familie erkannte ihn, als er bereits erwachsen war, und nahm ihn wieder im Palast auf. Motiviert durch Venus/Aphrodite raubte er die schöne Helena aus Sparta und verursachte damit den Trojanischen Krieg. Im Krieg erwies er sich als wenig beeindruckender Kämpfer, von seinem tapferen Bruder Hektor als Feigling beschimpft und von Menelaos, dem Gatten der Helena, im Zweikampf hart bedrängt, rettete ihn nur Aphrodite, indem sie ihn aus der Schlacht in sein Schlafzimmer entführte.

Phrygius pastor: Paris hütet am Berg Ida im kleinasiatischen Phrygien die Herden seines Vaters.

4 Mercurius: Merkur/Hermes, Sohn des Jupiter/Zeus und der Maia, erfindungsreicher und listiger Götterbote, Schützer der Herden, der Reisenden und Geleiter der Toten in die Unterwelt. Er wurde von Jupiter/Zeus beauftragt, Paris die Entscheidungsgewalt im Streit der Göttinnen zuzusprechen.

pinnulae, virgula: Ein Attribut des Hermes ist sein *Kerykeion*, sein Stab; dargestellt wird er oft mit Flügeln an seinen Beinen, an seinen Schuhen oder an seiner Kopfbedeckung.

6 Iuno: gleichgesetzt mit Hera, der Tochter des Saturnus/Kronos und der Rhea. Sie ist die Gattin des Jupiter/Zeus, Schützerin der Frauen, der Ehe und des Hauses.

diadema, sceptrum: In bildlicher Darstellung erscheint Juno/Hera als stattliche Frau in langem Gewand mit einer Art Krone (*polos/pyleon*) auf dem Kopf. Das Szepter ist ein Kennzeichen ihrer Macht.

7 Minerva: in Rom gleichgesetzt mit Pallas Athene, der Göttin der Weisheit, der handwerklichen Geschicklichkeit und des Krieges, die schon bewaffnet aus dem Haupt des Zeus entsprang

galea, oleagina corona, clypeus, hasta: Die Waffen Helm, Schild und Lanze sind Attribute der Kriegsgöttin Athene, der Ölbaum ist ihr Lieblingsbaum; im Streit mit ihrem Onkel Poseidon um Athen und Attika, wer diese Region als sein Eigentum betrachten dürfe, soll sie die Athener dadurch für sich gewonnen haben, dass sie ihnen den Ölbaum und damit immerwährenden Wohlstand schenkte.

31,1 Venus: italische Gottheit, früh mit Aphrodite, einer ursprünglich orientalischen Gottheit der Liebe und der Sexualität, gleichgesetzt; als Mutter des Aeneas in Rom auch als Ahnherrin und Schützerin des römischen Volkes verehrt

3 Castor et Pollux/Polydeukes: Zwillingssöhne des Zeus und der Leda und damit Brüder der schönen Helena. Beide werden in Krisensituationen aller Art – z. B. in Seenot – zu Hilfe gerufen. Pollux schützt die Faustkämpfer, Castor ist Schutzherr der Reiter.

4 varios modulos Iastia concinente tibia: Die *moduli* sind nach griechischen und kleinasiatischen Stämmen benannt. Phryger, Lyder und Dorer werden schon im 7. Jh. v. Chr. mit Musik in Verbindung gebracht. Nach antiker Erklärung gibt die Stimmung den Charakter eines Stammes wider. Iastisch wäre etwa (abwärts) g'–g.

tibia: griech. *aulos*, Rohrblattinstrument; es scheint sowohl den Typ des Aufschlaginstruments (wie die Klarinette) als auch den des Gegenschlagzungeninstruments (wie die Oboe) gegeben zu haben.

5 Terror et Metus: Personifikationen der Angst und des Schreckens im Krieg; sie haben nur einen ganz schwach personalen Charakter. In der Regel werden sie als Begleiter des Mars/Ares bezeichnet.

Doricum bellicosum: ein Kriegslied in dorischer Art; die dorische gilt als die klassische griechische Tonleiter (e'–e), die ihrem Charakter nach dem heutigen Begriff „Dur" entsprechen dürfte. Aristoteles bezeichnet sie als ruhigste aller Leitern, als Mitte zwischen den Extremen. Minerva ist sie zugeordnet, weil die Dorer und vor allem die Spartaner als besonders kriegerisch galten.
32,1 **Cupidines**: Eros, die uralte und mächtige die Menschen und Götter bezwingende Gottheit, wird in der erotischen Dichtung zum geflügelten Lausbuben, dem ungezogenen Sohn der Venus; das Konzept vervielfältigt sich schließlich in den pausbäckigen kleinen Liebesgöttern, die oft in der bildenden Kunst dargestellt wurden.
2 **Gratiae**: griech. Chariten, gütige Göttinnen, die immer als Dreierverein auftreten und den Menschen Schönheit und Frohsinn bringen. In der Bildenden Kunst werden sie oft bei der Aufstellung zum Reigentanz dargestellt.
Horae: treten wie die Grazien als Dreierverein auf, dürften ursprünglich Göttinnen des Wachstums gewesen sein, die man später den Jahreszeiten, Monaten oder Stunden zuordnete
multiforabiles cantus Lydios: Aristoteles beschreibt die phrygische Tonleiter (d'–d) als orgiastisch und pathetisch, was auch ihre Zuordnung zu Venus in diesem Text rechtfertigt.

82 Vertiefung

1 Vergleiche den Mythos vom Parisurteil, wie er üblicherweise erzählt wird, mit dieser szenischen Darstellung! Welche Zusätze wurden gemacht, was davon ist eine Konzession an die Gegebenheiten der Bühne?

2 **a** Aus welchen Wendungen wird ersichtlich, dass es sich um eine Pantomime handelt?
b Suche verschiede Ausdrücke für „spielen, darstellen, ausdrücken"!

3 Was ist dem Text über die Ausstattung, die Kostüme und das Bühnenbild zu entnehmen?

4 Welche Bedeutung für das Bühnengeschehen haben Musik und Tanz? Mit welcher Gattung des zeitgenössischen Theaters ließe sich diese Aufführung am ehesten vergleichen?

5 Wem bzw. welcher Schauspielerin gehört die Sympathie des Ich-Erzählers?

Die Verehrung der „Stars der Pantomime" durch ihre Fans mutet ebenso aktuell an wie die durch diese „Götter" verursachten Skandale, die bis in den Kaiserpalast hineinreichten, denn in vielen Fällen blieb es nicht bei der Bewunderung aus der Ferne, und selbst Kaiser und Kaiserinnen waren für den Charme des schönen Pantomimen Mnester anfällig. So berichtet der in Nicäa geborene römische Konsul **Cassius Dio Cocceianus** in seiner auf Griechisch verfassten **„Römischen Geschichte"** von der Liebesbeziehung von Messalina, der Gattin des Kaisers Claudius, zu diesem Tänzer:

> (3) Die Masse war auch darüber verstimmt, dass sie [Messalina] Mnester von der Bühne weggeholt hatte und nun bei sich behielt. Claudius aber tat jedes Mal überrascht, wenn unterm Volk eine Rede darauf kam, dass er nicht mehr als Tänzer auftrete, und fand verschiedene Ausreden, wobei er sogar eidlich versicherte, dass Mnester nicht in seinem Hause sich befinde. (4) Das Volk war nämlich der festen Überzeugung, dass er tatsächlich nichts von den Vorgängen wisse, und empfand es als traurig, dass er als Einziger nicht durchschaute, was im Palast gespielt wurde – Dinge, so bekannt, dass sie selbst schon den Feinden zu Ohren gekommen waren. Die Leute wollten ihm jedoch die wahren Zustände nicht aufdecken, teils aus Scheu vor Messalina, teils um Mnester zu schonen. (5) Gefiel er doch ebenso sehr dem Volk wegen seiner Kunst wie der Kaiserin wegen seiner Schönheit. [...]
>
> *Cassius Dio, Romaike Historia LX, 28, 3–5, übers. von O. Veh*

83 text

C. Suetonius Tranquillus,
Caligula 55,1

Öffentlicher Kuss für Mnester

55,1 Omnibus, quorum vero studio teneretur[1], ad insaniam[2] favit. Mnesterem pantomimum etiam inter spectacula osculabatur. Ac si qui saltante eo vel[3] leviter obstreperet[4], detrahi iussum[5] manu sua flagellabat.

55,1 **1 studio alicuius teneri**: sich für jemanden begeistern, jem. besonders schätzen **2 ad insaniam**: bis hin zur Übertreibung, zum Wahnsinn: so, dass es schon übertrieben war **3 vel**: auch nur **4 obstrepo** 3: ein Geräusch machen **5 detrahi iussum**: nachdem er befohlen hatte, ihn abzuführen

83 kommentar

C. Suetonius Tranquillus,
Caligula 55,1

55,1 favit: Subjekt ist Kaiser Caius Julius Caesar Germanicus, genannt Caligula (38–41 n. Chr.), Sohn des Germanicus, eines Neffen von Kaiser Tiberius und Agrippina der Älteren, einer Enkelin des Augustus. Sein eigenwilliges und völlig unberechenbares Verhalten brachte ihm bei den Historikern den Ruf ein, wahnsinnig zu sein. Er wurde nach kurzer Regierungszeit von Senatoren ermordet.

83 vertiefung

1 Welchen Aspekt an der Persönlichkeit des Caligula will der Autor beleuchten, wenn er erwähnt, dass der Kaiser Störenfriede im Theater eigenhändig bestraft?

Für all jene Verehrerinnen, denen das Glück nicht zuteil wurde, die Gunst eines berühmten „Bühnen-Stars“ zu erringen, blieb nur die Möglichkeit, ihn hingebungsvoll aus der Ferne anzuschmachten und Andenken an ihn zu sammeln, wobei die Begeisterung der Damen für ihr Idol in manchen Fällen die Grenzen des Schicklichen überstieg:

84 text

D. Iunius Iuvenalis,
Saturae VI, 60–76

Zügellose Verehrung

Porticibusne tibi monstratur femina voto
digna tuo[1]? Cuneis[2] an habent spectacula totis,
quod securus ames[3] quodque inde excerpere[4] possis?
Chironomon Ledam molli[5] saltante[6] Bathyllo
Tuccia vesicae non imperat[7], Apula gannit,

60 **1 femina voto tuo digna**: deine Traumfrau **2 cuneus**, -i m.: Sektor (der Sitzreihen im Theater) **3 quod … ames** (coni. pot.): (etwas), was du lieben könntest **4 excerpo** 3: erwählen **5 mollis**, -e: geschmeidig **6 chironomon saltare** + acc.: pantomimisch und tänzerisch darstellen **7 vesicae imperare**: die (Harn-)Blase kontrollieren

attendit Thymele: Thymele tunc rustica[8] discit!
Ast aliae, quotiens aulaea recondita cessant[9],
et vacuo clusoque sonant[10] fora sola theatro,
atque a plebeis longe[11] Megalesia, tristes
personam[12] thyrsumque[13] tenent et subligar[14] Acci.
Urbicus exodio[15] risum movet Atellanae
gestibus[16] Autonoes, hunc diligit Aelia pauper.
Solvitur[17] his magno[18] comoedi fibula. Sunt, quae
Chrysogonum cantare vetent[19]. Hispulla tragoedo[20]
gaudet: An expectas, ut Quintilianus ametur?
Accipis uxorem, de qua citharoedus[21] Echion
aut Glaphyrus fiat pater Ambrosiusque choraules[22].

65 **8 rusticus** 3: naiv **9 aulaea recondita cessant**: die Theatervorhänge werden weggepackt **10 sono** 1: lärmen, von Lärm erfüllt sein **11 longe**: erg. absunt **12 persona**, -ae f.: Maske **13 thyrsus**, -i m.: Thyrsosstab (mit Efeu und Weinlaub umwundener und mit einem Pinienzapfen gekrönter Stab des Bacchus) **14 subligar**, -aris n.: Lendenschurz

70 **15 exodium**, -i n.: Schlussstück **16 gestus**, -us m.: Gestik **17 solvitur his fibula**: für die einen Frauen löst sich die (Gewand-)Spange **18 magno**: erg. pretio **19 sunt, quae ... vetent** (konsekutiver Relativsatz): es gibt Frauen, die verbieten **20 tragoedus**, -i m.: Tragödienschauspieler

75 **21 citharoedus**, -i m.: Sänger (zur Kithara) **22 choraules**: Oboenspieler

Abb. 43: Spiralhorn

84 kommentar

D. Iunius Iuvenalis,
Saturae VI, 60–76

60 porticus: Der Adressat der Satire, Postumus, ist auf der Suche nach einer anständigen Frau. Juvenal muss ihn enttäuschen; weder auf dem Land wird er eine solche finden noch in der Stadt, wo z. B. Arkaden zum Promenieren und Flirten einladen.

63 Bathyllus: Er war zusammen mit Pylades der Begründer der hier gemeinten Form des *pantomimus* (Solotanz mit Begleitung durch Chor und Orchester), einer Nachfolgegattung der Tragödie. Hier handelt es sich aber um einen Pantomimen, der sich als Referenz an Bathyllus wohl dessen Namen als Künstlernamen gewählt hat.

Leda: Bathyllus mimt offenbar Leda, der sich Zeus gerade in Gestalt eines Schwans nähert.

64 Tuccia und Apula, Hispulla etc.: beliebig gewählte Namen, die für die theaterbegeisterte Römerin im Allgemeinen stehen

66 Thymele: Nach Juv. 1,36, und 8,197 ist sie selbst *mimula*, Schauspielerin, und müsste sich eigentlich auf obszöne Darstellung verstehen, aber hier kann auch sie noch lernen.

69 ludi plebeii, ludi Megalenses: Zwischen den *ludi plebeii* im November und den *ludi Megalenses* im April (Spielen zu Ehren der *Magna Mater* oder *Kybele*, einer altanatolischen Muttergottheit, die seit 205/04 v. Chr. in Gestalt eines Meteorsteins in Rom verehrt wurde) liegt eine lange Durststrecke für theaterbegeisterte Fans.
70 Accius: ein Schauspieler, der offenbar einen der Satyrn im Gefolge des Bacchus/Dionysos darstellt.
71 Atellanae: Die kampanische Posse „*Atellane*" wurde oft als Abschluss nach anderen Stücken gespielt.
Urbicus: Analog zum geringeren Ansehen der Gattung hat auch Urbicus nicht so viele Chancen bei den Damen wie die Komödienschauspieler.
72 Autonoe: Wie ihre Schwester Agaue ist sie eine glühende Verehrerin des Dionysos. Ihr Neffe, König Pentheus, der sich der Einführung des Dionysoskults in Theben widersetzt, erregt dadurch den Zorn des Gottes und wird zur Strafe von seinen eigenen Angehörigen, die dem Gott zu Ehren in Trance durch die Wälder ziehen, zerrissen. Die hier erwähnte Atellane dürfte eine Mythenparodie zum Thema gehabt haben.
73f. sunt, quae vetent: Es herrschte die Meinung, Geschlechtsverkehr sei der Stimme abträglich. Wenn eine Dame trotzdem eine erotische Beziehung mit einem Künstler eingehen wollte, musste sie teuer dafür bezahlen oder ihn dazu überreden, nicht mehr als Sänger aufzutreten.
75 Quintilianus: Der berühmte Redner und Rhetorikprofessor wird als Beispiel für einen für Roms Damenwelt wenig attraktiven Intellektuellen genannt.

84 Vertiefung

1 **a** Welche Reaktionen lösen die Theateraufführungen bei den weiblichen Fans aus? Lässt sich Ähnliches auch heute beobachten?

b Warum nennt Juvenal so viele Frauen namentlich?

2 Welche Schauspieler sind die beliebtesten? Welche Gründe dafür lässt Juvenal erkennen?

3 Wie trösten sich die Fans über die spielfreie Zeit hinweg?

Abb. 44: Theatermaske aus Ostia

Die *theatralis licentia* (Zügellosigkeit des Theaters) war sprichwörtlich. Ein besonderer Dorn im Auge waren Inhalt der Stücke und das Verhalten des Publikums den frühchristlichen Kirchenvätern, die heftig gegen die öffentliche Zurschaustellung von Ehebruchs- und Brudermord-Geschichten aus dem Mythos protestierten. Einer dieser Kritiker war der Bischof von Karthago und spätere Märtyrer, Thascius Caecilius Cyprianus, der vor allem die schlechte Vorbildwirkung der römischen Schauspiele anprangert:

85 **t**ext

T. Caecilius Cyprianus, Epistulae I, 8, 1–6

Wer soll da die Menschen lehren und die Glaubenskraft vermehren?

1 Converte hinc vultus ad diversi spectaculi non minus paenitenda[1] contagia[2]: In theatris quoque conspicies, quod tibi et dolori sit et pudori[3]. Cothurnus est tragicus[4], prisca carmine facinora recensere[5]. De parricidiis et incestis horror antiquus expressa ad imaginem veritatis[6] actione replicatur[7], ne saeculis transeuntibus exolescat, quod aliquando commissum est.

2 Admonetur aetas omnis auditu[8] fieri posse, quod factum est. Numquam aevi senio[9] delicta moriuntur, numquam temporibus crimen obruitur, numquam scelus oblivione sepelitur. Exempla fiunt, quae esse iam facinora destiterunt. Tum delectat in mimis turpitudinum[10] magisterio[11] vel, quid domi gesserit, recognoscere vel, quid gerere possit, audire. Adulterium discitur, dum videtur, et lenocinante[12] ad vitia publicae auctoritatis malo. Quae pudica fortasse ad spectaculum matrona processerat, de spectaculo revertitur inpudica.

3 Adhuc deinde morum quanta labes, quae probrorum fomenta[13], quae alimenta vitiorum, histrionicis gestibus[14] inquinari, videre contra foedus iusque nascendi[15] patientiam incestae turpitudinis elaboratam[16]! Evirantur mares, honor omnis et vigor sexus enervati corporis dedecore mollitur.

4 Plusque illic placet, quisque virum in feminam magis fregerit[17]. In laudem crescit ex crimine et peritior quo turpior iudicatur[18]. Spectatur hic pro nefas[19] et libenter. Quid non possit suadere, qui talis est? Movet sensus, mulcet adfectus, expugnat boni pectoris conscientiam fortiorem: Nec deest probri blandientis[20] auctoritas, ut auditu molliore[21] pernicies hominibus obrepat[22].

1 **1 paenitendus** 3: peinlich, beschämend **2 contagium**, -i n.: Einfluss **3 tibi dolori et pudori sit** (konsekutiver Relativsatz, dopp. Dat.): was für dich schmerzlich und beschämend sein könnte **4 cothurnus tragicus**: Stil der Tragödie (eigentl. Bühnenschuh) **5 carmine recensere**: in poetischer Form erzählen. **6 ad imaginem veritatis**: bis hin zum täuschenden Eindruck eines realen Geschehens **7 replico** 1: wiederholen, wieder aufleben lassen

2 **8 auditu admoneri**: durch das Anhören (der Geschichten) darauf hingewiesen werden **9 aevi senium**: Altersschwäche **10 turpitudo**, -inis f.: Sittenlosigkeit **11 magisterium**, -i n.: Einsicht, Erkenntnis **12 lenocinor** 1: verführen zu

3 **13 fomentum**, -i n.: Brutstätte **14 gestus histrionicus**: theatrialische Gestik **15 foedus iusque nascendi**: naturgegebene Gesetzmäßigkeit der Zeugung **16 patientiam incestae turpitudinis elaborare**: die Zurschaustellung der Schande des Inzests herausarbeiten, herausheben

4 **17 quisque virum magis fregerit in feminam**: je mehr jemand sein männliches Wesen auf weibliches Niveau hinuntergebrochen hat **18 peritior quo turpior iudicatur**: er gilt als umso geschickter, je schamloser er ist **19 pro nefas**: entsprechend, wegen seines Frevels **20 probrum blandiens**: verlockendes Laster **21 auditus mollior**: das Anhören, das allzu angenehm ist **22 pernicies hominibus obrepit**: das Verderben ereilt die Menschen

5 Exprimunt inpudicam Venerem, adulterum Martem, Iovem illum suum non magis regno quam vitiis principem, in terrenos amores cum ipsis suis fulminibus ardentem[23], nunc in plumas oloris albescere[24], nunc aureo imbre defluere, nunc in puerorum pubescentium raptus ministris avibus prosilire.

6 Quaere iam nunc, an possit esse qui spectat integer vel pudicus! Deos suos, quos venerantur, imitantur: Fiunt miseris et religiosa delicta[25].

5 **23 in terrenos amores ardens**: brennend vor Verlangen nach Liebschaften mit irdischen Wesen **24 in plumas oloris albescere**: sich mit den weißen Federn eines Schwans verkleiden

6 **25 fiunt religiosa delicta**: die Verfehlungen werden zum Inhalt religiöser Verehrung

85 Kommentar

T. Caecilius Cyprianus, Epistulae I, 8, 1–6

1 **de parricidiis et incestis**: Das Grauenvolle einer Tragödie wird hier am Beispiel des beliebten Ödipus-Stoffs vor Augen geführt; Ödipus, der von seinen Eltern, dem Königspaar von Theben, ausgesetzt, von einem Hirten aufgefunden und dem Königspaar seiner Heimatstadt Korinth übergeben worden war, bekommt einen Orakelspruch, er werde seinen Vater töten und seine Mutter heiraten. Entsetzt darüber verlässt er seine vermeintliche Heimat, tötet unterwegs einen Reisenden, seinen leiblichen Vater, besiegt ein Ungeheuer, das Theben heimgesucht hatte, und erringt dafür die Hand der verwitweten Königin, seiner eigenen Mutter. Als er sich des Frevels bewusst wird, sticht er sich die Augen aus.

5 **Venerem impudicam, Martem adulterum**: Cyprian spielt auf eine sehr beliebte Episode an, die bereits in der Odyssee (VIII, 266 ff.) erzählt wird, der Ehebruch von Ares/Mars und Aprodite/Venus. Aphrodite, verheiratet mit dem wenig attraktiven Handwerkergott Hephaistos, hat ein leidenschaftliches Verhältnis mit dem Kriegsgott Ares. Als Hephaistos von dieser Beziehung erfährt, konstruiert er eine raffinierte Falle über dem Bett, in der sich das Liebespaar bei der nächsten Begegnung verfängt. Der betrogene Ehemann ruft nun Götter und Göttinnen herbei, um ihnen die beiden in flagranti ertappten Frevler vorzuführen. Die Göttinnen bleiben peinlich berührt fern, die Götter wiederum denken in Anbetracht der Schönheit der Göttin darüber nach, ob es nicht reizvoll wäre, an Stelle des Ares selbst an Aphrodite gefesselt zu sein.

in terrenos amores cum ipsis suis fulminibus ardentem: Hier wird neben dem allgemeinen Hinweis auf die Lüsternheit des Göttervaters auf seine Beziehung zu Semele angespielt, der sich Zeus über längere Zeit hin in Verkleidung näherte. Von der eifersüchtigen Hera angestiftet, bittet sie Zeus, sich ihr doch in seiner wahren Gestalt zu zeigen. Dieser muss ihrem Wunsch entsprechen, erscheint in Blitzgestalt und tötet damit die Unglückliche. Ihr ungeborenes Kind, seinen Sohn Dionysos, trägt er selbst in seinem Schenkel eingenäht aus.

in plumas oloris albescere: Zeus nähert sich Leda in Gestalt eines Schwans und zeugt mit ihr die schöne Helena und die Dioskuren Castor und Pollux.

aureo imbre defluere: Zeus findet keinen anderen Weg, sich der schönen Danae zu nähern, die ihr Vater in einen Turm gesperrt hat, als sich in einen Goldregen zu verwandeln. Mit ihr zeugt er den Helden Perseus.

in puerorum pubescentium raptus ministris avibus prosilire: Zeus raubt den trojanischen Knaben Ganymed in Gestalt eines Adlers und macht ihn zu seinem Geliebten und zum Mundschenk der Götter. Der Adler wiederum gilt als der Vogel des Zeus.

Abb. 45: Mosaik: Schauspieler auf der Bühne

85 Vertiefung

1 Aristoteles, der große Universalgelehrte, schreibt in seiner Poetik, ein positiver Effekt, den die Tragödie beim Publikum auslöse, sei die *Katharsis*, die emotionale Befreiung und Erleichterung, bewirkt durch *phobos* (Grauen, Entsetzen) und *eleos* (Mitgefühl) über das in der Tragödie dargestellte Leid. Die Zuschauer könnten somit am Ende des Stückes befreit aufatmen und die eigenen Lebensumstände als wesentlich weniger schlimm als das Geschehen auf der Bühne erachten.

a Was würde Cyprian dieser Theorie vom Wert der Dramenaufführungen entgegnen?

b Welche Argumente gegen den Theaterbesuch bringt er in diesem Text? Was kritisiert er an den Stoffen, was an der Aufführungspraxis?

c Welches Fehlverhalten meint er an Schauspielern zu erkennen?

2 Was sollte nach Cyprians Auffassung ein für einen Christen akzeptables Theater für den Zuschauer leisten?

3 **a** Worin besteht für Cyprian die Schwäche des antik-heidnischen Götterglaubens?

b Mit welchen sprachlichen Mitteln macht er sich über den Göttervater Jupiter lustig?

Verzeichnis der Autoren und Werke

Apicius, Marcus Gavius, ein Feinschmecker unter Kaiser Tiberius, der sein Geld verprasste und Selbstmord beging. Cass. Dio 57,19,5 berichtet, er habe sich entleibt, um nicht Hungers sterben zu müssen, als er einmal bei einem Kassensturz nur noch etwa zweieinhalb Millionen Denare in seiner Kasse vorfand. Er soll der Verfasser des berühmten Kochbuchs *„De re coquinaria"* in 10 Büchern sein, das uns in einer Fassung aus dem 4. Jh. n. Chr. vorliegt.

Apuleius (ca. 125–180 n. Chr), Rhetor und platonischer Philosoph. In seinem Roman *„Metamorphosen"*, auch als *„Der goldene Esel"* bezeichnet, verwandelt sich ein Jüngling, der mit Magie experimentiert, versehentlich in einen Esel, die Rückverwandlung wird ihm nach vielen Irrfahrten und Abenteuern durch die Huld der Göttin Venus zuteil. Eingearbeitet in den Roman sind auch zahlreiche novellenartige Einlagen, z. B. das Märchen von Amor und Psyche.

Augustus, C. Octavius (63 v.–14 n. Chr.), C. Iulius Caesar adoptierte ihn testamentarisch. Nach Caesars Ermordung kämpft er mit eigenen Truppen um sein Erbe. Er bildet (43 v. Chr.) das 2. Triumvirat mit M. Antonius und Lepidus und beseitigt alle politischen Gegner durch Proskriptionen. Nach dem Bürgerkrieg gegen M. Antonius (31 v. Chr. Sieg bei Actium) gibt er 27 v. Chr. dem Senat formal die Macht zurück und wahrt den Schein der *„Libera res publica Romana"*, sichert sich aber alle machtpolitisch relevanten Funktionen im Staat. Er betreibt intensive Politpropaganda, für die er auch namhafte Literaten gewinnen kann. Er selbst verfasst einen Tatenbericht in sachlich-knapper Sprache, den *„Index rerum gestarum"*, heute nach einem Fundort *„Monumentum Ancyranum"* genannt. Selbst philosophisch und literarisch gebildet, versucht er sich auch als Dichter und Schriftsteller, seine Werke sind jedoch nicht erhalten.

Catullus, C. Valerius (ca. 87–54 v. Chr.), aus Verona; findet während seiner Studien in Rom Aufnahme in einem Kreis jüngerer Dichter (Neoteriker), die ihre persönliche Erlebniswelt nach dem Vorbild hellenistischer Dichter darstellen. Er lernt die Lebedame Clodia Pulchra kennen, in die er sich unsterblich verliebt. In 116 Gedichten (*„Nugae"*, Spielereien), schildert er in höchster sprachlicher Perfektion Glück und Leid seiner Liebe zu Lesbia, einem Pseudonym für Clodia, ätzt in Spottgedichten über Charakterfehler seiner Zeitgenossen und schafft mythologische Gedichte und Nachdichtungen im Stil seiner großen griechischen Vorbilder.

Cicero, M. Tullius (106–43 v. Chr.), mutiger und erfolgreicher Gerichtsredner (bes. in den Prozessen für Roscius und gegen Verres), Politiker (durchläuft die klassische Ämterlaufbahn in schnellstmöglicher Zeit, 63 v. Chr. Konsul), Philosoph; in den Jahren erzwungener politischer Inaktivität (58–57 v. Chr. Verbannung) verfasst er politische und rhetorische Schriften, um wenigstens so dem Staat zu nützen (*„De oratore"* und *„De re publica"*). Im Bürgerkrieg zwischen Caesar und Pompeius setzt er auf den späteren Verlierer Pompeius und erfährt von Caesar Milde (*clementia*), bleibt aber politisch kaltgestellt (2. Phase rhetorischer und philosophischer Werke; er übersetzt wichtige Texte der griech. Philosophie und kreiert eine philosophische Fachsprache im Lateinischen). Nach Caesars Ermordung exponiert er sich (zu) stark mit seinen Brandreden gegen Marcus Antonius (*„Philippica"*), wird proskribiert und 43 v. Chr. auf der Flucht ermordet. Erhalten ist auch seine private Briefkorrespondenz, die Einblick gewährt in den Alltag des 1. Jhs v. Chr.

Columella, L. Iunius Moderatus (1. Jh. n. Chr.), aus Gades in Spanien, Fachschriftsteller mit dem Spezialgebiet Landwirtschaft; 12 Bücher *„De re rustica"*, Lehrbücher zur Landwirtschaft; er benutzt zwar auch griech. und lat. Quellen, vertraut aber vorrangig seiner Erfahrung.

Cyprianus, Thascius Caecilius (248–258 n. Chr.), Bischof von Karthago, stirbt als Märtyrer. Seine Briefe belegen das Leben in den frühchristlichen Gemeinden. Erhalten sind auch zahlreiche theoretische Schriften, z. B. *„De ecclesiae unitate"*.

Digesten (Rechtsurteile), ein Teil des unter Kaiser Iustinianus (482–565 n. Chr.; oström. Kaiser 527–566) und unter der Leitung des Tribonianus 529 kodifizierten römischen Rechts im *„Corpus iuris civilis"*. Weiters enthielt er den *„Codex Iustinianus"*, die *„Institutiones"* (ein Rechtslehrbuch) und die *„Novellae"* (später ergänzte Kaiserkonstitutionen).

Gellius, Aulus (ca. 130–180 n. Chr.), geboren in Rom; studiert Sprachwissenschaft und Rhetorik in Rom und Philosophie in Athen. Er nennt sein einziges Werk *„Noctes Atticae"* nach den langen Winterabenden in Athen, in denen er es begann. Es ist zwar nicht vollständig erhalten, bietet aber immerhin in 400 Kapiteln Informationen aus rund 276 Autoren zu verschiedensten Wissensgebieten. Der bunte Wechsel der Themen soll das Interesse des Lesers wach halten (Buntschriftstellerei).

Horatius Flaccus, Quintus (65–8 v. Chr.), geboren in Venusia, genießt eine gute Ausbildung, kämpft auf der Seite des Caesarmörders Brutus bei Philippi (42 v. Chr.), muss nach der Niederlage als Schreiber im Staatsdienst arbeiten, kommt durch die Freundschaft mit Maecenas, der ihn sehr fördert, zu Wohlstand. *Dichtungen: „Epoden"* (Jamben); Satiren (*„Sermones"*); *„Epistulae"* (ähnlich den Satiren; dazu gehört die *„Ars poetica"*); 4 Odenbücher *„Carmina"* (darunter die *„Römeroden"* und das *„Carmen saeculare"*, wo er ganz im Sinne der augusteischen Politik zur Rückbesinnung auf die Werte der röm. Tradition aufruft). Im Gegensatz zu den Neoterikern orientiert sich Horaz an der archaischen griech. Dichtung.

Iuvenalis, Decius Iunius (60–130 n. Chr.), Satiriker (5 Bücher mit 16 Satiren), der das Rom unter der tyrannischen Herrschaft Kaiser Domitians mit viel Bitterkeit und beißendem Spott bedenkt (wendet sich gegen den Hof, den Adel, das Militär, die Frauen etc.). Seine verdichteten Kleinszenen sind sehr einprägsam und gelten heute als wichtige Quelle zum Alltagsleben.

Lactantius, Firmianus Lucius Caecilius (ca. 240–nach 320 n. Chr.), wirkt als Rhetoriklehrer, muss seine Stelle aber nach seiner Bekehrung aufgeben, 317 von Kaiser Konstantin als Privaterzieher nach Trier berufen. Erhalten sind seine Hauptwerke *„Divinae institutiones"* (Christliche Unterweisung; erstes Glaubenskompendium), *„De mortibus persecutorum"* (Über die Todesarten der Verfolger) etc. Die Humanisten schätzten ihn wegen seines Stils als „christlichen Cicero".

Livius, Titus (59 v.–17 n. Chr.), römischer Historiker, seine konservativ-traditionalistische Grundhaltung prägt sein Werk. Er arbeitet 40 Jahre an seinem monumentalen Geschichtswerk *„Ab urbe condita"*, das er bis ins Jahr 9. v. Chr. fortführt. Es handelt sich dabei nicht um streng wissenschaftliche Forschungsarbeit mit sorgfältiger Quellenkritik, sondern eher um ein Geschichtsgemälde, getragen von seinem unerschütterlichen Glauben an die Größe Roms, seinem Stolz auf die hervorragende Vergangenheit des Staats und die Hoffnung auf ein moralisches Wiedererstarken unter der Führung des Augustus. Von den ursprünglich 142 Büchern ist nur noch ca. 1/4 erhalten, weiters existieren Inhaltsangaben der verlorenen Bücher.

Martialis, M. Valerius (ca. 40–104 n. Chr.), geboren in Bilbilis, Spanien. Er wollte ausschließlich als Dichter von Epigrammen anerkannt werden und mit den augusteischen Dichtern wetteifern. Er kam 64 n. Chr. nach Rom. Ständig auf der Suche nach Förderern, widmete er dem Kaiser Titus zur Einweihung des Flavischen Amphitheaters (80 n. Chr.) sein *„Liber spectaculorum"*. Später schmeichelte er Domitian, zog sich jedoch nach dessen Tod zurück und kehrte 98 n. Chr. nach Spanien heim, wo er 104 n. Chr. starb. Die Mehrzahl seiner etwa 1.500 „Epigramme" (15 Bücher) sind Spottgedichte. Martial stellt in seinen Versen in geistreichen Pointen und stilistischer Brillianz die Glanz- und die Schattenseiten, Luxus und Armut, Rechtschaffenheit und Laster seiner Zeit dar. Mit ihnen fand er nicht nur zu Lebzeiten in Rom wie in den Provinzen des Reiches große Resonanz, sondern auch in der Spätantike, im Mittelalter und in noch stärkerem Maße in der Renaissance.

Nepos, Cornelius (ca. 100–25 v. Chr.), über sein Leben ist wenig bekannt, die Mehrzahl seiner Werke ist ebenfalls verloren. Von seiner Sammlung *„De viris illustribus"* (16 Bücher, abwechselnd je ein Buch ausländischer und ein Buch römischer Biografien) sind *„De excellentibus ducibus exterarum gentium"* (22 Biografien, darunter *„Miltiades"*, *„Themistokles"*, *„Alkibiades"*, *„Hannibal"*) und die Cato- und Atticus-Vita aus dem Buch *„De Latinis historicis"* erhalten.

Ovidius Naso, Publius (43 v. bis ca. 17 n. Chr.), Ovid wurde am 20. März des Jahres 43 v. Chr. in Sulmo geboren. Aus einer wohlhabenden Adelsfamilie stammend, studierte er zunächst Rhetorik, wandte sich aber bereits frühzeitig der Dichtkunst zu. Als gut situierter Erbe führte er ein sorgenfreies, teils exzentrisches Leben. In Rom, wo er bis zu seinem 50. Lebensjahr blieb und einige öffentliche Ämter innehatte, stand er in der Gunst zahlreicher Mäzene, zu denen auch Kaiser Augustus gehörte. Nach dem Tod von Horaz wurde Ovid zum bekanntesten Autor Roms: Im Jahr 8 n. Chr. jedoch wurde er aus nicht gänzlich geklärten Gründen nach Tomis (dem heutigen Constanţa in Rumänien) verbannt. Werke: Subjektiv-erotische Liebeselegien *„Amores"* um eine fiktive Geliebte namens Corinna; *„Heroides"* (oder *„Epistulae Heroidum")*, eine Sammlung fiktiver Liebesbriefe in elegischem Versmaß. Mehrere Frühwerke Ovids sind Lehrgedichte im elegischen Distichon (*„Ars amatoria"*, *„De medicamine faciei"*, *„Remedia amoris"*); ein Epos *„Metamorphosen"* (rund 250 Verwandlungssagen); *„Fasti"* (ein poetischer Kalender der römischen Feste), Klagelieder aus dem Exil *(„Tristia", „Epistulae ex Ponto")*.

Petronius Arbiter, Caius (66 n. Chr.), von Nero wegen angebl. Beteiligung an der „Pisonischen Verschwörung" zum Selbstmord getrieben. Er bekleidete hohe Staatsämter, wurde von Nero zum *„Elegantiae arbiter"* bestellt (Schiedsrichter des feinen Geschmacks). Er verfasste einen nur bruchstückhaft erhaltenen Abenteuer- und Schelmenroman *„Satyricon"* – der Roman, in zwanglosem Erzählstil gehalten, ist in seiner genialen realistischen Milieuschilderung ein Sittengemälde der frühen Kaiserzeit und Spiegel der sozialen Verhältnisse und Mängel. Das Werk, in das immer wieder novellenartige Erzählungen (z. B. die „Witwe von Ephesus") integriert sind, besteht aus einer Mischung von Poesie und Prosa (Menippische Satire) und ist durch die Annäherung mancher Partien an die gesprochene Volkssprache ein wertvolles sprachgeschichtliches Denkmal, bes. eine unschätzbare Quelle für das Vulgärlatein. Berühmt ist die *„Cena Trimalchionis"*, die satirisch-parodistische Schilderung eines Festmahls bei dem neureichen Freigelassenen Trimalchio.

Phaedrus (ca. 10 v.–60 n. Chr.), von Augustus freigelassener Sklave, der nach dem Vorbild Äsops, des berühmten griech. Fabeldichters aus dem 6. Jh. v. Chr., fünf Bücher Fabeln in Senaren schreibt. Seine Stoffe (meist tradiert, aber auch eigene Erfindungen) reichert er mit mancherlei zeitkritischen Anspielungen an.

Plautus, T. Maccius (ca. 250–184 v. Chr.), stammt aus der Kleinstadt Sarsina in Umbrien. 21 seiner urwüchsigen Komödien von schlauen Sklaven und lebenslustigen jungen Herren sind überliefert, größtenteils freie Umsetzungen der griechischen *„Fabula palliata"*, der Neuen Komödie. Eigenleistung: derber Witz, Situationskomik, *cantica* (Gesangspartien).

Plinius Caecilius Secundus, Caius (ca. 61–113 n. Chr.), aus Comum, von seinem Onkel, dem Gelehrten Plinius d. Ä., erzogen, er wird Zeuge des Vesuvausbruchs 79 n. Chr., bei dem sein Onkel umkommt, er macht Politkarriere, wird Konsul (100) und Statthalter in Bithynien (112). *Werke: „Panegyricus"* auf Kaiser Trajan, Literarische Briefe (9 Bücher mit essayhaften, feuilletonistischen Briefen an 248 Adressaten und 1 Buch mit der offiziellen Korrespondenz mit der kaiserlichen Kanzlei während seiner Statthalterschaft). Besonders letztere gibt einen guten Einblick in die Pflichten und Probleme eines Statthalters.

Quintilianus, M. Fabius (ca. 35–96 n. Chr.), Rechtsanwalt und Lehrer für Rhetorik, Inhaber einer staatlich besoldeten Professur: u. a. 12 Bücher *„Institutio oratoria"* (Ausführliche Darstellung der Theorie der Rhetorik). Die *„Declamationes"* (Schulreden) sind wohl eher Schülermitschriften.

Sallustius Crispus, C. (86–34 v. Chr.), geboren in Amniternum, in der Jugend politisch aktiv und Parteigänger Caesars; er wurde nach dessen Ermordung wegen eines Skandals aus dem Senat ausgeschlossen und wendete sich der Historiografie zu. In Anlehnung an sein griechisches Vorbild Thukydides will er Denkmodelle schaffen und wählt dazu zwei besonders krisenhafte Ereignisse in der jüngeren Vergangenheit: die *„Coniuratio (bellum) Catilinae"* und das *„Bellum Iugurthinum"*; er macht das Fehlen gemeinsamer (außenpolitischer) Ziele verantwortlich für den Werteverfall im Rom des 1. Jhs. Weitere Werke sind die *„Historiae"* (Zeitgeschichte der Jahre 78–67 v. Chr.) und seine politischen Briefe an Caesar.

Seneca, L. Annaeus (ca. 1 v. –65 n. Chr.), geboren in Cordoba, Spanien, wirkt als Rechtsanwalt und Politiker in Rom, 41 n. Chr. von Claudius verbannt, 49 von Agrippina zurückgeholt und mit der Erziehung Neros betraut. Nach Neros Regierungsantritt (54 n. Chr.) ist er sein engster Berater und führt de facto die Regierungsgeschäfte, zieht sich 62 n. Chr. aus dem öffentlichen Leben zurück, 65 wird er der Beteiligung an der „Pisonischen Verschwörung" beschuldigt und sieht sich zum Selbstmord gezwungen. Er verfasst philosophische Schriften mit Themen stoischer Ethik in Form der Diatribe (moralphil. Rede in lockerem, umgangsspr. Stil); *„Epistulae morales ad Lucilium"*, eine Sammlung von Briefen, in denen er in der Form philosophischer Essays zu Fragen der Ethik Stellung nimmt und zur Lebensführung im Sinne der Stoiker motiviert; *„Apocolocyntosis"*, eine Satire auf den verstorbenen Kaiser Claudius, neun Tragödien und eine *Praetexta*, eine Tragödie zu einem römischen Stoff *(„Octavia")*, *„Naturales Quaestiones"* (Abhandlungen zu naturwissenschaftlichen Fragen).

Sidonius Apollinaris, C. Sollius Modestus (ca. 430–485 n. Chr.), Stadtpräfekt von Rom, Bischof von Clermont, verfasst Reden, Gedichte und Briefe vermischten Inhalts; ganz in der traditionellen römischen Kultur verwurzelt, imitiert er mit seinen Briefen u. a. auch den jüngeren Plinius.

Suetonius Tranquillus, C. (ca. 70–150 n. Chr.), Leiter der Kaiserlichen Kanzlei. Dort hatte er Zugang zu Quellen für seine 12 Kaiserbiografien von Caesar bis Domitian (*„De vita Caesarum"*). Aus der anderen Reihe *„De viris illustribus"* haben sich Fragmente erhalten (Terenz, Vergil, Horaz, Lukan, Plinius). Sueton will seine Leser unterhalten, so stehen neben wertvollem Material häufig Anekdoten, Klatsch und Intimitäten.

Tacitus, P. Cornelius (ca. 55–120 n. Chr.), bedeutender röm. Historiker, über sein Leben ist wenig bekannt. Er schlägt eine politische Laufbahn ein, wird 97 n. Chr. Konsul, ist durch die Schreckensherrschaft Domitians tief geprägt. Er wendet sich nach dessen Ende der Historiografie zu (*„Dialogus de oratoribus"*; *„Agricola"* (Biografie seines Schwiegervaters); *„Germania"*; *„Historiae"* (röm. Geschichte zw. 69–96); *„Annales"* *(„Ab excessu Divi Augusti")*. Sein Hauptthema ist der unauflösliche Gegensatz zwischen der absoluten Herrschaft eines Einzelnen im Prinzipat und der bürgerlichen Freiheit und Zivilcourage (*virtus/libertas*).

Tertullianus, Quintus Septimius Florus (ca. 155–220 n. Chr.), aus Karthago, Rechtsanwalt und Jurist, seit 193 Christ, temperamentvoll und kämpferisch in seiner Konfrontation mit den Nicht-Christen. In einer eigenwillig kreativen Sprache versucht er ihnen die Irrigkeit ihrer Glaubensüberzeugung und ihre Fehlinterpretationen der christlichen Lehre nachzuweisen (z. B. *„Apologeticum"*, *„De spectaculis"*, eine Schrift, mit der er sich gegen die Praxis der römischen Spiele wendet).

Varro, Marcus Terentius (Reatinus) (116–27 v. Chr.), in Reate (heute Rieti bei Rom) geboren; Schüler des Lucius Aelius Stilo und des Antiochos von Askalon. Als Anhänger des Pompeius von Caesar in Spanien festgehalten; anschließend söhnen sich beide aus. 43 v. Chr. wird er von Antonius geächtet, aber von Fufius Calenus gerettet. Umfangreicher Schriftenkatalog. *Werke:* 150 Bücher *„Saturae Menippeae"* (Mischung von Dichtung und Prosa nach Art des Menippos mit gemischtem Inhalt); *„Logistoricon libri"* 76 (Historisches und Philosophisches, den Satiren nicht unähnlich), 15 Bücher *„Imagines"* (mit 700 Bildern von Griechischen und römische Berühmtheiten aus Geschichte und Kultur); literaturgeschichtliche und -wissenschaftliche Einzelschriften, eine römische Altertumskunde in 41 Bücher (Fragmente erhalten), eine römische Sittengeschichte (Vorbild Dikaiarchos), *Aitia* (Ursprungsgeschichten nach dem Vorbild des Kallimachos, Quelle für Plutarch); Historiografische Werke, Enzyklopädische Werke, z. B. *„Disciplinarum libri IX"* (Darstellung der *artes liberales*: Grammatik, Dialektik, Rhetorik, Geometrie, Arithmetik, Astrologie, Musik, Medizin, Architektur, Fragmente erhalten); juristische Werke; Geografisches; Schriften zu Sprache und Grammatik (z. B. *„De lingua Latina libri XXV"*, von denen 5–10 lückenhaft erhalten sind); Schriften zum Ackerbau.

Vitruvius Pollio (ca. 80–20 v. Chr.), 10 Bücher *„De architectura"* (verwendet verlorene griech. Theoriequellen, er sieht die Architektur als Teil der Universalbildung und erklärt in verständlicher Form alles Wissenswerte über die Anlage von Städten, von Wohn- und Nutzbauten aller Art.

Bildquellen

Cover: Euphrosyne Doxiadis, The Mysterious Fayum Portraits. London: Thames and Hudson 1995, S. 7, S. 26, S. 32.
Abb. 1: Griechen und Römer, Baumeister des Abendlandes. Hrsg. v. Melville Bell Grosvenor. Zofingen: Ringier 1975, S. 362.
Abb. 2: H. Koller, Orbis pictus Latinus. Zürich/ München: Artemis 1976, S. 132.
Abb. 3: Luisa Franchi dell'Orto, Das antike Rom. Rom: Arno e Tevere 1981, S. 75.
Abb. 4: Griechen und Römer, Baumeister des Abendlandes. Hrsg. v. Melville Bell Grosvenor. Zofingen: Ringier 1975, S. 347.
Abb. 5: F. Humer, Archäologischer Park Carnuntum, Das röm. Stadtviertel im Freilichtmuseum Petronell. Wien: AV 2003, S. 59.
Abb. 6: F. Humer, Archäologischer Park Carnuntum, Das röm. Stadtviertel im Freilichtmuseum Petronell. Wien: AV 2003, S. 27.
Abb. 7: F. Kretschmer, Bilddokumente röm. Technik. Düsseldorf: VDI ^{5}1983, S. 51.
Abb. 8: Luisa Franchi dell'Orto, Das antike Rom. Rom: Arno e Tevere 1981, S. 73, Abb. 133.
Abb. 9: F. P. Maulucci, Pompeji. Archäologischer Führer zu den Ausgrabungen. Neapel: Carcavallo: o. J., S. 59.
Abb. 10: Anne Millard, Das war Rom. Ravensburg: Meier 1982 (= Ravensburger TB 870).
Abb. 11: F. P. Maulucci, Pompeji. Archäologischer Führer zu den Ausgrabungen. Neapel: Carcavallo: o. J., S. 85.
Abb. 12: R. Nickel, Latein drei. Bamberg: Buchner 2000, S. 117.
Abb. 13: Euphrosyne Doxiadis, The Mysterious Fayum Portraits. London: Thames and Hudson 1995, S. 114.
Abb. 14: S. James, Das war Rom, Kultur und Alltagsleben einer faszinierenden Epoche. Hildesheim: Gerstenberg 1991, S. 19.
Abb. 15: Griechen und Römer, Baumeister des Abendlandes. Hrsg. v. Melville Bell Grosvenor. Zofingen: Ringier 1975, S. 363.
Abb. 16: K. W. Weeber, Alltag im Alten Rom. Das Leben in der Stadt. Düsseldorf: Patmos 2001, Tafel 22.
Abb. 17: Euphrosyne Doxiadis, The Mysterious Fayum Portraits. London: Thames and Hudson 1995, S. 79.
Abb. 18: A. de Franciscis, Pompeji. Kunst und Kultur. Neapel: Interdipress o. J., S. 88.
Abb. 19: S. James, Das war Rom, Kultur und Alltagsleben einer faszinierenden Epoche. Hildesheim: Gerstenberg 1991, S. 41.
Abb. 20: A. de Franciscis, Pompeji. Kunst und Kultur. Neapel: Interdipress o. J., S. 89.
Abb. 21: Anne Millard, Das war Rom. Ravensburg: Meier 1982 (= Ravensburger TB 870), S. 44.
Abb. 22: F. Kretschmer, Bilddokumente röm. Technik. Düsseldorf: VDI ^{5}1983, S. 5.
Abb. 23: Griechen und Römer, Baumeister des Abendlandes. Hrsg. v. Melville Bell Grosvenor. Zofingen: Ringier 1975, S. 360 f.
Abb. 24: S. James, Das war Rom, Kultur und Alltagsleben einer faszinierenden Epoche. Hildesheim: Gerstenberg 1991, S. 20 f.
Abb. 25: F. R. Glunk, Das alte Rom. Bindlach: Loewe 1993 (= Frag mich was 14), S. 57.
Abb. 26: F. R. Glunk, Das alte Rom. Bindlach: Loewe 1993 (= Frag mich was 14), S. 58.
Abb. 27: H. Boekhoff, F. Winzer, Weltgeschichte der abendländischen Kultur. Braunschweig: Westermann o. J., S. 95.
Abb. 28: H. Krefeld, Res Romanae. Berlin: Cornelsen 1997, S. 36.
Abb. 29: Euphrosyne Doxiadis, The Mysterious Fayum Portraits. London: Thames and Hudson 1995, S. 60.
Abb. 30: F. Kretschmer, Bilddokumente röm. Technik. Düsseldorf: VDI ^{5}1983, S. 37.
Abb. 31: K. W. Weeber, Alltag im Alten Rom. Das Leben in der Stadt. Düsseldorf: Patmos 2001, Tafel 25.
Abb. 32: Griechen und Römer, Baumeister des Abendlandes. Hrsg. v. Melville Bell Grosvenor. Zofingen: Ringier 1975, S. 356.
Abb. 33: F. Kretschmer, Bilddokumente röm. Technik. Düsseldorf: VDI ^{5}1983, S. 40.
Abb. 34: R. Nickel, Latein drei. Bamberg: Buchner 2000, S. 27.
Abb. 35: F. R. Glunk, Das alte Rom. Bindlach: Loewe 1993 (= Frag mich was 14), S. 27.
Abb. 36: R. Nickel, Latein drei. Bamberg: Buchner 2000, S. 25.
Abb. 37: W. Müller/G. Vogel, Atlas zur Baukunst I. München/Stuttgart: Deutscher Bücherbund 1974, S. 240.
Abb. 38: Luisa Franchi dell'Orto, Das antike Rom. Rom: Arno e Tevere 1981, S. 38.
Abb. 39: M. Hadas, Kaiserliches Rom. Zeitalter der Menschheit. Amsterdam:Time-Life 1966, S. 54 f.
Abb. 40: Jean-Paul Thuiller, Sport im antiken Rom. Darmstadt: WBG 1999, S. 102
Abb. 41: Pompeji. Kunst und Kultur, Kunstverlag Neapel, S. 33.
Abb. 42: Luisa Franchi dell'Orto, Das antike Rom. Rom: Arno e Tevere 1981, S. 53.
Abb. 43: S. James, Das war Rom, Kultur und Alltagsleben einer faszinierenden Epoche. Hildesheim: Gerstenberg 1991, S. 49.
Abb. 44: Theatermaske aus Ostia, Foto M. Schuller.
Abb. 45: Luisa Franchi dell'Orto, Das antike Rom. Rom: Arno e Tevere 1981, S. 57.